Friedrich Naumann

Freiheitskämpfe

SEVERUS
Verlag

Naumann, Friedrich: Freiheitskämpfe
Hamburg, SEVERUS Verlag 2011.

ISBN: 978-3-86347-077-7
Lektorat: Diana Möller
Druck: SEVERUS Verlag, Hamburg, 2011

Der SEVERUS Verlag ist ein Imprint der Diplomica Verlag GmbH.

Bibliografische Information der Deutschen Nationalbibliothek:
Die Deutsche Nationalbibliothek verzeichnet diese Publikation in der
Deutschen Nationalbibliografie; detaillierte bibliografische Daten sind
im Internet über http://dnb.d-nb.de abrufbar.

Die digitale Ausgabe (eBook-Ausgabe) dieses Titels trägt die
ISBN 978-3-86347-122-4 und kann über den Handel oder den Verlag
bezogen werden.

SEVERUS
Verlag

Inhaltsverzeichnis

Freiheitskämpfe!

Vor hundert Jahren kämpfte Deutschland in den Freiheitskriegen um seine nationale Existenz. Das war die Grundlage aller späterer Erfolge. Das mächtige und an Wohlstand wachsende Deutschland von heute wurde zuerst von der Generation von Menschen begründet, zu der Freiherr v. Stein, Blücher, Scharnhorst, Arndt, Fichte, Jahn und Schleiermacher gehörten. Schon die Aufzählung dieser Namen von unvergänglichem Glanze beweist aber, daß die großen Führer jener Periode im Grunde liberale Menschen waren. Sie konnten sich Deutschlands Größe und Zukunft nicht konservativ oder klerikal denken. Diese Männer sind es, die uns auch weiterhin voranleuchten sollen. Wir brauchen in Deutschland eine Rückkehr der Gesinnungen zu den starken Geistern, ohne die wir überhaupt nicht, sein würden, einen Liberalismus des Lebens und Denkens, der weit hinausgeht über bloße Partei und Fraktionskämpfe. An diesem Liberalismus mitzuarbeiten, ist des Verfassers inniges und eifriges Bemühen. Um dieses Zieles willen steht er im mühsamen Tageskampfe und streckt die Hände aus nach Mitarbeitern und Helfern. Auch dieses Buch soll rufen, wecken und sammeln. Es ist entstanden aus Verschiedenen Aufsätzen, die teilweise die Spuren einer besonderen Veranlassung noch an sich tragen. Das schadet aber sicherlich nichts, denn liberale Gesinnung ist nicht wie Mathematik. Sie wächst in und mit den Zeitverhältnissen. Es sind verschiedentlich, insbesondere auch in dem Aufsatz über die Umgestaltung der deutschen Reichsverfassung, einzelne Stellen stehengeblieben, die sich nur vom damaligen Gesichtswinkel aus (1908) erklären lassen, aber da auch die heutigen Zustände innerhalb der Regierung nur vorübergehende Dauer haben, so scheint es richtig, den Gedankengang von damals in seiner zeitgeschichtlichen Eigenart stehen zu lassen. Der Leser wird selbst wissen, was sich seither geändert hat. Beim Sammeln dieser Aufsätze habe ich derer gedacht, mit denen sie besprochen und bedacht wurden, als sie entstanden, und dabei ist mir das Bild unseres verstorbenen Vorkämpfers Theodor Barth wieder lebendig vor die Seele getreten. Daß er in den letzten Zeiten seines Lebens besondere Wege ging, die nicht zur Einigung führten, soll uns den Blick nicht dafür trüben, welche Fülle von Geist und wahrer innerer Freiheitlichkeit in ihm gewesen ist und was er uns, die wir ihn kannten, gegeben hat. Das sei hier dankbar ausgesprochen, und im Übrigen sei allen denen die Hand gedrückt, die an der Überwindung der staatsbürgerlichen Faulheit auf der linken Seite mithelfen wollen. Die Politik der deutschen Linken kommt einmal, wie bald aber und wie gut sie kommt, hängt von denen ab, die ich jetzt grüße. Lasset uns der Ahnen wert sein, die vor hundert Jahren die Grundlagen für ein freies Volk gelegt haben!

Oktober 1911

Fr. Naumann

l. Liberalismus als Partei

Politische Hoffnungen

Wir versuchen, die Aussichten des deutschen Liberalismus abzuschätzen. Daß dieses mit dem Wunsche geschieht, es möge ein Aufsteigen erfolgen, leugnen wir selbstverständlich nicht, aber auch die lebhaftesten Wünsche können uns nicht blind dafür machen, daß große Schwierigkeiten vorhanden sind, die teils in der inneren Konstruktion der liberalen, teils im Vorgehen der anderen Beteiligten liegen. Wir beginnen unsere Darlegungen mit den inneren Verhältnissen des deutschen Liberalismus. Bei den letzten Reichstagswahlen im Januar 1907 wurden abgegeben nach der Zusammenstellung im Handbuch von Specht-Schwabe:

> nationalliberal ... 1716000
> fortschrittlich ... <u>1310000</u>
>   3026000

Diese Ziffer ist etwas höher als die gewöhnliche Angabe, ist aber sachlich richtig, weil hier die Wildliberalen den ihnen zunächststehenden Parteien zugezählt wurden. Es gab also in runder Ziffer drei Millionen liberale Wähler, fast genau 27% der gültig abgegebenen Stimmen. Sobald diese Masse einheitlich zu denken anfängt und gut organisiert wird, ist sie ein Faktor erster Größe. Daran aber fehlt es. Alle andern großen Parteien sind besser organisiert als der Liberalismus. Warum ist das so? Der Hauptgrund ist der, weil der Liberalismus seiner Natur nach Individualismus ist und deshalb den einzelnen nicht als Klasse und Masse zu kneten versteht. Wir haben keine Gleichförmigkeit im Sinne der Arbeiterbewegung oder der Bauernbewegung und besitzen auch keine alles ausgleichenden Priester. Bei uns ist mehr Persönlichkeitsideal und weniger Disziplin. Diese Schwierigkeit wird immer bleiben, aber deshalb braucht doch auf liberale Organisation nicht in dem Maße verzichtet zu werden, wie es bis jetzt geschieht. Es fehlt nur daran, daß große organisatorische Talente es für der Mühe wert achten, sich mit der Aufstellung jener drei Millionen zu befassen.

Daß es unter den liberalen Wählern starke organisatorische Talente gibt, ist gar nicht zu bezweifeln, aber sie lassen sich bis heute bei der Parteiarbeit nicht sehen. Sie haben mit Geschäft und Profit so viel zu tun, daß sie die politische Organisation links liegen lassen. Die Folge davon ist, daß wir zwar noch immer ein gutes Material für einen politischen Großbetrieb besitzen, nämlich jene drei Millionen Wähler, daß wir aber noch vollständig in Kleinbetriebsformen steckengeblieben sind. Sowohl die Sozialdemokratie wie der Bund der Landwirte sind technisch viel moderner, Sie bauen sich auf auf einer regelmäßigen Beitragspflicht von Hunderttausenden eingeschriebener Mitglieder. Der Mann, der es fertigbringt, daß von den drei Millionen liberaler Wähler auch nur die erste halbe Million sich zahlungspflichtig einschreibt, hat den Liberalismus gerettet. Das bringt niemand im Nebenamte fertig, sondern dazu gehört Einsetzung aller Kräfte. Es ist aber noch nicht gesagt, daß solche Leute nicht jetzt kommen. Schon die Existenz des Hansabundes weckt in manchem kaufmännischen Kopfe ein politisches Nachdenken. Noch ist alles unklar und fließend, aber die Zeit, wo man die liberale Politik nur als ein Privatvergnügen einiger Berufspolitiker und Parteisekretäre ansah, scheint doch vorüber zu sein. Es beginnt die Disziplinierung der drei Millionen.

Dazu wird es viel beitragen können, wenn die liberalen Zeitungen mehr Parteisinn bekommen als bisher. Wir besitzen eine große und inhaltreiche Presse, die beste von allen Parteien. Überall liegen liberale Zeitungen. Weshalb aber wirken sie politisch nicht stärker? Weil sie noch nicht erfaßt worden sind von dem Zuge zur Organisation. Sie haben Geist ohne Disziplin. Damit entsprechen sie dem bisherigen Zustande der liberalen Parteien, dienen aber der Zukunft zu wenig. Sie erzeugen Gesinnungen, überlassen aber dann diese Gesinnungen dem Zufall. Und während unsre Presse so sorglos gibt und vergeudet, sammeln geistig ärmere Richtungen mit Treue und Eifer die einzelnen Halme, die wir auf unserm Felde liegen lassen. Man nehme irgendeine der großen liberalen Zeitungen und suche in ihr die Ermahnung zum Anschluß, diese erste Forderung aller erfolgreichen Verbände! Das fehlt, denn es ist langweilig. Ja, es ist langweilig, aber ohne etwas Selbstüberwindung kommt man zu nichts. Viel langweiliger als eine sorgsame Pflege der Organisationspflicht ist die beständige Klage über Schwäche des Liberalismus. Diese aber stellt sich notwendig ein, wenn jene Arbeit fehlt. Bis vor kurzem bot die Zerrissenheit der Fraktionen des Linksliberalismus einen gewissen Vorwand für die Müdigkeit gegenüber der Disziplin, denn für kleine Parteisplitter kann man nicht werben. Das aber ist jetzt vorüber. Der Linksliberalismus hat sich endgültig zusammengeschlossen, und kein Sachkundiger bezweifelt die Festigkeit des neuen Verbandes. Es ist viel besser gegangen, als selbst die Optimisten unter uns es vorher glauben wollten. Wir haben gemeinsamen Parteisinn und verlangen nichts anderes, als daß alle unsre Wähler ihn auch bekommen. Heute gibt es nur noch zwei liberale Parteien, Nationalliberale und Fortschrittler, aber auch diese beiden stellen keine reinen Gegensätze mehr dar. An einzelnen Orten und in einzelnen Fragen streiten sie sich noch; aber es gibt doch schon wieder den Gesamtbegriff Liberalismus. Noch ist dieser Begriff nicht fertig; denn noch schwanken allerlei unsichere Gestalten zwischen Heydebrand und Bassermann; aber die Gefühle dafür, daß die drei Millionen eine gemeinsame Geschichtsaufgabe besitzen, verstärken sich.

Was ist diese gemeinsame Geschichtsaufgabe des deutschen Liberalismus? Sie läßt sich negativ aussprechen als Niederwerfung der konservativ-klerikalen Herrschaft und positiv als Herbeiführung eines Staats-, Handels- und Gewerberechtes, wie es der heutigen Industrialisierung Deutschlands entspricht, wir wollen nicht mehr von den sinkenden Ständen regiert werden, weil sie uns abwärts ziehen. Wie sich das in Verfassung, Verwaltung, Handelspolitik und Sozialpolitik ausspricht, steht in den Programmen der liberalen Parteien geschrieben und wird sich finden, sobald die Macht derselben wächst; jetzt muß erst die Grundlage zu solcher Macht gelegt werden. Ehe nämlich Macht da sein kann, muß der Wille zur Macht entstehen, der Wille zur Führung, zur Verantwortung, zur Einordnung. Diesen Willen zur Macht zu erzeugen, ist das Problem der Linken.

Der Wille zur Macht muß in die drei Millionen hineinfahren. Das ist keine kleine Sache; denn die meisten von ihnen haben nur den kleinen Willen zur persönlichen Tüchtigkeit und Wohlfahrt, sind aber ohne festen Trieb gegenüber dem Gemeinwesen. Je besser es ihnen als Einzelmenschen geht, desto unpolitischer ist ihre Seele. Dieser Masse von gutwilligen, aber schwachen Elementen muß mit Hilfe von Presse und Organisation beigebracht werden, daß sie etwas im Staate bedeuten kann, wenn sie will. Du kannst, wenn du willst! Die Voraussetzungen sind, da; es müssen nur die inneren Schlußfolgerungen gezogen werden. Es muß rückhaltlos dieser Menge von Gutwilligen klargemacht werden, daß sie politische Knechte sein und bleiben müssen, solange sie selber sich nicht anstrengen, um Herren zu werden. Sentimentale Klagen ändern gar nichts: entweder ihr begreift, worin politischer Wille besteht, oder ihr seid nichts als Klienten und Heloten der Junker und Priester! Wenn ihr unterworfen bleiben wollt, so lernet leiden ohne zu klagen, so küsset die Hände, die euch schlagen, so bauet Ehrenpforten denen, die euch mißachten! Ein paar Abgeordnete können euch eure politische Arbeit nicht abnehmen; ihr müßt hinein in den Dienst der Beseelung der drei Millionen! Ob das die Liberalen begreifen werden? Oft scheint es so, als seien sie so unpolitisch geboren, daß alle Mühe vergeblich ist. Sie haben keinen eigenen Stolz gegen rechts und einen falschen Stolz gegen links und verderben sich damit ihre ganze Zukunft und die des Vaterlandes. Hier aber kann die Entwicklung der anderen Parteien uns helfen. Und von dieser wollen wir deshalb jetzt reden.

Was war der vielbesprochene „Block" des Fürsten Bülow? Er war eine Mehrheitspartei nach dem Muster parlamentarischer Länder! Zwar war es ein Diener Seiner Majestät, der an der Spitze der Mehrheit stand, und nicht ein Führer der Mehrheitsparteien selbst; aber immerhin, es gab einen Reichskanzler, der an dem Tage sein Amt verlassen mußte, an dem seine Mehrheit zerbrach. Durch diesen Block ist der Begriff „Mehrheitsparteien" in die deutsche Politik praktisch eingeführt worden, nachdem vorher geleugnet wurde, daß eine Regierung von einer Mehrheit abhängig sei, und dieser Vorgang ist so wirksam, daß es heute bereits als spaßhafte Altertümelei erscheint, wenn Herr v. Bethmann Hollweg behauptet, daß er keine Mehrheit brauche. Was er braucht, sind Erfolge, die aber wachsen nicht in der hohlen Hand des Philosophen, sondern setzen organisierte Körper voraus. Er mag sagen, was er will, so hängt sein politisches Leben vom Zusammenbleiben des Zentrums und der Konservativen ab. Wenn einer dieser beiden Teile ihn endgültig nicht mehr haben will, so rettet ihn auch kein Instrument des Himmels. Deshalb konnte bei der Debatte über die Königsberger Kaiserrede Herr v. Heydebrand sich als Auftraggeber vor ihn hinstellen: Sie wissen, was sie zu tun haben!

Der Bund des katholischen und protestantischen Konservatismus ist die politische Grundtatsache der Gegenwart. Dieser Bund verfügt über folgende Haupttruppen und Rebenvölker:

Zentrum	2145000
Konservativ	1550000
Wirtschaftliche Vereinigung	277000
Bund der Landwirte	194000
Polen	453000
Elsässer	60000
	4679000

In diesem Bunde ist das Zentrum so stark, daß von ihm aus der Charakter der Gesamtmasse am meisten bestimmt wird. Das aber hindert die sieghafte Kraft dieser Mehrheitsbildung. Das Zentrum selber kann nämlich nur noch mit langsamen Schritten vorangehen, weil es schon jetzt alle katholischen Bestände fast völlig verarbeitet hat. Es kann mit Polen und Elsässern zusammen jene drei Millionen nicht erreichen, die der Liberalismus hat. Die Konservativen, Antisemiten und Bauernbündler leiden aber der protestantischen Bevölkerung gegenüber an ihrer Verbrüderung mit dem Zentrum. Sie sind zu Hilfstruppen der schwarzen Macht herabgesunken, was sich darin äußert, daß bis auf weiteres alle Militärziffern und Zollziffern und Steuern so angenommen werden müssen, wie das Zentrum will, wenn überhaupt etwas Zustandekommen soll. Je klarer dieser Zustand erkannt wird, desto sicherer wird die Rückwirkung auf den Liberalismus sein, der von Natur und durch Geschichte der Gegenspieler des Zentrums ist und bleibt.

Die erste Wirkung wird beim rechten Flügel des Liberalismus sichtbar und kann schon heute mit bloßen Augen bemerkt werden, daß nämlich die Neigung, sich in Abhängigkeit von den Konservativen zu halten, abnimmt. Ja, wenn die Konservativen für sich allein wären, so würde mancher Nationalliberale noch immer gern mit ihnen einen politischen Schoppen trinken, aber immer sitzt der Zentrumsmann schon auf der Bank. Das treibt den Nationalliberalen, falls er einmal konservative Anwandlungen hat, bald wieder nach links. Es gibt wieder eine Scheidung zwischen Liberalismus und Konservatismus, die einfach darin liegt: liberal sind diejenigen, die nicht zur Zentrumsführung gehören!

Das Zentrum kann von seinem Standpunkte aus mit gewisser Befriedigung auf das Erreichte blicken. Es hat in stiller Emsigkeit seine zwei Millionen so politisiert und organisiert, daß es mit ihnen die allerschwersten Manöver ausführen kann. Seine Truppen fragen nicht viel, marschieren, wohin sie sollen, und laufen nicht weg. Dieser Disziplin beugt sich der Kaiser trotz der Borromäus-Enzyklika, und ihr beugt sich auch die konservative Partei, weil sie geringere Ziffern und unsicherere Truppen hat. Wenn heute Deutschland ein parlamentarisch regiertes Land wäre, so würde Freiherr v. Hertling erster Minister sein. So unverhüllt treten nun freilich die Machtverhältnisse nicht in die Erscheinung, aber die Menge empfindet, daß im Grunde die Sachen so liegen. Es gilt, rechts oder links zu stehen, bei den Schwarzblauen oder bei uns. Aus dem verwirrenden Vielerlei der Tagesfragen und Einzelgesetze erhebt sich ein Kampf um die Macht, um die Führung der Nation. In diesem Kampfe wird der Liberalismus wieder lernen, ein Faktor der Geschichte zu sein. Ob das heute alle beteiligten Einzelpersonen schon ganz erfaßt haben, ist dabei ziemlich gleichgültig. Die Heere formieren sich, und schließlich wird im Geschicke der großen Massen jeder an seinen Platz gedrängt, er mag wollen oder nicht.

Das fühlt auch die Sozialdemokratie. Lange Zeit hat sie den wilden Mann gespielt, den Todfeind der bürgerlichen Gesellschaft, die isolierte Partei gegenüber allen andern. Inzwischen aber zeigt sich doch, daß sie entweder mit dem Zentrum oder mit den Liberalen gehen muß, denn zum bloßen Zusehen ist sie zu stark und zum Überwinden aller übrigen viel zu schwach. Die Sozialdemokratie hat an Masse 3 260 000. Das ist eine Viertelmillion mehr als der Liberalismus hat. Diese Masse ist besser organisiert als die liberale Menge und darum an sich politisch verwendbarer, aber sie besteht ihrer Natur nach aus abhängigen Leuten und kann deshalb für sich allein die Staatsführung nicht übernehmen, denn ihr fehlen, so lange sie isoliert bleibt, die Kräfte, die den Staatsapparat in die Hand nehmen können. Eine Partei, die außer einigen Rentiers nur Arbeiter, Angestellte und Gewerkschaftssekretäre besitzt, kann in Sozialpolitik viel, in Handelspolitik wenig und in auswärtiger Politik fast nichts von sich aus leisten. Es geht eben nicht, die Arbeiter als Welt für sich zu behandeln. Jeder Arbeiter hängt irgendwo mit den Lebensinteressen dieser von ihm bekämpften bürgerlichen Gesellschaft zusammen. Er ist entweder liberal oder konservativ in Fragen der Staatsgestaltung, ist entweder liberal oder klerikal in Fragen der Volkserziehung. Einige von ihnen fallen dem Zentrum zu, die andern aber müssen den Liberalismus fördern, sobald dieser anfängt, sich selbst als Einheit und Macht gegenüber den Konservativen auf die Beine zu stellen. Das wissen selbst die radikalsten Genossen und keineswegs bloß die Revisionisten Süddeutschlands. Noch oft wird zwischen Sozialdemokraten und Liberalen gestritten werden, und im Wahlkampf werden sie Gesichter machen, als ob sie sich auffressen wollten, aber das eine fangen heute Liberale und Sozialdemokraten an zu begreifen, daß sie trotz aller Gegensätze und Agitationskampeleien an denjenigen Tagen zusammengehen müssen, an denen einfach zwischen rechts und links gekämpft wird. Erst muß einmal überhaupt wieder Freiheitsluft wehen, wer dann später der stärkere Teil ist, wird sich zeigen.

Bei dem allem hilft der Kaiser. Im Reichstag zwar ist die Mehrheit ziemlich leicht über seine Königsberger Rede hinweggekommen, indem sie erklärte, er habe nichts getan oder gesagt, was der im November 1908 vom Fürsten Bülow versprochenen größeren Zurückhaltung widerspräche. Formell läßt sich dagegen nichts tun: die Mehrheit der Abgeordneten hat recht, weil sie eben Mehrheit ist. Aber das Volk hat doch Ohren zu hören. Es hat den Ton verstanden, in dem der Kaiser sprach. Das aber bedeutet, daß heute nicht nur um der Schwarzblauen willen die Herstellung der Linken nötig ist, sondern um der Volksrechte willen, die eine große Nation sich von keiner Einzelperson verkürzen lassen kann, mag sie ihren Anspruch auch noch so mystisch und überpolitisch begründen. Die Zeit wird reif für neuen deutschen Liberalismus. Teure Preise und majestätische Reden wirken zusammen, und täglich wächst das Industrievolk. In die Dörfer hinein streckt die Industrie ihre Arme, und der Bauer lebt vom Lohne, der bei den Maschinen bezahlt wird. Was sind heute in diesem Volke noch die Rittergüter? Sie können uns nicht ewig regieren. Und die Priester können nicht die Direktoren eines Industriestaates sein, den sie nicht gerufen haben und vor dessen innerem Getriebe sie sich fürchten, wer gibt diesem Volke seine Richtung? Hier öffnet sich Platz für den Liberalismus.

Das alles sind Hoffnungen, erwartende Gedanken, die der Zukunft harren, wer ein Pessimist ist, mag sie beiseite schieben und sagen, daß der deutsche Liberalismus unorganisierbar sei und die deutsche Sozialdemokratie unbelehrbar. Wer geborener Pessimist ist, mit dem ist nichts zu machen. Eins soll er nur nicht fertigbringen, nämlich diejenigen zu entnerven und zu lähmen, die noch nicht von der vergeblichen Mühe vergangener Jahre mürbe geworden sind. Es ist verständlich, daß ein Teil der älteren Generation nicht mehr stark hoffen kann. Was haben diese Männer seit über dreißig Jahren erlebt! Aber die Welt fängt in jedem Jahre wieder von vorn an, und frische Jugend wächst zu uns heran. Was können die Parteien auf der Rechten heute der Jugend bieten? Sie sind so unsagbar dürr geworden, rechnerisch knapp, ohne Opfer und ohne Ideen, Gegner der Erbschaftssteuer, Bekämpfer der Arbeiterbewegung, voll Angst vor der Masse. Was sie zeitweise an nationalem Magnetismus gehabt haben, ist der Erbschaft und der Rente zu Füßen gelegt. Dort findet keine Jugend ihre Ideale. Auch bei uns wird die Jugend nichts sofort alles so finden, wie sie es haben will, denn der Liberalismus ist eben schlecht organisiert und noch kein politischer Körper, aber bei uns verlohnt es sich zu schaffen und zu arbeiten, denn hier entsteht das romfreie und junkerfreie Deutschland, um dessen willen vor vierzig Jahren mit Blut und Kraft das Reich gegründet ward.

Die Leidensgeschichte des deutschen Liberalismus

Der deutsche Liberalismus ist ungefähr hundert Jahre alt. Vor der Zeit der napoleonischen Herrschaft hatte es den Liberalismus nur als geistiges Prinzip gegeben, als Kantische Philosophie und als Schillersche Dichtung, nun aber wurde er unter dem Druck der fremden Macht zur staat- politischen Maxime. Es entstand im Süden und Westen eine Art

Napoleonsliberalismus und im Norden und Osten ein antinapoleonischer preußischer Liberalismus, und wer für tiefere und dunklere Beziehungen geistiger Strömungen Sinn hat, der mag wohl die Doppelheit, an der aller deutscher Liberalismus immer gelitten hat, bis auf diese Tage zurückführen, in denen der Rheinstrom mit allen seinen Nebenflüssen französisch beeinflußt war. Nur soll man diesen Gedanken nicht einseitig fortführen. Auch das Stromgebiet der Donau hat seinen besonderen Liberalismus für sich gehabt, den österreichischdeutschen Reichsliberalismus, der sich später als großdeutsche Gesinnung bezeichnete, und gewisse Teile des deutschen Nordens fanden im Laufe der Zeit noch andere Formen liberalen Geistes, insbesondere Schleswig-Holstein und Hannover, in denen der Liberalismus nicht französisch-kosmopolitisch war, auch im Grunde nicht österreichisch-deutsch, aber auch nicht preußisch-national, sondern ganz allgemein deutsch-freiheitlich. Der landschaftliche Charakter ist natürlich im Laufe der Zeiten nicht rein erhalten und vielfach durch die Wandlungen der politischen Theorien und durch die wechselnden Gruppierungen der liberalen Parteien durchkreuzt worden, aber noch heute gibt es landschaftliche Verschiedenheiten, die niemand außer acht lassen soll, der den Liberalismus verstehen will, vielleicht darf man in diesem Zusammenhange auch mit aller Vorsicht auf die Verschiedenheit der Rassenzusammensetzung aufmerksam machen. Überall dort, wo Römerblut in den Adern der Bevölkerung fließt, ist eine Neigung zu demokratischer Staatsauffassung. Fast kann der Römerwall als politische Stimmungsgrenze in Anspruch genommen werden. Dort aber, wo eine starke slawische Grundlage vorhanden ist, gestaltet sich der Liberalismus anders, da ist er oppositionell, aber weniger grundsätzlich demokratisch. Doch spielen in den slawisch-deutschen Gebieten gleichzeitig alte wirtschaftliche Einrichtungen eine große Rolle, und zwar in erster Linie die Bodenverteilung. Ländlicher Kleinbesitz ist an sich liberaler als Großgrundbesitz, und dort, wo das Rittergutssystem herrscht, besteht vielfach der Liberalismus von vornherein fast nur in dem Protest gegen dieses System. Der ältere Liberalismus ist beherrscht vom Gegensatze zwischen Rittergut und Bauerntum, der neuere Liberalismus vom Gegensatze zwischen Agrarstaat und Industriestaat. Vielfach ist Liberalismus eine Vertretung der Stadtkultur gegenüber der Landkultur geworden und hat eben dadurch wertvolle Landbestandteile verloren.

Zu allen diesen regionalen und wirtschaftlichen Unterschieden kommt aber nun als weiteres sehr erschwerendes Moment die Unterschiedlichkeit der konfessionellen Struktur. Die Entwicklung verläuft in protestantischen Gebieten durchaus anders als in katholischen Ge-

genden. Während es nämlich der katholische Klerus verstanden hat, den katholischen Liberalismus wieder an sich heranzuziehen und damit der liberalen Gesamtbewegung zu entfremden, hat sich in protestantischen Gebieten vielfach ein Gegensatz zwischen Konfessionalität und Liberalismus herausgebildet, der den Gegnern des Liberalismus zugute gekommen ist. Die Juden sind fast überall liberal, aber gerade ihr Eintreten für den Liberalismus hat im Zusammenhange mit dem steigenden Konfessionalismus der beiden christlichen Konfessionen dazu geführt, daß in manchen Landesteilen, besonders im deutschen Osten, andere Volksteile mißtrauisch gemacht wurden. Mit dem Anwachsen einer antisemitischen Gesellschaftsstimmung wurde der Zusammenhang alter liberaler Bestände gelockert, und die politischen Gegner des Liberalismus benutzten solche Stimmungen und pflegten sie, um ihn als undeutsch erscheinen zu lassen.

Niemals war also die Grundlage des deutschen Liberalismus völlig einheitlich. Die alten Zerrissenheiten des deutschen Volkes wirken überall nach. Das Deutschland, in welchem der Liberalismus aufstieg, war kein Einheitsland wie etwa Frankreich oder England und war kein politisches Neuland wie Nordamerika! Bei uns wurde der liberale Same in einen Acker hineingesät, der voll war von alten Wurzeln und geschichtlichen Keimen. Es würde eine fast übermenschliche Leistung gewesen sein, auf diesem Boden einen stolzen Einheitsliberalismus herzustellen. Man soll deshalb über die bisherige Leidensgeschichte des deutschen Liberalismus mild und ohne persönlichen Vorwurf urteilen. Die Männer, die auf dem von uns dargestellten Boden arbeiteten, hatten es unsäglich schwer, etwas Haltbares zu schaffen. Und auch heute soll man nicht in übereilter Hast so tun, als gäbe es die Bodenverschiedenheiten nicht. Sie sind da, und es wird sich immer rächen, sie zu übersehen. Der erste Satz des neudeutschen Liberalismus wird ein Bekenntnis zur Duldung innerer Stimmungsunterschiede sein müssen. Mit bloßem Dogmatismus kann hier immer nur wieder neue Abspaltung erzeugt werden.

*

Die erste Periode des politischen Liberalismus in Deutschland erstreckt sich von 1808 bis 1848. In dieser Zeit entsteht gewisser Parlamentarismus der Klein- und Mittelstaaten und eine liberale Stimmung innerhalb der beiden deutschen Großstaaten. Das Problem der Periode ist die Liberalisierung der beiden Großstaaten. Diese Zeit ist reich an Ideen und Einfällen, an Jugendlichkeit, Hingabe und Naivität. Noch fehlte das Augenmaß für die Machtfragen der Politik. Man glaubte an die weltüberwindende Kraft der richtigen Theorie. Darin lag etwas Großes und Richtiges, und uns Menschen von heute kann es gewiß nichts schaden, wenn wir uns mehr, als es gewöhnlich geschieht, in den Geist dieser Hoffnungsjahre versenken, weil wir im allgemeinen zu wenig an die Macht der Idee glauben und zu verkennen pflegen, daß alle großen Umgestaltungen der Weltgeschichte von Ideen hervorgebracht sind, die gleichsam über den Köpfen der einzelnen Sterblichen schwebten und dann in einigen hervorragenden Persönlichkeiten leibhaftig wurden. Damals aber sah man fast mir die Idee und dachte nicht an Waffen, Finanzen und Organisationen. Man wollte den alten Staat unterhöhlen, indem man ihn mit Vernunft kritisierte, als ob die Vernunft allmächtig sei auf Erden. Daß auch der Egoismus, die Tradition, der gewohnte Glaube und das Heer reale Mächte sind, mußte man erst blutend erfahren, um es in die Bücher des Liberalismus einzutragen. Das Jahr dieser blutenden Erfahrungen war 1848, ein wunderbares, unvergeßliches Jahr, ein Jahr, wo Männer erwuchsen für ein halbes Jahrhundert. Damals entstanden Bismarck, Miquel, Taster, Windthorst, v. Ketteler, Marx, Liebknecht. Die Jugend fast aller politischen Größen der ersten Periode des Deutschen Reiches hat ihre entscheidende Wendung im Jahre 1848 bekommen, sei es nach rechts oder nach links, zur Reaktion, zum Opportunismus oder zum Radikalismus. Es blieb für jeden, der damals jung war, das Hauptbedürfnis seiner Seele, sich darüber klar zu werden, was aus den Erschütterungen und Niederlagen des tollen Jahres an praktischen Schlußfolgerungen sich ergebe. Da aber dieser Vorgang in den verschiedenen Seelen sich verschieden abspielte, so diente die gewaltige Erregung nicht zur Vereinheitlichung. Man theoretisierte und zerbrach sich den Kopf, wie man es hätte anders machen sollen, und dabei wurden die einen noch revolutionärer und die anderen noch gemäßigter. Das ist der Inhalt der Reaktionsjahre von 1849 bis 1860. Diese Jahre können als besondere Periode nicht angesehen werden.

Die zweite Periode des deutschen Liberalismus erstreckt sich von 1860 bis 1878, und ihr ganzer Inhalt heißt: für oder gegen Bismarck. Der Ertrag läßt sich in die Worte zusammenfassen: der preußische Liberalismus wird im Militärkonflikt für mehr als ein Menschenalter zu Boden geworfen, dafür aber wird der Frankfurter Reichsliberalismus von Preußen übernommen. Das bedeutet einerseits ein Verkümmern des großdeutschen Zweiges der liberalen Gesamtbewegung innerhalb der deutschen Reichsgrenzen, andererseits eine Doppelgestaltung des innerdeutschen Liberalismus in eine siegreiche und eine besiegte Hälfte. Zur besiegten Hälfte gehören die Besiegten des preußischen Militärkonflikts (Fortschrittspartei) und die Reste der großdeutschen Richtung (süddeutsche Demokraten und in gewissem Sinne auch die Zentrumsdemokraten, Welfen und dergl.). Von Hause aus stammen die Elemente der besiegten Hälfte aus sehr verschiedenen Lagern; was sie vereinte, war der Kampf gegen Bismarcks Herrengewalt. Sie bilden den geschichtlichen Gegenchor zum Chor der siegreichen Bismarckverehrer. Was mit Bismarck ging, nannte sich nationalliberal und beherrschte die Situation, soweit es unter Bismarck möglich war, zu herrschen. Es war aber also, und darauf kommt es für uns an dieser Stelle an, nicht der deutsche Gesamtliberalismus, welcher am Siege der Heldentage Kaiser Wilhelms I. teilnahm, sondern nur sein rechter Flügel, war schon vorher der deutsche Liberalismus keine innere Einheit gewesen, so wurde er nun zur vollendeten Zweiheit. Die Unterschiedlichkeiten werden zu offenen parteipolitischen Gegensätzlichkeiten und Liberalismus steht agitierend und verwerfend gegen Liberalismus. Überall bekämpfen sich Nationalliberale und „Reichsfeinde". Es steht Miquel gegen Eugen Richter.

Über die schädlichen Wirkungen dieser Zweiteilung kann es nur wenig hinwegtrösten, wenn man auf die gesetzgeberischen Erfolge der Zeit von 1868 bis 1876 hinweist. Gewiß, diese Erfolge sind vorhanden und bedeuten ungeheuer viel für die Entfaltung des deutschen Wirtschaftslebens und Rechtslebens, aber sie verdecken die Schädigungen nicht, die darin liegen, daß kein Liberalismus übrigblieb, der imstande gewesen wäre, diese Erfolge zu erhalten und fortzusetzen. Wo ist jetzt vie Handelspolitik von damals? Wie sieht jetzt die Gewerbeordnung von 1869 aus? Der Liberalismus wurde zerdrückt, indem nur seine eine Hälfte an Bismarcks Siegen teilnehmen durfte.

Die dritte Periode des deutschen Liberalismus erstreckt sich von 1878 bis zur Gegenwart. Sie hat als Inhalt die Ausschaltung des Gesamtliberalismus aus der Staatsleitung und die schon in der vorhergehenden Periode begonnene Abtrennung einer proletarischen Demokratie (Sozialdemokratie) vom bürgerlichen Liberalismus. Bismarck verschaffte sich die Möglichkeit, gelegentlich auch ohne Liberale zu regieren, indem er den Kulturkampf beendete, und brachte damit den rechten Flügel des Liberalismus in eine abscheuliche Zwangslage, der er nicht gewachsen war. Um an der Regierung beteiligt zu bleiben, sollte sich der Nationalliberalismus mit den Konservativen verbinden (Kartell der Ordnungsparteien!), das machten nicht alle Nationalliberalen mit; ein Teil ging unter Rickert nach links, aber die Mehrheit der Rechtsliberalen ließ sich im Kartell verwenden und verlor damit die alten Grundsätze. Die Geschichte des von Miquel geleiteten National-liberalismus ist eine Geschichte der Entgeistigung dieses liberalen Flügels. Gleichzeitig aber litt der linke Flügel bitterste Not durch das Anwachsen der Sozialdemokratie. Die Sozialdemokraten nahmen die Großstädte und Industriebezirke für sich in Anspruch und drängten damit den Linksliberalismus in die Provinzen und zwangen ihn zu einer Polemik nach links, die für die Aufrechterhaltung liberalen Geistes sehr gefährlich war. Der Liberalismus im Ganzen wird zur Mittelpartei zwischen einer klerikal-konservativen Macht und einer radikalen sozialdemokratischen Opposition. Er hat weder die Vorteile des Regierens noch die Schärfe des rücksichtslosen Vorgehens gegen die Regierung. In dieser Zwischenlage wurde er innerlich unsicher, wehrte sich bald gegen rechts und bald gegen links und verlor in der Bevölkerung den Glanz, eine führende Geistesmacht zu sein. Er sollte, wie Bebel es gelegentlich ausgedrückt hat, zwischen rechts und links „zerrieben" werden. Und wer will leugnen, daß diese Zerreibung nahe genug gewesen ist?

Inzwischen aber mehren sich die Anzeichen, daß der Liberalismus noch nicht zu Ende ist, sondern am Vorabend einer neuen vierten Periode steht. Es würde voreilig sein, die vierte Periode schon als vorhanden anzusehen. Auch die Blockpolitik des Fürsten Bülow bedeutete noch keine grundsätzliche Änderung der Situation, sondern war nur ein Beweis dafür, daß die seitherige Grundform des deutschen Regierens ins Wanken geraten ist. Es will auf die alte Art nichts mehr glücken, für die neue Art aber ist die Zeit noch nicht da, denn – der neugewordene Liberalismus ist noch nicht da. Wer mitten in der politischen Arbeit steht, sieht ihn kommen, aber für diejenigen, die die Politik nur aus der Ferne betrachten, tritt er noch nicht in die Erscheinung. Das einzige, was diese Betrachter sehen, ist die wachsende Stärke der Einigungsbestrebungen im deutschen Liberalismus. Aber auch schon diese Einigung selber, so gebrechlich sie bis heute sein mag, ist ein Faktor. Sie existiert als Zusammenschluß der Linksliberalen, als fortschrittliche Volkspartei und als wahltaktische Annäherung dieser Partei an die Nationalliberalen. Um ein Zusammengehen der beiden wird viel geredet, und noch ist der Zank noch lange nicht zu Ende, aber es ist ein Zank, bei dem wenigstens jeder behauptet, dem großen Ziele eines geeinigten erneuten Liberalismus dienen zu wollen. Schon das ist etwas, denn es wird auf diese Weise wenigstens wieder etwas Großes und Allgemeines gewollt.

*

21

Vor etwa fünfzehn Jahren stand der deutsche Liberalismus innerlich noch schlechter da als heute, denn er bestand vielfach aus Leuten, die von den Lorbeeren ihrer besseren Vergangenheit lebten. Damals war es eine gewöhnliche Rede: wir waren Idealisten, und weil wir das waren, sollt ihr uns jetzt noch vertrauen! Die elegisch veranlagten Gemüter verweilten breit und bewegt bei ihrer großen Jugend, bei der Paulskirche und beim Kampf um Bismarck, und schlossen dann pessimistisch oder ironisch: es war so schön gewesen, aber 's hat nicht sollen sein! Diese Sorte von Jubiläumsliberalismus ist inzwischen schlafen gegangen. Das heutige Geschlecht ist so weit entfernt von 1848 und 1866, daß es für den Idealismus von damals keine heutigen Stimmen mehr hergibt. Das haben alle diejenigen begriffen, die jetzt noch nach allen hundertfachen Enttäuschungen im Liberalismus arbeiten. Wir alle wissen, daß wir auf uns selbst gestellt sind und nicht mehr vom Vertrauenskapital unserer politischen Großväter zehren können. Das aber ist ein gewaltiger Unterschied. Dadurch sind wir den alten Traditionen gegenüber innerlich viel freier geworden und überlegen praktisch, welchen Wert die Parteibruchstücke der Vergangenheit für den erforderlichen Neubau besitzen. Es fängt wieder ein konstruktives Denken an, woran es zwischen 1878 und 1900 fast ganz gefehlt hat. In dieser Zeit wurde parteitaktisch gedacht und die Tradition wurde mit bewundernswertem Fleiße durch schwerste Zeiten hindurchgetragen, wie es besonders von Eugen Richter zu rühmen ist, aber die Lebensfrage: was ist und was kann der Gesamtliberalismus? stand damals noch nicht auf der Tagesordnung. Bei einigen besonderen Gelegenheiten tauchte sie auf, wie 1901 beim preußischen Volksschulgesetz, aber im ganzen ging jeder seinen eigenen Weg, recht oder schlecht, wie es gerade kam, und es war vielfach die Empfindung zu treffen, die vor etwa zehn Jahren ein hannoverisches nationalliberales Blatt in den denkwürdigen Worten ausdrückte: „Wir trotten unseren Gang weiter, wie die Hammelherde, auch wenn der Schäfer verloren ist."

Die Probleme des konstruktiven Denkens im neuen Liberalismus sind zweifacher Art, parteitaktischer und prinzipieller Natur. Nach der parteitaktischen Seite hin ist die Frage eine doppelte: die Einigung der liberalen Parteien untereinander und die Stellung aller liberalen zur Sozialdemokratie. Beides hängt unter sich in sehr verwickelter Weise zusammen, denn so richtig es einerseits ist, daß man sich eine große politische Wirksamkeit des Liberalismus ohne die Sozialdemokraten nicht denken kann, weil nur mit ihnen eine Mehrheit der Linken herstellbar ist, so wahr ist es leider auch, daß sich die Sozialdemokratie beim liberalen Bürgertum so unbeliebt gemacht hat, daß viele Liberale lieber konservativ oder klerikal als sozialdemokratisch verbrüdert sein wollen. Das folgt keineswegs aus der Politik der Sozialdemokratie, denn diese entfernte sich in der Praxis gar nicht so weit von der liberalen Politik, aber der Sozialdemokrat hat nun einmal das Bedürfnis, in scharfen Reden aller Welt einen blutigen Krieg zu erklären und alle Parteien, auch die nächstbenachbarten, als „eine reaktionäre Waffe" hinzustellen. Diese Reden bedeuten, realpolitisch angesehen, sehr wenig, verhindern aber die Liberalen, das Programm der Mehrheit von Bebel bis Bassermann ihren Anhängern vorzutragen. Nimmt man die Erfahrungen des liberal-sozialdemokratischen Blockes in Baden hinzu und gedenkt der besonderen landschaftlichen Unterschiede des Nordens und des Südens, so versteht man leicht, wie es kommt, daß auch wir, die wir von der Notwendigkeit einer liberal-sozialdemokratischen Mehrheitsbildung überzeugt sind, jetzt diesen Gedanken in der praktischen Agitation vollständig zurückstellen müssen, weil bei seiner lebhaften Betreibung das zweite unausführbar sein würde, was noch notwendiger ist als die Einprägung der zukunftsreichen Generalidee vom Zusammenwirken des proletarischen mit dem bürgerlichen Liberalismus, nämlich die weitere und bessere Zusammenfügung des nichtsozialdemokratischen Liberalismus.

Die Einigung des bürgerlichen Liberalismus hat wiederum zwei Teile, zuerst die Vereinigung der drei linksliberalen „Parteien" zu einem Körper und dann die politische Verbindung dieses Körpers mit der nationalliberalen Partei. Das erstere davon hat sich vollzogen, das letztere aber ist fast nicht weniger schwer als das Auffinden der richtigen Beziehungen zu den Sozialdemokraten, weil zwar die Worte der Nationalliberalen viel weniger Anstoß geben als die der Sozialdemokraten, weil aber ihre politischen Handlungen sich in vielen Fällen erheblich weiter vom Liberalismus entfernen als die Handlungen der Sozialdemokratie. Es sei nur an die Beteiligung der Nationalliberalen an direkt illiberalen Gesetzgebungsversuchen erinnert (Umsturzvorlage und Zuchthausvorlage) und an ihre unbegreifliche Haltung zur preußischen Wahlrechtsfrage. Eine Verbindung mit illiberalen Teilen des Nationalliberalismus kann für die Neubelebung der liberalen Idee noch tödlicher werden als eine Verbindung mit der Sozialdemokratie, denn hier steht das innerste Wesen des Liberalismus selbst in Frage.

Alle diese taktischen Probleme sind in Wirklichkeit noch viel verwickelter als sie hier dargestellt werden können, und in ihnen liegt für uns, die wir aktiv in der Politik stehen, eine fast endlose Mühe. Parteikörper sind schwer in gewisse Richtungen zu bringen, so lange kein absoluter Zwang von außen her wirksam ist. Ein solcher aber liegt hier nicht vor und kann nicht vorliegen, da alle Kräfte außerhalb des Liberalismus nur das eine Interesse haben, unsere inneren Zerwürfnisse zu verewigen. Wir sind bei allen diesen Bestrebungen nur auf den wachsenden Selbsterhaltungstrieb und die wachsende Einsicht in die Notwendigkeit einer Überwindung der Fraktionsspielerei angewiesen. Das große Publikum aber, das von der Technik der Parteibildung nur ganz unbestimmte Vorstellungen hat, wird ungeduldig, wenn die Einigung viele Jahre hindurch streitvoll und leidvoll erörtert wird. Aber was hilft es? Zaubern kann niemand; es muß gearbeitet werden, bis eines Tages das Resultat erscheint. Wir gleichen den Baumeistern, die auf einem Trümmerfelde den Marmor Zusammensuchen, mit dem sie ihre neue Basilika bauen wollen.

Der Plan aber, nach welchem der Neubau aufgeführt werden soll, ist dabei unser Gedanke bei Tag und bei Nacht, was wir vor uns haben, sind die alten Baupläne der schaffenden Zeiten von 1848 und von 1868 bis 1876. Dazu kommen die hohen theoretischen Arbeiten der Philosophen von Kant und Fichte an. Es ruht in alten Schriften ein wunderbares Gedankenmaterial und wartet der Neubelebung. Noch ist der Zug unserer denkenden Jugend zu diesen Dokumenten hin nicht so stark, wie er werden muß, aber er wächst mit jedem Jahre. Wir bekommen eine neue liberale Ideenlehre und brauchen sie, denn mit bloßer Eintagspolitik kann man eine Umgestaltung der Volksregierung nicht herbeiführen. Erst der Geist, dann die Geisteswirkung! Es gilt die alten Prinzipien der Demokratie und des Liberalismus nicht bloß vom alten Papier auf neues Papier abzuschreiben, sondern im inneren Sinne jener alten unvergänglichen Prinzipien die realen Verhältnisse der Gegenwart zu durchdenken. Die politischen Denker des alten Liberalismus sind heute alle veraltet, das heißt ihre Formulierungen passen nicht mehr ohne weiteres auf das heutige deutsche Volk, auf unsere Betriebs- und Herrschaftsverhältnisse. Mit bloßer Auffrischung von Rotteck, Gagern, Bluntschli, Treitschke, Gneist ist es nicht getan. Auch die sozialdemokratischen Denker Lassalle und Marx sind für den proletarischen Teil des Liberalismus schon recht alt geworden. Die ganze Literatur der Linken zehrt vielfach von den Resten früherer Geistesbildung. Was wir aber brauchen, ist eine frische Kultur des politischen Denkens. Ohne sie bleiben wir im Opportunismus und im Parteihandwerk stecken, und tieferer Enthusiasmus entströmt nur der quellensuchenden geistigen Arbeit.

Einst war die Bildungsschicht voll von politischen Idealen. Mochten die Gedanken der Professoren und Doktoren viele Phantastereien in sich enthalten, so waren sie doch eine Quelle der Kraft. Heute ist der Bann der Unpolitik in den führenden Bildungskreisen noch nicht gebrochen, aber es gibt doch wieder politisch denkende Jugend. An sie muß man appellieren, wenn man an die Erneuerung des deutschen Liberalismus herangeht. Was aber wir, die wir Tagesarbeit tun, dabei leisten können, ist das Aufzeigen der Stellen, an denen die Denkarbeit einzusetzen hat. Wir können aus unserer Kunde der Vergangenheit und des gegenwärtigen politischen Betriebes heraus zu sagen versuchen, welches die Hauptfehler des bisherigen Liberalismus waren, damit a»s der Diagnose der Krankheit die Therapie gefunden werde.

*

Die Geschichte des Liberalismus läßt sich in Ziffern erzählen. Wir fangen mit dem Jahre 1873 an, weil dieses den letzten Höhepunkt des liberalen Parlamentarismus darstellt, und halten es für richtig, zuerst vom preußischen Abgeordnetenhause zu reden, weil für die Macht des Liberalismus in Deutschland das preußische Parlament mindestens so wichtig ist wie das deutsche Parlament. Im preußischen Abgeordnetenhause also waren liberale Abgeordnete:

	nationalliberal	linksliberal	zusammen
1873	174	68	242
1877	169	63	232
1879	85	57	142
1882	66	53	119
1886	72	40	112
1889	86	29	115
1894	84	20	104
1899	75	36	111
1904	79	33	112

Diese Ziffern besagen, daß vor dreißig Jahren auch im Dreiklassenhause, dessen Gesamtziffer 433 beträgt, der Liberalismus eine Mehrheit hatte. Inzwischen hat er sie verloren und ist zur politischen Ohnmacht verurteilt. Der Absturz liegt in den Jahren 1878 - 82. Der niedrigste Punkt findet sich 1894. Von da an geht es wieder langsam aufwärts. Wenn nun auch bei der letzten Wahl im Jahre 1908 zu 66 Nationalliberalen und 35 Linksliberalen 6 Sozialdemokraten gekommen sind, so bedeutet das keine Änderung der Mehrheitsverhältnisse.

Wer nun hat bei den Verlusten des Liberalismus im preußischen Abgeordnetenhause gewonnen? Auch dieses läßt sich ziffernmäßig darstellen.

	1873	1908	
Konservative	65	213	+ 148
Zentrum	91	103	+ 12
Liberale	242	107	- 135
Sonstige	34	20	- 14
	432	443	

Abgenommen haben die Fraktionslosen (darunter die Polen) und die Liberalen, zugenommen haben Zentrum und Konservative, und zwar letztere in so hohem Grade, dass der ganze Vorgang einfach sich so darstellt: in etwa 130 Fällen setzt sich der Konservative auf einen liberalen Stuhl. Am Verlust aber sind Rechtsliberalismus und Linksliberalismus auf ziemlich gleiche Weise beteiligt. Auch die Geschichte des bayrischen und sächsischen Landtages zeigt ähnliche Vorgänge auf, und auch in den übrigen Bundesstaaten sieht die Sache ähnlich aus. Die Wahlrechte allein genügen nicht zur Erklärung des Vorganges, so wichtig sie sind. Das sieht man, wenn man sich das Parlament des allgemeinen Wahlrechtes vor Augen stellt. Im deutschen Reichstage gestaltet sich nämlich die Parteigeschichte der Liberalen folgendermaßen:

	nationalliberal	linksliberal	zusammen
1874	152	50	202
1877	136	39	175
1878	103	44	147
1881	46	114	160
1884	53	75	128
1887	101	34	135
1890	44	76	120
1893	54	48	102
1898	46	49	95
1903	51	36	87
1907	55	48	103

Diese Parteigeschichte ist nicht so leicht mit einem Blicke zu überschauen wie die des preußischen Landtages, da die Reichstagswahlen je nach den verschiedenen Wahlparolen ein verschiedenes Ergebnis darbieten. Der Gesamtverlauf ist aber sehr ähnlich. Auch hier ist ein

Herabsinken auf die Hälfte der früheren Kraft und auch hier liegt der Absturz in den Zeiten hinter 1878. Interessant ist das Schwanken zwischen Rechtsliberalismus und Linksliberalismus. Der tiefste Punkt ist 1903.

Während aber bei den preußischen Landtagswahlen der Gewinn einzig den Konservativen zufiel, verteilt er sich bei den Reichstagswahlen nach verschiedenen Seiten.

	1874	1907	
Konservative	61	111	+ 50
Zentrum	91	105	+ 14
Liberale	202	103	- 99
Sozialdemokraten	9	43	+ 34
Sonstige	34	35	+ 1
	397	397	

Bei Beurteilung dieser Vergleichsziffern darf nicht außer Augen gelassen werden, daß die letzten Reichstagswahlen für die Sozialdemokraten außerordentlich ungünstig ausgefallen sind, schlechter als drei vorhergehende Wahlen. Es erscheint dadurch der Verlust nach links kleiner als er sonst gewesen ist. Das Resultat ist aber: der Liberalismus hat im Laufe eines Menschenalters 99 Sitze abgegeben, und zwar zur Hälfte an die Konservativen und zu kleineren Teilen an Sozialdemokraten und an das Zentrum. Bei Berücksichtigung der Wählerziffern ist der Verlust nach links viel größer als der nach rechts.

Auf solche Weise hat sich der Liberalismus verblutet. Die alte starke Kulturbewegung verlor nach rechts und nach links hin an lebendiger Kraft.

Nicht als ob der Liberalismus heute gar nichts sei! Er hat noch immer im ganzen 3 026 000 Wähler, also sehr viel mehr als die Konservativen, mehr als das Zentrum und nicht sehr viel weniger als die Sozialdemokratie. Wenn der Liberalismus als eine Einheit aufgefaßt werden dürfte, würde er noch jetzt die zweite Stelle in den Wählerziffern einnehmen. Daß die Konservativen aller Art und das Zentrum mehr Plätze besitzen als der Liberalismus, erklärt sich aus der veralteten Wahlkreiseinteilung. Liberale und Sozialdemokraten zusammen sind weit über die Hälfte der Bevölkerung, haben aber im Reichstage nur 146 von 397 Sitzen. Wenn es erlaubt ist, sich die Mehrheit von Bebel bis Bassermann auszudenken, so hat sie von vornherein den Anspruch, die Mehrheit des deutschen Volkes zu vertreten, aber — diese Mehrheit existiert leider nur in der Phantasie, denn das Recht der Wahlkreiseinteilung schafft eine konservativklerikale Mehrheit, und — Bebel und Bassermann lassen sich bis heute nicht vor denselben wagen spannen.

*

Das Hauptereignis in der Geschichte des Liberalismus ist der Absturz von der Höhe in den Jahren 1878 bis 1884. Diese Jahre bedeuten für Deutschland einen Wendepunkt von viel größerer Bedeutung als die damaligen Wortführer der öffentlichen Meinung es ahnten. Unsere ganze jetzige deutsche Politik steht in fast allen Beziehungen unter dem Drucke jener Jahre, in denen Bismarck sich zum Schutzzoll zum Sozialistengesetz, zur autoritären Sozialreform und zum Frieden mit Rom wendete, und in denen gleichzeitig die antisemitische Agitation einsetzte. Es war die Erhebung aller durch den Liberalismus beängstigten Elemente unter Führung des damals fast unüberwindlichen Staatsmannes.

Die Frage lautet: hätte der Liberalismus diesen Absturz verhindern oder wenigstens in seinen Folgen mindern können? Heute ist das eine rein historische Frage, aber sie hat den praktischen Wert, daß wir durch sie tiefer in das Wesen des damaligen und damit des jetzigen Liberalismus hineinblicken. Der Liberalismus konnte nicht hindern, daß der preußische Adel sich von der kapitalistischen Neuzeit bedrängt fühlte und seine starken Kräfte sammelte, um sich ihr entgegenzustemmen. Da auf jeden Stoß ein Gegenstoß zu erfolgen pflegt, würde es geradezu unbegreiflich gewesen sein, wenn die alte agrarische Herrenkaste sich willenlos hätte von Industrie und Börse aus dem Felde schlagen lassen. Sie begann sich bald nach dem Kriege auf sich selbst zu besinnen, söhnte sich grundsätzlich mit der Reichsgründung aus, verlangte aber, daß das neue Deutsche Reich ihr dienen sollte. Dazu kam, daß die Veränderungen auf dem Getreidemarkt der Opposition der Konservativen einen wirkungsvollen Hintergrund gaben und ihr ermöglichten, die „Rettung der Landwirtschaft" auf ihre Fahne zu schreiben. Diese konservativagrarische Bewegung mußte kommen, aber sie hätte weniger verwüstend gewirkt, wenn der Liberalismus mehr Fühlung mit dem Bauerntum gehabt hätte. Er besaß zwar viele bäuerliche Wähler, aber sie galten innerhalb des engeren Parteikreises zu wenig. Wir wollen damit nicht sagen, daß der Liberalismus schutzzöllnerisch hätte werden sollen. Im Gegenteil! Er hätte freihändlerisch bleiben sollen in allen seinen Teilen, aber in Verkehrspolitik, Steuerpolitik, Gemeindepolitik ein Bauernprogramm vertreten und die Parzellierung der Großgüter damals schon als große nationale Forderung behaupten. Später hat man ähnliches versucht, als es zu spät war. Nachdem einmal dem Liberalismus die Marke der Bauernfeindschaft angeklebt worden war, war es für ihn unsagbar schwer, auf dem Lande wieder vertrauen zu gewinnen. Alle vergangenen Verdienste des Liberalismus um die Bauernbefreiung waren wie mit einem Schlage vergessen. Noch war zwar der Bund der Landwirte nicht vorhanden, aber die Stimmung entstand, die ihn nachher erzeugte. Dieser Stimmung gegenüber wäre sofortiges Anfassen aller praktischen Landangelegenheiten am Platze gewesen. Dafür aber fehlten leider der Sinn und die Männer. Die liberale Presse war großstädtisch und verstand wenig vom Landwirtschaftsbetriebe, so wenig, daß es draußen geglaubt wurde, wenn, sie als Börsenpresse und Judenpresse verschrien ward.

Dem Mangel eines Landwirtschaftsprogramms gesellte sich aber ein zweiter noch größerer Mangel hinzu, nämlich die Mißachtung berechtigter religiöser Überzeugungen. Der Kulturkampf war keineswegs zwischen Kaisermacht und Papstmacht geführt worden, sondern ebenso sehr oder noch mehr als Anschauungskampf zwischen Aufklärung und Dogma. Das ist durchaus verständlich, denn Dogma und Kirchenmacht hängen eng unter sich zusammen, aber die Folgen davon waren nichtsdestoweniger höchst unerwünschte. Überall, wo überhaupt noch religiös-kirchliche Gefühle vorhanden waren, traten Verletzungen ein, sowohl auf katholischem, wie auf protestantischem Gebiete. Damals sind zahllose alte Liberale klerikal oder konservativ geworden, nur um des Glaubens willen. Die Geistlichen erschienen als Märtyrer und gewannen die Werbekraft des Martyriums. Wer diese Dinge innerhalb religiös gestimmter Kreise miterlebt hat, der weiß, mit welcher bodenlosen Oberflächlichkeit damals alles Glaubensleben bespottet wurde. Auch hier war weniger die Parteiführung schuldig als die Presse, und die Steigerung antisemitischer Neigungen, die sich gegen den Liberalismus wendeten, ist nicht am wenigsten auf das Konto von Blättern zu setzen, die gar nicht imstande waren, die tiefe Kraft religiöser Überzeugungen richtig einzuschätzen. Der Liberalismus hätte scharf gegen alle Kirchenherrschaft kämpfen, dabei aber jede religiöse Meinung, und sei es die wunderlichste, liberal behandeln sollen.

Auch gegenüber dem städtischen Mittelstande sind Fehler gemacht worden. Dem Handwerker wurden alle seine bisherigen Korporationen weggenommen, und er sollte mit seinen ungenügenden Kräften sich in den Strudel des freieren Wettbewerbes hineinwagen. Als Programm für eine allmähliche Entwicklung war das richtig, aber die Umwandlung kam zu überstürzt und erschien den Beteiligten als brutale Vergewaltigung. Mit etwas mehr Geduld war auch in dieser Schicht noch viel zu erhalten. Was kam denn für den aufsteigenden deutschen Industrialismus darauf an, wenn die veralteten Innungen dort noch ein Weilchen weiter bestanden, wo sie bodenständig waren? Stattdessen fühlte der Handwerker einen Großbetriebsfanatismus, der ihn zurückstieß. Kurz es fehlte dem Liberalismus das geschichtliche Gefühl für das richtige Tempo der wirtschaftlichen Modernisierung. Er über ließ sich einem manchesterlichen Radikalismus, der theoretisch richtig sein mochte, aber praktisch alle Geängsteten, Verletzten, Geschädigten nach rechts drängte. Man hat sozusagen die Leute mit Gewalt in die Hände der Junker und Kapläne geschoben.

Das alles aber hätte sich schließlich ertragen lassen, wenn wenigstens der Liberalismus alle neuzeitlichen gewerblichen Volksteile an sich gekettet hätte. Das aber war nicht der Fall. Durch die übereilte Aufhebung der letzten Reste des Eisenzolles gab der Liberalismus den Anstoß zu einer Protestbewegung innerhalb der Großindustrie, zur Erhebung der Eisenindustrie gegen den Freihandel. Und von da an war plötzlich eine Art konservativer Industrialismus vorhanden, eine für den Liberalismus geradezu unheimliche Erscheinung: er hatte die Industrie entfesselt, hatte für die gewerbliche Entfaltung buchstäblich geblutet, und nun schwenkten gerade die größten und politisch leistungsfähigsten Industriellen von ihm ab — wegen einer Preisfrage, wegen eines Zollsatzes!

Die Undankbarkeit in der Politik ist riesengroß. Die Bauern, die Handwerker, die Industriellen waren erst durch den Liberalismus etwas Ordentliches geworden, und nun verließen sie ihn kurzerhand, weil sie bessere Verkaufspreise oder sonst irgendeinen kleinen materiellen Vorteil haben wollten. Das ist es, was die alten Führer des Liberalismus nie überwunden und eigentlich auch nie begriffen haben. Der Sturz aus der Weltanschauung in die Wirtschaftsgier, aus dem Idealismus in den Materialismus blieb ihnen ein fast dämonisches Erlebnis. Sie beklagten den Fall der Zeiten und verloren damit noch mehr an werbender Kraft, denn von Agitatoren ist der unglücklichste der elegische.

Eine Zeit voll Materialismus und Klerikalismus brach herein; man kann auch sagen voll Realismus und Romantik. Kaiser Wilhelms Wort: „Dem Volke muß die Religion erhalten werden", und Bismarcks Reichstagsrede vom 22. November 1875 über die Steuer- und Zollreform bezeichnen die beiden Ausgangspunkte der antiliberalen Entwicklung des letzten Menschenalters.

Daß Bismarck sich von den Liberalen abwendete, machte den Stimmungsumschlag erst vollständig. Nicht als ob Bismarck vorher liberal gewesen wäre! Aber er hatte mit den Nationalliberalen zusammen das Reich gegründet, und man war gewöhnt, ihn als hohen Protektor des militärfreundlichen Teiles des deutschen Liberalismus anzusehen. Jetzt drückte er den Liberalismus an die Wand, das heißt, er drückte ihn so klein, daß er ihm gegenüber weder als Hilfe noch als Gegensatz sehr in Betracht kam. Bismarck tat dieses aus vielen Motiven zugleich, im Grunde aber, weil in ihm zunehmenden Alter die Junkernatur seiner Jugend auf de Höhe weltgeschichtlicher Unantastbarkeit wieder stärker heraus kam. Will man aber von seinen Gründen den wichtigsten hervorheben, so war es die Unmöglichkeit, mit dem damaligen Liberalismus eine gesunde Reichsfinanzpolitik zu treiben. Für den Baumeister des Reiches haben Finanzfragen immer viel bedeutet. Unter Bismarcks Druck entstand am 17. Oktober 1878 eine „volkswirtschaftliche Vereinigung" des Reichstages, eine Art Block, wie wir heute sagen würden, bestehend aus 87 Zentrumsleuten, 75 Konservativen und nur 27 Nationalliberalen. Diese lockere Vereinigung wurde der Untergrund eines neuen finanzpolitischen und wirtschaftspolitischen Systems, in dessen Mitte die Zollidee stand.

Was hätten die Liberalen tun können, um dieser Wendung vorzubeugen? Sie mußten ihrerseits ein ausführbares Finanzprogramm großen Stils bieten, ein System kapitalistischer Besteuerung und ertragreicher Staatsbetriebe. Darauf aber wollten sie sich aus theoretischen, agitatorischen und egoistischen Gründen nicht einlassen. Immer ist der Liberalismus in Finanzpolitik schwach gewesen, vielleicht gerade deshalb, weil die Finanzleute in seiner Mitte saßen. Bismarck sagte: »Ich habe den Eindruck gehabt, daß wir unter dem seit 1865 eingeführten Freihandelssystem der Auszehrung verfielen, die durch den Blutzufluß der Fünfmilliardenzahlung einige Zeit aufgehalten wurde." Und auf den Vorwurf, der in diesen Worten lag, konnte der Liberalismus nicht antworten: wir haben dir den weg gezeigt, wie auch ein Freihandelsstaat finanziell stark sein kann! Das Vorbild Englands lag vor aller Augen, aber unsere Liberalen getrauten sich nicht, ein Finanzprogramm nach englischem Muster fordernd zu vertreten und — wahrscheinlich war auch Deutschland damals noch nicht reich genug, um mit direkten Steuern und Tabak, Spiritus und Luxusabgaben seinen Reichs- und Staatsbedarf zu decken.

Inzwischen sind nun die Reichsfinanzen noch sehr viel schwieriger geworden als sie damals waren. Das Zollsystem hat nicht gereicht und neben ihm stieg die Schuldenlast. Jetzt hat es der Liberalismus noch

31

viel schwerer, mit einem zollfreien Finanzplan aufzutreten, aber ohne einen solchen wird er nie die Führung übernehmen können, denn solange als das Reich sich auf Zölle gründet, wird es konservativ-klerikal regiert werden und solange wird die Arbeiterschaft in radikaler Opposition verharren.

*

Das Verhalten zur Arbeiterschaft ist der letzte und tiefste Grund des Umschwunges von 1878. Bismarck brachte es fertig, fast das ganze deutsche Bürgertum in einen totalen Gegensatz zur Arbeiterbewegung hineinzutreiben. Natürlich hätte er es nicht gekonnt, wenn nicht die Sozialdemokratie wild und unverständig aufgetreten wäre, eine Partei des täglichen beleidigenden Angriffes gegen Monarchie, Kirche und Unternehmertum. Der Most der neuen proletarischen Bewegung gärte in sehr unschöner Weise, aber bei anderer politische Situation hätten damals, als die Ziffern der Sozialdemokratie noch gering waren, als die neun sozialdemokratischen Abgeordneten den Staat wahrhaftig nicht umstürzen konnten, Regierung und Liberalismus sehr gut zusammen ein verständiges Verfahren zur Milderung der Formen der sozialistischen Bewegung finden können. Man sehe doch nach Österreich! Da geht es ja auch! Bismarck aber brauchte das „rote Gespenst" um seine Mehrheit zusammenzuhalten. Dabei kamen ihm zwei schändliche Attentate gegen das Leben Kaiser Wilhelms sehr zu statten. Freiherr von Tiedemann erzählt, daß Bismarck bei der Nachricht vom Attentat zuerst ruft: „Da lösen wir den Reichstag auf!" und erst dann fragt: „Wie ist das Befinden Seiner Majestät?" Der Staatsmann Bismarck verwendet alles, was ihm in die Hände kommt, und es gelingt ihm, durch die Mordtaten von schlechten Menschen eine ganze geschichtliche Bewegung auf lange Zeit hinaus ins Unrecht zu setzen. Der gute Bürger aber bekreuzigte sich von da an vor jedem Sozialdemokraten, als sei er ein Stinkteufel oder ein Kirchenschänder. Der äußere Ausdruck dieses Bismarckschen Planes, seine Zollmehrheit mit Sozialistenfurcht zusammenzuhalten, war das Sozialistengesetz.

Hätte damals der Liberalismus im ganzen noch Mark in den Knochen gehabt, so würde er diesem Bismarckischen Plane bis aufs Blut widerstanden haben, denn hierbei drehte es sich um den innersten Kern der liberalen Weltanschauung, um den Glauben an die staatserhaltende Kraft der bürgerlichen Gleichberechtigung. Das fühlten damals auch die am weitesten rechts stehenden Nationalliberalen. Der erste Entwurf eines Sozialistengesetzes vom Mai 1878 wurde, trotz einiger Vermittlungsversuche nationalliberaler Juristen wie Gneist, von allen Liberalen abgelehnt. Als aber im Herbste desselben Jahres nach dem zweiten Attentat und nach einer beispiellosen Agitation das Gesetz wiederkam, da waren die Widerstände auf der rechten Seite des Liberalismus gebrochen, und damit war das Schlimmste eingetreten, was dem Liberalismus geschehen konnte, er glaubte von da an nicht mehr an sich selbst. Der Linksliberalismus hielt sich frei, aber selbst Bamberger war für das Sozialistengesetz. Den Sozialdemokraten hat es nicht geschadet, die Liberalen aber sind an diesem Gesetz zuschanden geworden, denn von da an war die Arbeiterbewegung für mehr als ein Menschenalter für sie so gut wie verloren.

Man kann auch heute noch, nach dreißig Jahren, nicht ohne schwere Erschütterung des Gemüts dieser Vorgänge sich erinnern, was hat damals der deutsche Staatsbürger aushalten müssen: Wo es Freiheitssinn gab, wurde er als staatsschädlich verdächtigt. Alles, was matt und lau im Liberalismus war, verkroch sich unter den Schutz der „staatserhaltenden Parteien". Und es war vieles matt und lau, denn der „bürgerliche Liberalismus" fürchtete sich vor den Arbeiterbataillonen, und der theoretische Liberalismus begriff nicht, dass die Freiheit der Unterschicht auf andere Weise gesichert werden muß als die Freiheit der Bourgeoisie. Der Liberalismus war eng und klein geworden, eine Klasse innerhalb des Volkes vertretend, keine Armee der Freiheit für alle Bürger. Der rechte Flügel des Liberalismus ging offen ins konservative Lager über und machte das Ausnahmegesetz mit, und der linke Flügel machte es zwar nicht mit, ließ sich aber von der allgemeinen Sozialistenfurcht anstecken und hat noch heute diese chronische Krankheit nicht völlig überwunden. Es gibt noch heute freisinnige, die lieber mit einem Konservativen gehen als mit einem Sozialdemokraten. Wie aber soll ein Liberalismus die Konservativen aus der Herrschaft werfen können, der sich vor dem Sozialdemokraten fürchtet? Man braucht sie ja nicht zu lieben, aber man soll sie ansehen und behandeln wie jede andere Partei. Erst wenn wir das ganz von selbst tun werden, haben wir das schlimme Jahr 1878 einigermaßen überwunden. Nachdem wir absichtlich den Absturz des Liberalismus vor dreißig Jahren ausführlicher dargestellt haben, können kürzer über das reden, was nachher kam, denn von der Zeit der Bismarckischen Rückwendung zum konservativen Staat an blieb für den Liberalismus nichts anderes übrig, als seine Restbestände nach Möglichkeit zu pflegen. Daß er dieses mit einigem Erfolge getan hat, ergibt sich aus den Ziffern, ab eine führende Rolle hat er nicht wieder gehabt. Fast dreißig Jahre des Protestes oder der Anbequemung liegen jetzt hinter einer Bewegung, die vorher dem

Volke Großes geleistet hat und die ihm versprach, in der politischen Führung zu bleiben, da sie allein mit den Ideen des Fortschrittes und der Wissenschaft gehe. Früher war es fast selbstverständlich, daß die gebildeten Teile des Volkes liberal waren, so selbstverständlich, daß man fragen konnte, weshalb es jemand nicht sei. Heute aber muß man leider fragen, weshalb er es noch sei, denn die Menge der Gebildeten hängt bei den Konservativen, und eine kleine, aber eifrige Zahl hofft die Demokratisierung des Staates von der Sozialdemokratie. In dieser Lage hat es vielleicht einigen Wert, wenn ich als einer, der mit Bewußtsein in die aktive Zeit am Liberalismus eingetreten ist, darzustellen versuche, weshalb ich das getan habe.

Der Ausgangspunkt meiner politischen Gedanken ist die Sozialpolitik. Ich gehöre zu denen, die vom Rhythmus der Arbeiterbewegung erfaßt wurden und denen die Lehre von Marx viele neue Gesichtspunkte gab. Ich hätte zur Sozialdemokratie gehen können, wenn diese für die nationale Macht des Deutschtums Verständnis gezeigt hätte. Das aber hat gefehlt und fehlt noch. Im Gegensatze zur Sozialdemokratie habe ich mit meinen Freunden mich nationalsozial genannt. Als sich nun zeigte, dass zwischen Sozialdemokratie und Liberalismus eine besondere Parteigruppe nicht herstellbar war, bin ich zum Liberalismus gegangen, weil ich bei aller Kenntnis seiner Schwäche ihn für wichtiger und notwendiger für die deutsche Zukunft halte als die Sozialdemokratie, deren Größe und Regsamkeit ich gewiß nicht unterschätze. Den Grund dieser Beurteilung darlegen, heißt aber den innersten Kern der neuen Aufgaben des Liberalismus aussprechen.

Die großen Theoretiker der Sozialdemokratie, insbesondere Karl Marx, haben der Industrie ein doppeltes Zukunftsziel in Aussicht gestellt: die Vergesellschaftung der Produktionsmittel und die Demokratisierung dieser Vergesellschaftung. Beides schien ursprünglich fast ein und derselbe Vorgang zu sein und sich gleichzeitig zu vollziehen. Inzwischen aber erleben wir, daß die Vergesellschaftung der Industrie vor sich geht, ohne daß die Demokratisierung damit gleichen Schritt hält. Die industriellen Syndikate tun ihrerseits das, was man früher den Sozialdemokraten vorwarf, sie verflüchtigen das Einzeleigentum und zerbrechen den Mittelstand. Fast alle Reden, die man vor dreißig Jahren gegen die Wirtschaftstheorien der Sozialdemokratie gehalten hat, passen heute gegenüber den großen Syndikaten, und fast alle Reden, die in Syndikatsprotokollen niedergelegt werden, haben eine wunderbare Verwandtschaft mit einstigen Aussprüchen sozialdemokratischer Theoretiker: Die Regellosigkeit der Produktion muß durch gesellschaftliche Organisation überwunden werden! Damit ist die Sozialdemokratie in eine sehr merkwürdige Lage gekommen. Sie kann ihre alte sozialistische Rede kaum mehr halten, weil sie ja dann für die Gegner ihrer demokratischen Ideale reden müßte. Man beachte das fast volle verschwinden des sozialistischen Elements in der jetzigen sozialdemokratischen Literatur! Was übrig bleibt, ist Demokratie, ist Liberalismus radikaler Art.

Da die Sozialisierung von selbst kommt, und zwar viel undemokratischer, als man es sich von vornherein denken könnte, so steht die Sozialdemokratie der Macht der vergesellschafteten Großindustrie mit keiner anderen Waffe gegenüber als mit fast genau denselben Forderungen, die vor sechzig Jahren der Liberalismus dem Staate gegenüber aufstellte. Es handelt sich jetzt wie damals um die Menschenrechte und um die Mitwirkung an der Leitung der Gesellschaft. Die Sozialdemokratie enthüllt sich auf solche Weise unter dem Zwange der großindustriellen Entwicklung als normale Tochter alter liberaler Theorien. Ihre Gegenwartsaufgabe faßt sich zusammen in dem liberalen Satz: „Industrieuntertanen müssen in Industriebürger verwandelt werden". Alles Nachdenken gilt der Industrieverfassung und dem Betriebsparlamentarismus. In diesem Stadium der Entwicklung ist es nötig, da der Liberalismus als Prinzip wieder rein herausgearbeitet und zur Volksüberzeugung gemacht wird. Das aber geschieht besser und leichter auf dem Boden der altliberalen Organisationen als innerhalb der Sozialdemokratie, bei der die theoretische Ermattung zunächst im Fortschreiten begriffen ist. Der nächste, große Schritt der deutschen Geschichte ist eine neue Aufrollung der liberalen Fragen gegenüber dem Industriestaat. Weil ich das innerhalb des Liberalismus für möglich halte, bin ich an der Wegscheide zwischen Sozialdemokratie und Liberalismus zum letzteren gegangen, damit ein Vertrauen zur Unverwüstlichkeit des Urbestandes an liberalen Grundsätzen bekundend, das mancher enttäuschenden Einzelerfahrung wird standhalten müssen, das aber voraussichtlich durch den weiteren Gang der politischen Geschichte gerechtfertigt wird.

Auch die Geschichte der politischen Parteien ist ein Werden und Vergehen. Das aber heißt für den hier vorliegenden Fall, daß der Aufstieg sowohl der Konservativen als der Sozialdemokraten nicht ewig währen wird. Aus welchem sachlichen Grunde die sozialdemokratische Theorie allmählich zur liberalen Auffassung hinübergleiten wird, ist eben gesagt worden. Eine exakte konservative Theorie gibt es aber schon längere Zeit nicht mehr, da sich aller Konservatismus mit Agitation hat beschäftigen müssen und dadurch entnervt worden ist. Ein reiner Konservatismus darf sich keine Volksversammlungen gestatten.

Das, was wir vor uns haben, ist ein Gemisch von Aristokratie und Anpassung an plebejische Instinkte, wie sie besonders im Antisemitismus zutage treten. Eine konservative Staatslehre, wie sie einst Stahl aufgebaut hat, kann heute nicht mehr vertreten werden, was heute die Konservativen Parteien stark macht und zusammenhält, ist nicht ihre konservative Staatstheorie, sondern ihre agrarische Wirtschaftspolitik. Aber gerade diese hat ihren Höhepunkt überschritten. Es ist ganz unwahrscheinlich, daß für sie nach Ablauf der jetzt geltenden Handelsverträge noch eine Steigerung möglich ist. Irgendwann kommt jeder solche Wirtschaftsgedanke an sein natürliches Ende. Ebenso gut wie einst in den siebziger Jahren der Liberalismus daran brach, daß er seinen freihändlerischen Gedanken überspannte und die Gegenkräfte unterschätzte, so wird es im nächsten Jahrzehnt voraussichtlich den Konservativen mit ihren schutzzöllnerischen Ideen gehen, um so mehr, da sie dem heutigen Zustande der Reichsfinanzen mit ähnlicher Hilflosigkeit gegenüberstehen wie vor dreißig Jahren die damaligen Liberalen.

Alles das vollzieht sich nicht an einem Tage. Zunächst bleibt scheinbar alles beim Alten. Die Parteikörper bewegen sich weiter wie bisher. Es tritt aber eine Lähmung der Gegensätzlichkeiten ein, eine Abschwächung sowohl des sozialistischen wie des schutzzöllnerischen Prinzips. Damit wird das Feld frei für den neuen Liberalismus.

*

Der neue Liberalismus kann keinesfalls bloß von den Parteisekretariaten aus gemacht werden. Vom Geklapper der Fraktionspolitik entsteht kein Mehl der Zukunft, solange nicht hinter diesem Geklapper neuer Geist aufgeschüttet wird. Das aber ist nicht eigentlich Sache der Berufspolitiker. Hier liegt die Arbeit der Philosophen. Nationalökonomen und Pädagogen. Gelingt es diesen, uns in eine Periodehineinzuführen, in der der Mensch als Mensch wieder etwas gilt, dann werden wir auch wieder politischen Liberalismus erleben. Bisher steht die Politik unter dem Zeichen des Materialismus, sowohl des historischen wie des praktischen. Alles löst sich auf im Kampfe sich auf im Kampfe um kleine Extravorteile. Wird dieser Geist aber verdrängt durch eine Gesellschaftsauffassung, die den Idealen, der Aufklärungszeit sich wieder mehr nähert, dann steigt der Wert der Einzelperson und ihr unveränderliches Recht wieder in die Höhe — Kant kommt wieder.

*

Wenn eine politische Richtung so lange und so schwer krank gewesen ist, dann geht die Genesung nur langsam vor sich und alle Beteiligten müssen gegenseitig mit sich Geduld haben. Daran aber fehlt es vielfach. Man ist nervös, weil man noch nicht ganz gesund ist. Die einzelnen Teile des Liberalismus haben die Wunden der Vergangenheit noch im Gefühl und fürchten bei jedem Wort, sei es vom rechten oder vom linken Flügel, daß hier etwas preisgegeben werde oder zugestanden werde, was man nicht tragen könne. Dieser Zustand ist höchst schwierig für alle Beteiligten, aber es hilft nichts: wir müssen durch ihn hindurch! Gesundwerden kommt nicht leicht ohne Anwandlungen von Schwäche vor. Das ist im Einzelfalle betrübend, darf aber die Hoffnung im Ganzen nicht stören, solange die Lebenskraft der Bewegung selbst nicht versagt. Das aber ist nicht der Fall. Der Sturz vom Jahre 1878 hat schwere Folgen gehabt und lange ist er nicht verwunden worden, aber nun wird es wieder besser. Die Zeiten der tiefsten Ermattung sind, wie die Wahlziffern beweisen, vorüber. Die Blutzirkulation wird wieder regelmäßiger, die Jugend tritt mit ihrem Optimismus an die Stelle derer, die den Sturz selbst erlebt haben — und wir studieren die Leidensgeschichte des Liberalismus, um von ihr zu lernen, gesund zu werden.

Liberalismus als Prinzip

Es ist im Liberalismus, auch in Süddeutschland, nicht mehr sehr an der Tagesordnung, vom Liberalismus als Theorie oder als Prinzip zu reden. Man nimmt an, daß jedermann weiß, was Liberalismus ist, und auf Reinheit der Lehre oder Strenge des Stils wird kein besonderes Gewicht gelegt. Am ersten findet man Prinzipienlehre noch gelegentlich bei der demokratischen Volkspartei, am seltensten begreiflicherweise bei den Nationalliberalen. Dort wird vor „öder Prinzipienreiternern" gewarnt, weil, nun weil Prinzipien, die man selbst bisweilen verletzt hat, unbequem wirken können, fast wie das moralische Gewissen im einzelnen Menschen. Natürlich bestreiten wir auch nicht, daß bloße Deklamationen von Allerweltsgrundsätzen keinen Wert haben. Parteien werden vom Volk nach ihren Handlungen beurteilt, nicht aber nach dem, was in der Programmurkunde geschrieben steht. Wer im Programm für gleiches Recht aller Staatsbürger ist, und in der Wirklichkeit einen Teil der Staatsbürger bedrückt, verletzt oder herabsetzt, dem wird es in alle Ewigkeit nichts helfen, daß er seine feierlichsten Bekenntnisse irgendwo eingemeißelt hat.

Immerhin aber gibt es ernsthafte Leute, die es für höchst dringlich halten, daß wieder liberale Prinzipienlehre getrieben wird. Warum eigentlich? Aus zwei Gründen. Einmal ist alles Reden über Einheit des Liberalismus von nur sehr geringer Überzeugungskraft, solange nicht klar gesagt wird, was denn der geistige Kern dieser Einheit ist, und dann bleibt die große Debatte über das Verhältnis des Liberalismus zum Sozialismus notwendig im Gebiete dunkler Stimmungen, solange man sich nicht entschließt, dasjenige reinlich zu formulieren, was der Liberalismus zu den Fragen des vierten Standes zu fragen hat. Es ist geradezu ein Lebensbedürfnis des Liberalismus in seiner Gesamtheit, daß er sich seinen eigenen theoretischen Problemen wieder stärker zuwendet. Die nachfolgenden Darlegungen beabsichtigen keineswegs, alles zu sagen, was überhaupt zu dieser Sache gesagt werden kann. Sie wollen nur den Teil des Problems schärfer herausarbeiten, der das Verhältnis der liberalen und der sozialistischen Theorie enthält. Als Ausgangspunkt dazu soll uns ein kleines inhaltreiches Schriftchen dienen, das der leider verstorbene Professor Jellinek in Heidelberg in zweiter Auflage hat erscheinen lassen: „Die Erklärung der Menschen- und Bürgerrechte, ein Beitrag zur modernen Verfassungsgeschichte" (Leipzig, bei Duncker u. Humblot, 1904, Preis 1,80Mk). Jellinek führt uns in die Zeit der Entstehung der liberalen Gedanken. Am 26. August 1789 wurden in Paris die Rechte des Menschen und Bürgers erklärt. Diese Erklärung wurde der Ausgangspunkt aller europäischer Verfassungskämpfe im vergangen Jahrhundert, und verdient deshalb in ihrem Werden verstanden zu sein. Paul Janet, ein namhafter französischer Rechtshistoriker, führt sie, darin völlig der herrschenden Tradition folgend, auf den Einfluß der Theorie Rousseaus zurück. Das ist die Stelle, wo Jellinek einsetzt. Gegenüber seinem französischen Kollegen führt er die Behauptung durch, daß Menschenrechte nicht zum Gedankensystem Rousseaus gehören, sondern nordamerikanischen Ursprungs sind.

Soweit nun diese Untersuchung rein geschichtlichen Inhaltes ist, bleibt sie eine Sache für die Fachleute, denn können wir anderen, die wir nicht in den Urkunden jener Tage leben, nachprüfen, welche Gedanken bei Rousseau kommen und welche nicht? Aber das, was Jellinek biete geht weit über das rein Geschichtliche hinaus. Indem er politische Theorie Rousseaus einerseits und die Formulierung der Menschenrechte in den nordamerikanischen Einzelverfassungen andererseits darstellt, gibt er uns ein sehr scharf gezeichnetes Bild vom ursprünglichen Liberalismus in seinem doppelten Verhältnis zum Staat.

Rousseau geht nach Jellineks Darstellung einzig und allein vom Gesamtwillen aus. Die Gesellschaft ist alles, die Rechte des einzelnen sind nur Teile der volonté générale. Der Gesellschaftsvertrag macht den Staat zum Herrn aller Güter seiner Glieder, die nur als Depositare des öffentlichen Gutes zu besitzen fortfahren. Die bürgerliche Freiheit besteht einfach in dem, was dem Individuum nach Abzug seiner bürgerlichen Pflichten übrigbleibt. Die Vorstellung eines ursprünglichen Rechtes, das der Mensch in die Gesellschaft hinübernimmt, wird von Rousseau ausdrücklich verworfen. Man ist erstaunt, wenn man liest, daß Rousseau nichts von Religionsfreiheit wissen will: wer es wagt zu sagen, daß außerhalb der Kirche kein Heil sei, soll vom Staate verbannt werden! Politische Vereine, die das Volk spalten, hindern den wahren Ausdruck des Gemeinwillens und sind daher nicht zu begünstigen! Rousseaus Staatslehre ist vollendeter Republikanismus mit vollendeter Staatsallmacht.

Diese Staatsallmacht aber ist es gerade, wogegen sich die Menschen und Bürgerrechte wenden. Das Wesen dieser Rechte besteht darin, das Einzelsubjekt vor der Vergewaltigung durch Tyrannei, Willkür oder Schematismus des Staates zu schützen. Es sind wesentlich negative Rechte, das heißt Rechte, die in der Freiheit von dem Regiertwerden bestehen. In diesem Sinne reden die Amerikaner von Religionsfreiheit, Auswanderungsfreiheit, Redefreiheit, Versammlungsfreiheit, Petitionsfreiheit, Freiheit der Person von Sklaverei und freier Verwendung des Privateigentums.

Beiden Teilen, Rousseau und den Amerikanern, ist gemeinsam, daß sie die Gleichheit aller Staatsbürger von vornherein als Prinzip nehmen. Ihr Unterschied ist, daß bei Rousseau der Liberalismus darin besteht, daß alle den Staat regieren, bei den Amerikanern aber darin, daß alle das gleiche Rechte haben, vom Staate unbehelligt zu sein. Natürlich ist diese Formulierung etwas überscharf, wie sie es sein muß, wenn man Gegensätze zunächst verständlich machen will. Auch Rousseau hat in dem Satz, daß der Staat nur Vorschriften machen darf, die für alle zugleich gelten, ein Korrektiv seiner Staatsallmacht, und die Amerikaner sind selbst in eben dem Moment, wo sie sich vor dem Staate schützen wollen, damit beschäftigt, den Staat aufzurichten und zu verteidigen.

Aber was soll nun uns, die wir heute leben, diese alte Geschichte? Sie zeigt in unvergänglichen Typen die doppelte Haltung, die der Liberalismus gegenüber dem Staate hat. Er will ihn vom Willen aller Beteiligten abhängig machen und er will ihn in seiner Wirksamkeit eingrenzen. Beide Tendenzen sind so geartet, daß sie für sich allein bei exakter Durchführung entweder die Persönlichkeiten oder den Staat zerstören, aber so sind ja Prinzipien meist, daß sie, ins Extrem verfolgt, tödlich wirken. Das Wesen des Liberalismus besteht geradezu im gemeinsamen und harmonischen gleichzeitigen Gebrauch beider Methoden.

Die Voraussetzung dieses Liberalismus ist, daß der Staat vorhanden ist, und zwar als absoluter Staat, den die Untertanen als Gefahr empfinden. Nur als Gegenbewegung einem aristokratisch oder monarchisch geleiteten Staate ist die Doppelmethode verständlich. Auch die Amerikaner hatten den absoluten Staat vor Augen, den sie nicht wollten, ihren damaligen englischen Heimatstaat. Der Staat wurde im 17. und 18. Jahrhundert zum Großbetrieb, zu einem Machtinstrument, das dem Menschentum verhängnisvoll zu werden drohte. Diesen Großbetriebsdrang im modernen Staate wollte der Liberalismus nicht an sich töten, aber seiner schädlichen Nebenwirkungen entkleiden. So wuchsen beide als Korrelaterscheinungen miteinander, der Staat und in ihm der Liberalismus. Die Staatsbejahung des Liberalismus liegt in der demokratischen Richtung auf Parlamente, Wahlrechte und Selbstverwaltung. Die Staatsverneinung liegt in der individualistischen Richtung auf Menschenrechte, Gewerbefreiheit, Handelsfreiheit, Freizügigkeit, Kultur- und Religionsfreiheit. Man kann verfolgen wie zeitweise die eine oder die andere Richtung mehr in den Vordergrund getreten ist. Bei uns liegt es so, daß die Sozialdemokraten stärker an Rousseau anknüpfen und die Liberalen entschiedener Richtung mehr an die Amerikaner.

Damit aber ist der Gegensatz zwischen unseren Liberalen und Sozialisten nur teilweise erklärt, nämlich nur so weit, als es sich um die Stellung zum Staate im engeren Sinne des Wortes handelt. Die Lage aber hat sich seit 1789 wesentlich dadurch verschoben, daß ein neues Faktum eingetreten ist, mit dem man damals überhaupt noch nicht rechnen konnte. Das neue Faktum ist, daß die Tendenz zum Großbetrieb sich nicht auf den Staatsbetrieb beschränkt hat, auch nicht auf die alten Betriebe der Kirche und der Feudalherrschaften. Das ganze gewerbliche Leben ist von dieser Tendenz erfüllt. Das Zeitalter des kapitalistischen Maschinenbetriebes schafft vor unseren Augen neue Herrschaftskörper, die an Gefahren für die Einzelpersonen nicht ärmer sind als es der Betrieb des Staates in seiner absolutistischsten Periode gewesen ist. Ein Fürst der alten Zeit, den die einen Despoten nannten, hatte über seine Untertanen keine größere Macht als sie heute der Kopf eines starken Syndikats oder der Leiter eines industriellen Riesenunternehmens hat. Die Zahl der abhängigen Menschen wächst. Abhängigkeit aber ist das alte Problem, des Liberalismus. Die neue Frage für den Liberalismus ergibt sich aus dem Gesagten. Sie lautet: soll er seine alte Doppelmethode auf alle Formen des Großbetriebes ausdehnen oder gilt sie nur für den Staat?

Der Sozialismus als Theorie besteht wesentlich in extremer Anwendung der altliberalen Formeln auf jede Art von Großbetrieb. Man mache sich das nach folgendem Muster klar. Der Großbetrieb soll einerseits nach Rousseau behandelt werden: Übergang der Produktionsleitung in die Hand aller Beteiligten ist das Endziel, demokratische Mitwirkung an der Leitung durch parlamentarische Formen ist das nächste Ziel. Der Großbetrieb soll andererseits Menschenrechte gewähren; Achtstundentag als Endziel; Zeitbeschränkung als nächstes Ziel, und dazu Freiheit der Koalition, der Gesinnung, Schutz der Gesundheit, der Jugend, der persönlichen Ehre.

Es kann kein Zweifel sein, daß im sozialistischen Programm altliberale Elemente in Anwendung auf neue Herrschaftsformen vorliegen, aber dieser strenge Gedankenzusammenhang beider Strömungen wird bisher von beiden Seiten verkannt, weil die Sozialdemokratie ihre Forderungen mit dem Unterbau einer Geschichtsauffassung versieht, die dem Liberalismus nicht geläufig ist und deren Einordnung in den alten liberalen Gedankenbestand große Schwierigkeiten macht, nämlich mit dem Unterbau der materialistischen Geschichtskonstruktion. Oder anders ausgesprochen: der Sozialdemokrat stellt seine Ideen als Ergebnisse des Klassenkampfes hin und der Liberalismus die seinen als Ergebnisse kritischer Vernunft. Es streiten sich zwei Philosophien, von denen vielleicht jede etwas Wahrheit in sich hat. Will man aber das Prinzip der beiden Strömungen reinlich erkennen, so muß man sich zunächst einen von allem diesem philosophischen Beiwerk freimachen und nur fragen: was ist es, was die, Liberalen, wollen, und was es, was die Sozialdemokraten wollen? Sobald man das tut, springt die innere Gleichartigkeit in die Augen. Der Sozialismus ist die denkbar weiteste Ausdehnung der liberalen Methode auf alle modernen Herrschafts- und Abhängigkeitsverhältnisse.

Die gegenwärtige Frage des Liberalismus aber hat deshalb folgenden Inhalt: ist es richtig, daß wir uns nur darauf beschränken, Gegenwirkung gegen staatlichen Despotismus zu sein? Die Frage ist deshalb so schwer, weil der Kampf gegen die Nachteile der neuen Großbetriebe offenbar nur mit Hilfe des alten Großbetriebes Staat geführt werden kann. Der Staat, den man in seiner Wirksamkeit einengen wollte, muß mit neuen Aufgaben betraut und also direkt gestärkt werden, wenn er helfen soll, die Menschenrechte im gewerblichen Großbetrieb zu schützen. An dieser Stelle setzte der alte und erste Widerspruch der strengen Manchesterleute gegen den Sozialismus ein. Man mußte die liberale Lehre vom freien Spiel der Kräfte im Wirtschaftsleben einschränken, wenn man staatliche Zwangsversicherungen und Arbeiterschutzgesetze gutheißen wollte. Das hat man nun trotzdem fast im ganzen Liberalismus tatsächlich nicht vermeiden können, aber es ist das Gefühl einer Schwächung des Prinzips übriggeblieben. Gewöhnlich legte man sich die Sache so zurecht, daß man sagte: erst durch diese Staatseingriffe entsteht die Freiheit des einzelnen, die wir anstreben! Das ist sachlich unbestreitbar richtig, überwindet aber den Umstand doch nicht ganz, daß der Liberalismus staatssozialistische Elemente aufnehmen mußte, die ihm von Hause aus fern lagen. Ein gutes Gewissen beim weiteren Beschreiten dieses Weges wird der Liberalismus gegenüber seinen eigenen Prinzipien erst dann bekommen, wenn er das ganze Gewicht der Neuerung begreift, die darin liegt, daß es nicht der staatliche Großbetrieb allein ist, sondern aller Großbetrieb, den er als gefährlich für die Persönlichkeit zu begrenzen und auf parlamentarische Basis zu stellen sucht. Erst von da aus ist es unbedenklich, die Kräfte des am meisten liberalisierten Großbetriebes zur Liberalisierung der noch rein absolutistischen Formen zu verwenden.

Doch auch diese grundsätzliche Erweiterung des liberalen Gesamtproblems wird im Liberalismus selbst nur mit viel Sorgen und Zurückhaltung aufgenommen werden können, denn der Liberalismus steht überall dort, wo er lebendig ist, auf Seiten des technischen Fortschritts und dementsprechend in der Mehrzahl der Fälle auf Seiten des großen Betriebes. Teilweise beruht das auf materiellen, kapitalistischen Gründen, teilweise auf ganz allgemeinen volkswirtschaftlichen Überzeugungen. Und beides hat sein gutes Recht, wir müssen kapitalkräftig und technisch fortschrittlich sein, wenn wir auf dem Weltmarkt Erfolge erringen wollen, von diesem Grundsatz läßt sich der Liberalismus nichts abhandeln, selbst wenn man ihm mit der schönsten Logik seiner eigenen Prinzipien kommen will. Man wirft lieber die Prinzipien ins Wasser als die Gewinne, wer also liberale Prinzipien aufrechterhalten oder gar ausdehnen will, wird sich nicht damit begnügen dürfen, rein dialektisch eine Methode darzustellen, er muß auch darauf eingehen, welche praktischen Folgen die Methode haben wird, die er vorschlägt. Und in dieser Hinsicht können wir etwas relativ Entscheidendes gerade dann sagen, wenn wir den oben ausgeführten Gedanken, daß der Staat die erste Großbetriebsform ist, nochmals aufnehmen.

Ist der Staat dadurch zugrunde gegangen, daß er liberalisiert worden ist? Im Gegenteil, er gewann dabei an Kraft. Die Staatskörper, die am reinsten liberalisiert worden sind die angelsächsischen, stehen mit athletenhaften Muskeln vor unseren Augen. Was haben sie im letzten halben Jahrhundert politisch geleistet! Je exakter der Doppelweg beschritten wurde: Demokratisierung der Gesetzgebung und Verwaltung auf allen ihren Stufen (und nicht wie in Frankreich nur der Zentralstelle) und Garantie der persönlichen Rechte der Staatsbürgers desto lebendiger wurde die Staatsgesinnung selbst. Die Heizfläche des großen Unternehmens vergrößerte sich. Das haben die Staatsleiter einst nicht glauben wollen. Ihnen schien es, als ginge ihre Welt unter, wenn sie dem Stimmzettel und den Menschenrechten Raum gewährten. Die Geschichte aber ist über ihre Sorgen hinweggegangen und hat denen recht gegeben, die an die Kraft jenes doppelten Prinzips geglaubt haben. Und wenn wir in Deutschland den Staat von heute mit dem alten Staat vor 1830 und 1848 vergleichen, so wird kein Mensch sagen, daß die Liberalisierung den Staatsbetrieb getötet habe. Solange nämlich der Wachstumsprozeß an sich lebendig ist, ist der Liberalismus eine aufbauende Kraft. Nur bei sinkenden Körpern kann es sich fragen, ob er nicht den Zerfall beschleunigt.

Das aber ist die Lage unseres Wirtschaftslebens: der Großbetrieb erhebt sich hundert Formen wie ein Riefe. Vorläufig ist er absolutistisch. Er selbst hält diesen Zustand für den einzig möglichen, so wie es vor hundert Jahren die Könige taten. So wenig aber das absolute Königtum die endgültige Höhe des Staatswesens bezeichnet, so wenig ist ungemilderter und unbeschränkter Monarchismus die letzte und höchste Form des modernen Gewerbes. Auch der gewerbliche Herrscher wird stärker, wenn er seine Souveränität verteilt und ihr Grenzen gibt, die nicht von Zufall und Wohlwollen abhängen.

Soll aber, und damit kommen wir auf unseren Ausgangspunkt zurück, der Liberalismus noch eine neue Periode in Deutschland erleben und seinen jetzigen zerbrochenen Zustand überwinden, dann muß er bis zur untersten Tiefe seiner eigenen Prinzipien hinabsteigen und sich aus dieser seiner alten Brunnenstube neues Wasser herausholen, von dort aus nur findet er sein rechtes Verhältnis zum Liberalismus der Masse, zur Sozialdemokratie.

Eine liberale Vereinsdebatte

Rede des Oberlehrers Martin Wendler: Meine Herren! Es wird mit dem Worte „liberal" viel Unfug getrieben, soviel, daß man oft gar nicht mehr weiß, was überhaupt das herrliche Wort besagen will. Mir scheint es nötig, daß wir den Metallschild dieses Wortes wieder reinputzen. Dabei muß zuerst der Staub der Wirtschaftsfragen abgewischt werden. Die Wirtschaftsfragen nehmen in der öffentlichen Erörterung überhaupt einen viel zu großen Raum ein. Das war in jenen schönen Jahren anders, als der Liberalismus wie eine lichte Morgenwolke am deutschen Himmel emporstieg. Damals hat niemand von Zöllen oder Staatsschulden geredet außer den Leuten, die sich leider von Amts wegen damit befassen mußten, aber alle Herzen schlugen höher, sobald die Kulturfragen besprochen wurden, die Freiheit des Denkens, die Unabhängigkeit der Hochschullehrer, die Vermehrung der Gymnasien, der Kampf gegen den Ultramontanismus und gegen jede geistige Tyrannei. In meinen Augen ist Schiller der erste und oberste von allen Liberalen. Ich hätte dabei sein wollen, als er im Jahre 1859 gefeiert wurde, und glauben Sie es mir, er wird 1959 noch einmal so gefeiert werden, denn bis dahin wird der echte deutsche Geist sich wieder durchgearbeitet haben. Dann gibt es keinen kleinlichen Streit mehr zwischen Freihandel und Schutzzoll; derartige Dinge werden ohne viel Worte praktisch geregelt. Dann werden auch Militär und Arbeiterfragen den Liberalismus nicht mehr trennen, denn das ganze Volk wird sich zu einem vernünftigen Militarismus durcharbeiten und die deutsche Sozialgesetzgebung wird vollendet sein und ihre die Massen befriedigenden Wirkungen ausgeübt haben. In solcher Luft entsteht dann ein Perikleisches Zeitalter, wo alle Kräfte in Harmonie der Gesamtheit dienen, wo alle Künste vom Staat gepflegt und alle Lehrer der Wissenschaft für die Wohltäter des Menschengeschlechtes gehalten werden. — Ein solches Zeitalter zu erstreben, das, meine Herren, ist Liberalismus. (Bravo!)

*

Rede des Volksschullehrers Otto Schmidt: Geehrte Herren! Der Herr Vorredner hat ja gewiß recht in allem, was er sagt, und Sie haben ihm ja auch Beifall gezollt, aber er hat etwas zu sehr vom Standpunkt der oberen Zehntausend gesprochen, denn was nützt eine Wissenschaft, die nicht ins Volk hineinkommt? Auch ich bin selbstverständlich für Freiheit der Wissenschaft, was aber soll das Volk mit einer Gelehrsamkeit anfangen, die es nicht versteht? Die großen Bücher kann ja fast kein Mensch kaufen, und wenn man sie kauft, so sind sie oft in einem Deutsch geschrieben, daß es unsereinen erbarmen möchte. Wenn also der Liberalismus etwas bedeuten will, so muß er sich der Volksschule annehmen, ihr mehr Geld und mehr Freiheit verschaffen, für bessere Seminare sorgen, die ... Herren Geistlichen bitten, das Schulzimmer zu verlassen. Meine Herren, ich habe nichts gegen die Pfarrer, aber in die Schule gehören sie nicht. Der Liberalismus ist der Kampf gegen die Übergriffe der Geistlichkeit. Ist erst einmal das erledigt, daß der Pfarrer sich nur um das Seelenheil zu kümmern hat und um nichts weiter, dann findet sich das übrige von selbst. Der Kern des Liberalismus ist die Beseitigung der geistlichen Aufsicht in der Volksschule und überhaupt der politischen Macht der Kirche ...

Rede des Stadtverordneten Dr. jur. Kreitelmeyer: Verehrteste Versammlung! Das, was meine beiden sehr geschätzten Herren Vorredner in schöneren Worten, als ich sie zur Verfügung habe, vor Ihren Ohren ausgeführt haben, ist ja zweifellos von hoher Bedeutung, es hieße aber doch den Liberalismus verkennen, wenn man ihn bloß als eine Art von Bildungsbewegung auffassen wollte. So wenig ich bestreite, dass ein liberaler Staat für die moderne Bildung aller seiner Glieder mehr tun wird und muß als etwa ein klerikaler Staat oder als eine patriarchalische Aristokratie, so wenig kann ich zugeben, daß dieses der Kern des Liberalismus sei. Der Liberalismus war und ist der Wille zur Macht im besitzenden Bürgertum. Das besitzende und erwerbstätige Bürgertum will es sich nicht gefallen lassen, daß fremde Gewalten ihren Fuß auf seinen Nacken setzen. Wir bekämpfen die Adelsklasse und den Klerus, weil sie in der Macht sitzen und weil wir hinein wollen. Das, meine Verehrtesten, mag hart und brutal klingen, aber es ist die Wahrheit, eine Wahrheit, die meines Erachtens nicht laut genug ausgesprochen werden kann, weil gerade darin die Schwäche des gegenwärtigen Liberalismus liegt, daß er den Machttrieb des Bürgertums unter allerlei Redensarten verdeckt. Wir wollen die Herrschaft in den Stadtverwaltungen haben, wollen eine Majorität in der Kammer besitzen, wollen gelegentlich einmal ein Ministerium besetzen — das, meine verehrteste Versammlung, verstehen wir unter Liberalismus. (Unruhe in der Versammlung.)

*

Rede des Amtsrichters Magnus: Sehr geehrte Anwesende! Es ist mir Bedürfnis, meinem im übrigen sehr geschätzten Freunde Kreitelmeyer hier öffentlich zu widersprechen, weil das, was er vor Ihnen ausgeführt hat, das Gegenteil von allem ist, was ich von Kind auf als liberal angesehen habe. Wie Sie wissen, war schon mein seliger Vater in Politik tätig und gehörte zu den Köpfen der älteren liberalen Zeit. Er würde mit aller der Schärfe, die dieser sonst so gütige Mann in Augenblicken hoher seelischer Erregung haben konnte, die Ansprache zurückweisen, die wir eben gehört haben. Auch mein Vater gehörte zum besitzenden Bürgerstande, aber er wollte keine neue Klassenherrschaft an Stelle alter Klassenherrschaften. Ich besinne mich noch genau, wie oft er das Wort „bürgerlicher Liberalismus" zurückgewiesen hat. Er pflegte zu sagen, daß es einen bloß bürgerlichen Liberalismus überhaupt nicht geben könne. Die gegenwärtige Schwäche des deutschen Liberalismus suche ich im Gegensatze zu meinem Freunde Kreitelmeyer gerade darin, daß er zu sehr bürgerliches Machtinstrument geworden ist und damit das Vertrauen aller anderen Volkskreise verloren hat, insbesondere das der Bauern und Arbeiter. Eine Erneuerung des Liberalismus kann nur auf dem Boden der politischen Prinzipien erhofft werden, die für alle Staatsbürger gleich sind. Wir müssen wieder ehrlich an die alte Demokratie glauben lernen, an die Lehre, daß der Staat eine Organisation von gleichstehenden, gleichgeachteten Männern ist, an die Freiheit, die darin besteht, daß ich keines Menschen Knecht bin; dann wird es auch bei uns wieder Tag werden. Dixi. (vereinzeltes Bravo.)

*

Rede der Schulvorsteherin Frl. Büchner: Hochansehnliche Versammlung! Es ist mir eine besondere Ehre und Genugtuung, im Kreise so vieler Männer mitsprechen zu können. Eigentlich sollte es zwar selbstverständlich sein, daß in allen ernsten Angelegenheiten die Frau ebenso gut gehört wird wie der Mann, aber vorläufig leben wir Frauen ja noch von der Gnade des politisch bevorzugten Geschlechts. Diese Bevorzugung der Männer aber ist nach meiner tiefsten Überzeugung der Urgrund alles Übels, von dem wir miteinander reden. Lassen Sie mich offen aussprechen, daß die Mütter im Allgemeinen viel mehr Interesse an der Bildung ihrer Kinder haben als die Väter. Wenn also die Bildungsideale verfolgt werden sollen, von denen der Herr Wendler und der Herr Schmidt geredet haben, so gehört dazu, daß erst einmal die Mütter in die Schulvorstände und in die Gemeinderäte kommen. Das ist Liberalismus. Sind etwa wir Frauen keine Staatsbürger? Wir bringen die Soldaten zur Welt (unverständliche Zwischenrufe), wir erhalten die für die Gesamtheit so notwendige Moral, wir verwalten den

Haushalt, wir sind mitbetroffen von allen öffentlichen Unglücken, uns muß der Liberalismus rufen, wenn er stark werden will. Insbesondere Herrn Amtsrichter Magnus muß ich sagen, daß seine demokratischen Prinzipien erst dann Hand und Fuß haben werden, wenn die Frauen von ihnen mit umfaßt werden sollen. So lange Sie nur eine Männerdemokratie etablieren wollen, sind Sie, meine verehrten Herren, nicht wahrhaft demokratisch, neues reicheres leben erhalten, wir Frauen werden …

*

Rede des Schuhmachermeisters Olbricht: Es sind Leute hier, die schon wissen, daß ich bei derartigen Debatten immer den Mund nicht halten kann. Es ist aber einesteils mein gutes Recht, daß ich reden darf wie mir der Schnabel gewachsen ist, und anderenteils ist es besser für den Liberalismus, wenn nicht immer nur Schullehrer und Juristen das Wort ergreifen, weil sonst in der Bevölkerung gar nicht verstanden wird, was hier diskutiert wird. Eine Partei aber, wo nicht verstanden wird, ist keine Partei. Auch wir wollen die Bildung, aber das viele Lernen tut es nicht, können muß man die Sache. Wo ist denn noch ein ordentlicher Lehrling? Wenn sich der Liberalismus mehr um die selbständigen Handwerker gekümmert hätte, würde es heute besser um ihn stehen. Ich lade hiermit meine Vorredner ein, im Handwerkerverein über Liberalismus zu sprechen. Da werden sie ihr blaues Wunder hören, was der Kern des Liberalismus ist! Die selbständigen Existenzen wollen vor dem Großbetrieb geschützt sein. Sagen sie ehrlich, meine Anwesenden, ist nicht das allein das Prinzip des Liberalismus, daß es möglichst viel unabhängige Existenzen geben soll? Alles andre ist doch nur gleichsam der Mantel für diesen Körper. Wer aber ruiniert die Freiheit der ständigen Existenzen? Das sind die großen Geschäfte, das ist auch teilweise gerade das besitzende Bürgertum, von der Herr Stadtverordneter Kreitelmeyer so schön gesprochen hat. Herr Kreitelmeyer, wer ist denn in den Vorständen von den Aktiengesellschaften, die uns zu bloßen Verkäufern herabdrücken? Die Herren nennen sich liberal, aber wenn wir leben wollen, dann heißt es: ja Schuhmacher, das ist ganz was anderes! Dann sind wir immer nicht gebildet genug für den Liberalismus. Manchmal wundere ich mich selber, daß ich noch dazu gehöre, aber ich gebe die Hoffnung noch immer nicht auf, daß es bei uns besser wird und daß wir im Namen der Freiheit gegen die großen Schuhgeschäfte vorgehen werden. Der Kapitalismus ist das Gegenteil von Liberalismus. Das ist meine Ansicht. Jetzt können Sie wieder reden!

*

Rede des Ingenieurs Ferdinand Merkel: Geehrte Versammlung! Da ich bisher noch niemals in einer derartigen Versammlung ... gesprochen habe, so werden sie verstehen, daß ich mit gewisser Zaghaftigkeit ... mit Zaghaftigkeit diesen Platz betrete, aber es drängt mich, fast allen seitherigen Rednern zu widersprechen, besonders aber dem Schuhmachermeister ... Herrn Olbricht. Herr Olbricht, Sie wissen gar nicht von was Sie selber leben! Wer sind denn Ihre Kundschaft ... welche von Ihnen Schuhe herstellen lassen? Das sind die Arbeiter von unserer Fabrik. Wissen Sie, Herr Olbricht ... Herr Olbricht, wenn einmal die Arbeiter nichts verdienen, dann ... dann sind Sie ganz fertig. Ihr ganzes Geschäft hängt am Kapitalismus. Ja ... am Kapitalismus! Der Liberalismus muß für Fabriken sorgen, damit die Handwerker Brot essen ... können. Brot essen! Herr Olbricht, das ist für alle Menschen die Hauptsache. Ob wir das als selbständige Existenzen essen oder als Angestellte, wenn es ... nur da ist. Der Kern des Liberalismus, Liberalismus ist der gute Geschäftsgang. Davon leben ... alle Stände. Ohne den Geschäftsgang sind auch die Prinzipien ... meine Herren, ich sage nichts gegen die Prinzipien, nein, ich habe auch Prinzipien, aber der Geschäftsgang steht über den Prinzipien, denn was helfen die Prinzipien, wenn man Stellung sucht und ist keine vorhanden? Es dürfen aber die Angestellten nicht zu sehr ausgenutzt werden. Ich spreche jetzt nicht von unserer ... Fabrik; da sind ...Verhältnisse sehr zufriedenstellend ... aber im Allgemeinen: oft ist ein Angestellter nicht besser als ein Arbeiter! Er ist ja auch bei Licht besehen ... eine Arbeitskraft. Als solche will er geschützt sein. Das ist der Schutz der Freiheit des einzelnen Staatsbürgers. Liberalismus ist eine große ... Idee, nämlich ... eine große Idee, daß die Menschen in den Großbetrieben nicht ruiniert werden dürfen.

*

Rede des Metalldrehers Nagel: Meine Herren Liberalen! Da ich nicht weiß, ob Sie einen einfachen Arbeiter hören wollen, so frage ich vorher an — — (Reden!) — also ich rede und sage, daß die Aufgabe des Liberalismus ist, sowohl die Staatsverfassung wie auch die Industrieverfassung zu demokratisieren Es ist von Ihnen, meine Herren, kein

Sozialismus zu verlangen, denn Sie sind ja zumeist keine Proletarier, aber demokratische Ehrlichkeit ist das, was von Ihnen gefordert werden muß. Sonst bekommen Sie nie einen Arbeiter zu sehen und ohne Arbeiter können Sie nicht liberal sein. (Rufe: Oho!) Ich werde es Ihnen schon sagen: ohne Arbeiter haben Sie nicht Stimmen genug, um die Schwarzen zu bändigen. Das ist der Kern der Frage. Alles, was vorhin von der Volksbildung geredet wurde, ist alles gut, und ich stimme Herrn Lehrer Schmidt nur völlig zu, aber wer soll denn die Schwarzen aus der Schule hinauswerfen? Meine Herrschaften, da brauchen Sie uns! Wir sind keine angenehme Gesellschaft für Sie, aber es liegt so: wenn die Liberalen ohne Arbeiter auskommen wollen, dann müssen Sie die Wahlrechte verschlechtern, weil bei jedem liberalen Wahlrecht die Masse entscheidet. Wenn Sie aber Wahlrechte verschlechtern, dann sind Sie eben nicht liberal. Das ist es, was ich Ihnen sagen wollte: der Liberalismus muß sich wieder mit der Arbeiterschaft aussöhnen, wenn er nicht eingehen soll! Worin aber diese Aussöhnung bestehen soll, ist ganz deutlich: machen Sie aus uns freie Bürger, die auch in der Praxis dasselbe gelten wie alle anderen Staatsbürger. Warum ist denn nie ein Arbeiter bei den Geschworenengerichten? Warum ist bei den Liberalen kein Arbeiter Stadtverordneter? Man kommt sich bei Ihnen immer nur als ein Gast vor. Das muß aufhören. Das ist der Kern des Liberalismus, daß sich alle Leute, die gern aufwärtssteigen wollen, bei Ihnen wie Hause fühlen können. Ein Liberalismus von Menschen, die schon satt sind, der kann kein Feuer anzünden auf Erden. Also meine Herrschaften, also Arbeiterpolitik, das ist Liberalismus! (Mehrfaches Bravo.)

*

Rede des Vorsitzenden, Fabrikanten Dachdecker: Meine sehr geehrten Herren und Damen! Der heutige Abend wird uns allen in Erinnerung bleiben, denn er brachte uns eine vielseitige Aussprache über das, was in der Gegenwart der Liberalismus ist und soll. Ich kann nicht sagen, daß ich min jedem Wort einverstanden bin, das heute hier gesprochen worden ist, aber ich bin glücklich, daß überhaupt die Frage nach dem Wesen des Liberalismus jetzt wieder mit Eifer in unseren Vereinen besprochen wird. Schon das ist ein Zeichen der neuen Belebung. Sinkende Parteien haben Angst vor der Aussprache über die Grundfragen. So ist es bei uns nicht. Bei uns ist geradezu ein Überschuß von Meinungen vorhanden, die sich untereinander ausgleichen müssen. Verzeihen Sie mir, wenn ich meinen Eindruck von der Debatte in die Worte zusammenfasse: jeder Beruf und jede Schicht sehen den Liberalismus mit etwas anderen Augen an. Daher ist es so schwer, eine theoretische Einheitsformel aufzustellen. Sobald wir aber die geschlossenen Massen rechts und links sich verbrüdern sehen, um den Liberalismus zu ertöten, dann wissen wir trotz allem, daß und wie sehr wir zusammengehören. Dieses Gefühl der Kameradschaftlichkeit im Kampfe zu pflegen, das ist die Aufgabe unseres Vereins. Ich bitte Sie, diesem Verein alle Ihre Kräfte zu widmen! (Lebhafter Beifall.) Ich schließe hiermit die heutige Sitzung.

Erneuerungsprobleme

Charakteristik der Liberalen

I.

Es gibt im politischen Leben stets zahlreiche Enttäuschte. Das sind diejenigen, die auch einmal in Politik mitarbeiten wollten, dann aber die Lust verloren haben. Solche Enttäuschte finden sich in allen Parteien, aber, offen gesagt, sind sie am untätigsten auf der liberalen Seite. Wenn ein Agrarier mit seiner Partei mißvergnügt ist (und es kommt das nicht selten vor), so schimpft er bei guter Gelegenheit kräftig auf die Trauerlappen, die kein Rückgrat oder keine Schlauheit oder sonst etwas nicht haben, aber bei der Truppe bleibt er doch. Er zahlt, liest, organisiert, als sei er der beste Parteigenosse. Und ist es etwa bei den Sozialdemokraten anders? Daß es bei ihnen viele Unzufriedene gibt, liegt klar auf der Hand, aber die Partei als Ganzes arbeitet trotzdem weiter, weil auch die Unzufriedenen schließlich ihre Pflicht tun. Das aber ist etwas, was wir auf der liberalen Seite nicht kennen. Bei uns ist der gewöhnliche Zustand der, daß der Unzufriedene gar nichts mehr leistet. Er schmollt und grollt, weiß alles besser und legt die Hände in den Schoß. Ja bei uns ist sogar der Zufriedene oft faul. Er hat an seiner Partei gar nicht viel auszusetzen, aber er tut nichts. Nur so erklärt es sich, daß die Last der Arbeit im Liberalismus überall auf wenigen Schultern liegt.

II.

Der Liberale ist in der Politik oft viel unpraktischer als im Geschäft. Als Geschäftsmann hat er einen scharfen Blick für das Mögliche und Nötige, und ist ziemlich frei von störenden Stimmungen. Er arbeitet im Geschäft ohne Haß und ohne Vorliebe auf Grund von Einsicht. Derselbe Mann aber ist in der Politik für eine praktische und rechnerische

Auffassung nur schwer zugänglich. Er weiß, daß das Zusammengehen mit Konservativen und Zentrum dem Gewerbe und der Arbeit viel mehr schadet, als ein Zusammengehen mit Demokraten und Sozialdemokraten, aber trotzdem: der Konservative imponiert ihm gesellschaftlich und der Sozialdemokrat erscheint ihm unnobel, und deshalb wird von ihm alle Einsicht über den Haufen geworfen und er hilft denen, die ihm selbst das Wasser abgraben wollen.

III.

Es gibt Liberale, die sich dann beteiligen wollen, wenn wieder eine große allgemeine liberale Bewegung vorhanden ist. Jetzt verlohne es sich nicht, an dem Kleinkram und Fraktionsstreit teilzunehmen. Wenn einmal ein neuer liberaler Pfingsttag kommt, dann wollen sie mit Wort und Geld bei der Sache sein. Jeder solcher Wartende verzögert das Eintreten der Bewegung, auf die er wartet, denn Bewegungen entstehen nicht aus Erwartungen, sondern aus Handlungen. Wer soll denn schließlich den Anfang machen? Oft sind es gerade die fähigsten und tüchtigsten Menschen, die sich lebenslang im Warteraum des Liberalismus befinden und nicht einsteigen, weil es den großen D-Zug noch nicht gibt.

IV.

Man sagt, daß die Nöte nicht dringend genug sind, um die Liberalen politisch zu wecken. Ja, was will man denn eigentlich noch mehr? Wir haben in allen großen Fragen der letzten Jahre verloren: im Kampf um die Zölle, im Kampf um die Schule, in der Frage der Reichsfinanzen. Überall ist Niederlage und Schädigung, was soll denn nun noch kommen? Haben die Liberalen noch nicht Wahlkreise genug verloren? Werden sie von rechts und links noch nicht schlecht genug behandelt? Genügt alles Erlebte noch immer nicht?

V.

Die ältere Generation im Liberalismus ist es leider gewöhnt worden, daß es abwärts geht. Als der Abstieg anfing, da war er den Liberalen peinlich und unerhört, aber man gewöhnt sich im Leben an alles, auch an das Verlieren von Macht und Einfluß. Es ist wie eine ferne Sage, daß wir einmal in Deutschland eine maßgebende liberale öffentliche Meinung gehabt haben. Lang, lang ist's her! Nein, es ist noch gar nicht so lange her. Erst vor dreißig Jahren begann der Niedergang. Noch leben die alten Parteigenossen, die bessere Tage gesehen haben. Einige von ihnen sind noch unermüdlich in unserer Mitte tätig. Unsere ganze deutsche Politik zehrt noch vom Erbe der großen liberalen Zeit, und alles, was heute geschieht, ist Verschleuderung dieses Erbes. Wir sehen, wie man die Selbstverwaltung, die Rechte der Volksvertretung von Jahrzehnt zu Jahrzehnt verschlechtert. Diesen Vorgang als etwas Notwendiges mit Ergebung zu tragen, ist unverantwortliche Schlaffheit.

VI.

Es gab eine Zeit, wo es schien, als sei der Liberalismus zum Aussterben verurteilt, weil er keinen jungen Nachwuchs mehr hatte. Diese schlechteste Zeit ist vorbei. Es gibt wieder Jungliberale, Jungdemokraten, junge Leute, die mit Bewußtsein sein dort weiterarbeiten wollen, wo die alten Liberalen aufgehört haben. Noch sind diese jungen Liberalen nicht sehr zahlreich, aber daß sie überhaupt wieder da sind, ist für den Liberalismus eine große Tatsache. Diese jungen Liberalen haben vor den Alten den großen Vorzug, daß sie bisher noch weniger trübe Erfahrungen gemacht haben. Sie können noch hoffen. Auch sind sie frei vom verhängnisvollen Einfluß der früheren Streite der verschiedenen liberalen Gruppen und Parteien. Diese Jugend muß wachsen, wenn es besser werden soll.

VII.

Die Einigung des Liberalismus ist ein Ziel, das nicht von heute auf morgen erreicht werden kann. Sie besteht nicht darin, daß man überall fünf gerade sein läßt, sondern darin, daß eine neue Einheitsgesinnung hergestellt wird. Dazu ist es nötig, daß der Mißbrauch der liberalen Firma durch grundsätzlich unliberale Personen gehindert wird. Wir bekämpfen keineswegs den Nationalliberalismus als solchen, sehen ihn vielmehr als nötigen Bestandteil der liberalen Einigung an, sobald noch liberaler Kern vorhanden ist. Das beweist unsere Gemeinschaft mit Nationalliberalen in Bayern, Württemberg, Baden, Elsaß. Was wir bekämpfen, ist, daß die Verschlechterung vorhandener liberaler Rechte mit dem Wort Nationalliberalismus gedeckt werden soll, wir bekämpfen das Bündnis mit den Konservativen und Klerikalen, weil es der Tod der Gesinnung ist, von der wir das Wiederaufstehen des Liberalismus hoffen.

VIII.

Die Sozialdemokratie ist eine Gegnerin der liberalen Parteien, kann aber, wenn sie verständig ist, keine Gegnerin der liberalen Gesinnung sein, da aller soziale Fortschritt erst den Sieg des Liberalismus nötig macht. Womit agitieren denn in Wirklichkeit die Sozialdemokraten? Meist agitieren sie mit liberalen Grundsätzen und Forderungen. Die meisten Anhänger der Sozialdemokratie sind im Grunde radikale Liberale. Diese hat der Liberalismus verloren, weil er nicht liberal genug war. Er kann nur siegen, wenn er sie wiedergewinnt. Das heißt aber: der Liberalismus muß als führende Macht der freiheitlichen Entwicklung auftreten. Es genügt nicht, daß er der Freiheitsbewegung Konzessionen macht, nein, er selbst muß seinem Wesen nach Freiheitsbewegung sein. Das ist der beste Kampf gegen die Sozialdemokratie. Selbstverständlich ist uns jeder liberale Abgeordnete lieber als ein sozialdemokratischer Abgeordneter, aber gegenüber der Reaktion ist und bleibt der Sozialdemokrat das kleinere Übel. Dieser Punkt muß deshalb so oft hervorgehoben werden, weil noch viele liberale die Ursache der liberalen Verluste nach links hin nicht begreifen. So lange die Sozialdemokratie behaupten kann, der Liberalismus gehöre zur reaktionären Masse, ist alle Werbearbeit nach links hin vergeblich.

IX.

Es muß uns ganz klar vor Augen stehen, daß die deutsche Zukunft nicht ohne die Mitwirkung von Massenparteien beeinflußt werden kann. Die Souveränität der Masse ist einer der ältesten liberalen Gedanken. Auch die monarchischen Regierungen sind von Massenbewegungen abhängig. Die Gründungszeit des Deutschen Reiches stand unter dem Einfluß der älteren liberalen Massenbewegung. Jetzt liegt die Herrschaft bei der konservativ-klerikalen Volksbewegung. Der stärkste Teil in dieser jetzt herrschenden Bewegung ist das Zentrum. Niemand kann glauben, daß das Zentrum ohne Massendruck aus seiner Herrschaftsstellung herausgedrängt werden kann. Darin liegt die Bedeutung der sozialdemokratischen Masse für die liberale Zukunft. Diese Masse muß zur neudeutschen Linken gehören, wenn nicht alle Anstrengungen vergeblich sein sollen.

X.

Der ältere Liberalismus war eine sozial fortschrittliche Bewegung. Lr befreite den Bauern und legte die Grundlagen für den industriellen Aufschwung. Auch der neue Liberalismus muß sozial sein. Er muß breiten Volkskreisen als fühlbare Erleichterung ihres Daseins erscheinen. Man muß wissen, was man an ihm hat. Seine Aufgabe ist, die Erträgnisse der deutschen Volkswirtschaft so zu steigern, daß der Lebensdurchschnitt aller arbeitenden Deutschen sich weiterhin erhöhen kann. Daß das kein Traum ist, derartiges zu wollen, beweist der große noch heute fortwirkende Erfolg der ersten Zeit des deutschen Liberalismus. Selbst wenn alle Arbeiter heute Sozialdemokraten wären, was sie längst nicht sind, müßten wir um des Liberalismus willen für alle nur möglichen Lebenserleichterungen der arbeitenden Masse eintreten. Das ist das Beste, was wir für unser Vaterland tun können.

Das Auferstehen der liberalen Idee

I.

Wenn es überhaupt einen Unterschied zwischen Liberalen und Demokraten gibt, dann ist es ein Unterschied der Temperatur und nicht des Wesens. Der Demokrat ruft seine Sache laut in die Welt, während der Liberale häufig auf gute Form ein fast allzu großes Gewicht legt. Wenn der Demokrat laut redet, kommt es vor, daß er sich die einzelnen Worte nicht genau überlegt. Das macht dann für die unmittelbaren Hörer einen begeisternden Eindruck, ist aber denen ein Anstoß, die in ihren Zeitungen nur die stärksten Redeblüten vorgesetzt bekommen. Demokraten, die gewohnheitsmäßig starke Worte brauchen, nannte man vor alters „rote Demokraten". Der Liberale ist kein roter Demokrat und seine Gefahr liegt nach der anderen Seite, wenn er nämlich anständig und leise redet, dann verlieren oft auch die politischen Begriffe an Klarheit und Kantigkeit und werden so sehr abgerundet, daß man sie selbst auf konservativen Kegelbahnen verwenden kann. Es gibt leider gewisse Liberale, für die es die schwerste Frage in der Welt ist: worin denn eigentlich der Liberalismus besteht?

II.

Die Temperatur des Liberalismus ist naturgemäß in den verschiedenen Stockwerken der Bevölkerung verschieden. Man spricht im Vorderhaus anders als im Hinterhaus, selbst wenn man dieselbe Sache sagen will. Im Hinterhaus nennt man die Sprache des Vorderhauses ein feiges Gesäusel, und im Vorderhaus nennt man die Sprache des Hinterhauses ein rohes Gepolter. Viele Schwierigkeiten zwischen Liberalen und Sozialdemokraten sind Sprachschwierigkeiten. Auch innerhalb des bürgerlichen Liberalismus werden verschiedene Dialekte gesprochen. Zur Einigung des Liberalismus gehört, daß man sich über andere Dialekte nicht übermäßig ärgert.

III.

Es gibt Liberale von gestern, von heute, von morgen und von übermorgen. Diese haben es schwer, sich untereinander zu verständigen.

Der Liberale von gestern hält noch die Rede von 1873 und der Liberale von übermorgen hält schon die Rede von 1925. Es muß immer Leute geben, die der Gegenwart etwas vorauseilen, damit eine Truppe für die Zukunft gebildet wird. Eine wirklich große Partei versteht es, ihre alten und jungen Richtungen gleichzeitig zu tragen. Der englische Liberalismus kann uns darin zum Muster dienen. In Deutschland gibt es bisher viel kleinliche Rechthaberei, eine Art von politischem Konfessionalismus.

IV.

Die Grundidee des Liberalismus ist die Verteilung der Staatsherrschaft auf alle Staatsbürger. Diese Idee ist im Gegensatz gegen das absolute Königtum entstanden, richtet sich aber im Grunde weniger gegen die Einrichtung der Monarchie, als gegen die Benutzung der Monarchie durch die bevor rechteten Klassen. Der König von England ist keineswegs ein Schattenkönig und ist doch kein Parteikönig. Daß er kein Schattenkönig ist, haben die Deutschen in den letzten Jahren empfunden. Er vertritt seine Nation, aber nicht eine Klasse innerhalb seiner Nation. Daß unser gegenwärtiger Kaiser sich eine ähnliche Stellung im deutschen Leben erwerben wollte, beweisen seine Kundgebungen in den ersten Jahren seiner Regierung. Der Reichskanzler Caprivi war der Mund für diese Bestrebungen. Inzwischen aber ist der Druck der alten Herrschaftsparteien so stark geworden, daß wir heute den Kaiser durch einen Reichskanzler vertreten sehen, der ein Parteivertreter des klerikal-konservativen Bündnisses ist. Als solcher ist er nicht schlecht, schlecht ist aber, daß diese Lage vorhanden ist. Die Schuld liegt in der Schwäche der liberalen und Demokraten.

V.

Es hilft nichts, wenn wir als Grund unserer Schwäche die Stärke unserer Gegner angeben. Unsere Schuld ist es, daß sie so stark sind. Wir jammern über die Wahlkreiseinteilung. Nun, warum sind wir so schwach, sie dulden zu müssen? Wir klagen über die einseitige Besetzung der Ministerien, Oberpräsidien, Regierungs- und Landratsstellen mit konservativen Persönlichkeiten. Weshalb aber können wir das nicht ändern? Wir beschweren uns über die Majorität der Gegner. Warum haben wir nicht die Majorität? Weil sich die liberalen daran gewöhnt haben, in der Politik nichts zu gelten. Diese Gewöhnung ist unsere Schwäche, wir müssen mit Geduld und Einsicht darauf hinarbeiten, daß es wieder eine herrschende liberale öffentliche Meinung gibt, eine liberale Meinung, die nicht klagen, sondern den Staat führen will. Eine solche Meinung muß herangebildet und erzogen werden.

VI.

Wenn eine herrschende liberale Meinung vorhanden ist, überwindet sie alle formellen Hindernisse. Auch der preußische Landtag war trotz seines Dreiklassenwahlrechts einmal liberal. Eine herrschende liberale Meinung dringt, wenn sie einmal entstanden ist, durch die festesten Türen hindurch, erobert ganz von selbst die Redaktionen der Zeitungen und die Lehrstühle der Professoren, erscheint ungerufen in den Stuben der Geheimrate und meldet sich schließlich selbst in den ältesten Schlössern. Vor dieser Meinung verlieren, wenn sie genug Lebenskraft gewonnen hat, die politischen Lehrsätze der Gegner ihre Selbstverständlichkeit. Liberalismus muß wieder politischer Volksglaube werden, wer darauf noch hofft, der ist liberal.

VII.

Wie kann eine herrschende liberale Meinung erzielt werden? Auf keinem anderen Wege als auf dem alten Wege, daß es liberale Männer gibt, die ihre Meinung aussprechen und sich auf Grund ihrer Meinungen organisieren. Die Aussprache unserer Überzeugungen ist die einzige Waffe, die wir haben. Eine Meinung, die im stillen Schrein des Herzens verborgen bleibt, hat politisch keinen Wert.

VIII.

Nicht jede Aussprache von Meinungen hat politischen Erfolg. Meinungen, die nicht auf der Linie der natürlichen Entwicklung liegen, können durch keine rednerische Kunst zu allgemeinen Meinungen gemacht werden. Es fragt sich also, ob unsere liberalen Meinungen dem natürlichen Entwicklungsgange des deutschen Volkes entsprechen. Das ist es, was unsere Gegner verneinen. Sie sagen, daß der Liberalismus ein überwundenes Zwischenspiel der deutschen Geschichte gewesen sei. Damit aber haben sie unrecht, denn in ganz Europa und in Amerika erhält sich der Liberalismus dort, wo er einmal Volksgesinnung geworden ist, und steigt in die Höhe, wo er bisher bedrückt wurde. Nicht der Liberalismus ist das Zwischenspiel, sondern die konservativ-klerikale Herrschaft über ein industrielles Kulturvolk.

IX.

Der größte Beweis für die Notwendigkeit des Liberalismus ist die Sozialdemokratie. Die politische Arbeiterbewegung kann nur durch Libe-

ralismus zu einem friedlichen Verlauf gebracht werden. Mit Bevormundung und Unterdrückung macht man niemals die Arbeiter zu guten Staatsbürgern. Der Arbeiter wird einen Staat nur dann achten und
schätzen, wenn er sich in ihm geachtet und geschätzt weiß. Das konservative System ruiniert den Patriotismus der Masse. Es ist notwendig
die, Nationalitätsidee wieder aus der Verschüttung hervorzuholen. Die
Nationalitätsidee war aber immer und überall in ihren kräftigen Zeiten
eine liberale, eine demokratische Idee, sie war die Idee des ganzen
Volkes, das sein Schicksal in seinen Händen trägt, die Idee des Staates,
der keine Maschine zur Ausnutzung der Menge durch eine Minderheit
ist, sondern eine Organisation aller für alle.

X.

Die Idee des Liberalismus muß erst wieder neu erarbeitet den. Sie hat
im Laufe der Zeit soviel an Klarheit, Schärfe und Magnetismus verloren, daß sie erst wieder wie neues Tageslicht vor der Bevölkerung aufsteigen muß. Einigung und geistige Vertiefung sind unsere Gegen-
wartsaufgaben. Der Sieg wird später kommen, jetzt aber muß er ins
Auge gefaßt werden. Auch der konservativ-klerikale Sieg ist nicht
unvermittelt gekommen. Er ist mit viel geistiger und organisatorischer
Arbeit vorbereitet worden. Von 1848 bis 1878 haben die Väter der
heute herrschenden Parteien die Grundsteine der jetzigen Herrschaft
gelegt. Daß man sie damals verachtet hat, hat sie nicht gestört. So wird
es uns nicht stören, wenn man uns heute verachtet.

Die Organisation des Liberalismus.

I.

Kein politischer Gedanke kann ohne Organisation den Sieg gewinnen,
von allen politischen Richtungen aber ist der Liberalismus am schwersten organisierbar. Daran ist der alte Liberalismus zugrunde gegangen,
daß er so schlecht organisiert war. Seine Organisation bestand nur in
gegenseitigen persönlichen Beziehungen der maßgebenden Personen in
den verschiedenen Wahlkreisen. Diese lockere Organisation reichte
aus, solange auch die Gegner nicht besser organisiert waren. Von da an
aber, wo die Gegner sich feste Parteikörper geschaffen haben, zerbröckelte das lockere System des Liberalismus. Oft genügte der Tod
eines einzigen Mannes, um einen Wahlkreis zu verlieren. Auch die
Parteizerklüftung des Liberalismus ist Folge seiner schlechten Organisierung. Man kann an der Sozialdemokratie sehen, welche inneren
Gegensätze ein gut organisierter politischer Körper verträgt. Auch der

Liberalismus würde seine Gegensätze leichter überwunden haben, wenn er demokratisch organisiert gewesen wäre.

II.

Das Wesen der demokratischen Organisation besteht darin, daß kein Parteimitglied ganz ohne Einfluß auf die Parteileitung ist. Dieses Ziel kann nie vollkommen erreicht werden, aber man muß immer bestrebt sein, ihm näherzukommen. Die Organisation des älteren Liberalismus hatte in ihrer Art etwas Patriarchalisches, das heißt, sie bestand in wohlwollender Bevormundung der liberalen Wählerschaften durch die maßgebenden Personen, die keiner Parteiversammlung Rechenschaft schuldig waren. Dieses patriarchalische System ist scheinbar bequem, hat aber zur Folge, daß es keine Unterführer gibt. Der Liberalismus hat keine freiwilligen Unteroffiziere. Jetzt sind alle liberalen Gruppen bemüht, sich in ihrer Organisation zu modernisieren, aber es fehlt noch viel, daß die Mängel der Vergangenheit als überwunden gelten können.

III.

Die Organisation der klerikalen Partei beruht auf der Geistlichkeit. Das ist eine sehr feste Grundlage. Die Hauptorganisatoren brauchen nicht bezahlt zu werden und sind über das ganze Land hin verbreitet. Man mache sich klar, was es heißt, dieser Organisation gegenüberzutreten! Die Organisation der konservativen Partei besteht einesteils in der Einwirkung der gesellschaftlich unter sich verbundenen Adelskreise, die in den Beamtenstellungen viel Gelegenheit haben, ihre Meinungen zu fördern, teils in der Organisation des Bundes der Landwirte, die, formell betrachtet, viel demokratischer ist als die älteren liberalen Organisationen. Diese Organisation beruht auf einem festen Mitgliederverhältnis und ermöglicht den einzelnen Teilnehmern, im örtlichen Verbande Einfluß zu gewinnen, sobald sie die Lust und Fähigkeit haben, sich politisch zu betätigen. Es ist erstaunlich, wieviele eifrige Mitarbeiter die konservativen Richtungen durch diese Organisation erlangt haben. Jeder, der in der Landagitation tätig war, weiß aus Erfahrung davon zu reden.

IV.

Die Sozialdemokratie hat von Anfang an die Methode des Organisierens viel besser verstanden als der bürgerliche Liberalismus. Sie brachte das Meisterstück fertig, daß Partei der armen Leute die vollsten Parteikassen hatte. Die Arbeitergroschen sammelten sich und verwandelten sich in eine unaufhörliche Agitation. Diese Partei bringt es fertig, bis in kleine Orte hinein Vereine und Vertreter zu haben. Sie mehr Redner als irgendeine andere Partei. Wer in Wahlkämpfen gegen Sozialdemokraten zu streiten gehabt hat, der oft verwundert gewesen, was sich durch geschickte Organisation aus Leuten mit bloßer Volksschulbildung machen läßt.

V.

Der Liberalismus hat in seiner Mitte sowohl viele Leute, die Geld geben können, als auch viele Leute, die politisch reden und schreiben können, aber es ist ihm bisher noch nicht gelungen, seine Kräfte in Bewegung zu setzen. Das gilt mehr oder weniger von allen Teilen des bürgerlichen Liberalismus. Fast nirgends besteht eine regelmäßige Zahlungspflicht. Man hat vielfach früher die kleinen Beiträge verachtet, aber darin lag praktisch zugleich eine Mißachtung der kleinen Leute. Wirkliche Parteimitglieder sind zahlende Mitglieder. Nur diejenigen, welche zahlen, arbeiten auch. Und erst durch die Organisierung zahlender Mitglieder bekommt der Liberalismus in den einzelnen Wahlkreisen eine selbständige Bedeutung. Ein Wahlverein ohne Rasse ist ein hilfloses Instrument.

VI.

Der durchschnittliche Liberale zahlt nichts für die liberale Politik, weil er noch nicht begriffen hat, daß Politik in allen parlamentarisch eingerichteten Staaten ein kaufmännischer Betrieb geworden ist. Gerade die Partei, zu der die meisten Kaufleute gehören, hat das am wenigsten begriffen. Man macht bei uns abfällige Bemerkungen über die hohen Rosten der englischen und amerikanischen Wahlen, verschließt aber die Augen gegenüber der Tatsache, daß das parlamentarische System auf die Dauer gar nicht ohne das Hilfsgewerbe der berufsmäßigen Parteiorganisatoren aufrecht erhalten werden kann. Die Umwandlung des Willens der Staatsbürger in parlamentarischen Einfluß ist eine gelernte Arbeit geworden, die nicht von selbst entsteht. Das haben Agrarier und Sozialdemokraten längst gewußt, wir aber müssen es erst lernen. Solange der Liberalismus nichts für Politik ausgibt, zahlt er den zehnfachen Betrag in Form von Zöllen, Fahrkartensteuern, Warenhaussteuern u. dergl.

VII.

Es ist vielen Liberalen langweilig, sich an der Kleinarbeit der Organisation zu beteiligen. In der Tat gehört Geduld dazu. Wenn ihr aber diese Geduld nicht habt, dann seid ihr es wert, daß ihr beherrscht wer-

det! Das mühsamste und schwierigste ist übrigens nur der erste Anfang. Ist einmal ein Verein da, der seine Einnahmen stets wieder methodisch in Agitation anlegt, so vergrößert sich der Betrieb und Erfolge
kommen langsam in Sicht.

VIII.

Das wichtigste in der Organisation des Liberalismus sind die Wahlver-
eine in den einzelnen Wahlkreisen. Natürlich sind wir froh über jeden
derartigen Verein, der zu unserer besonderen Gruppe gehört, aber
schließlich ist es bei heutiger Sachlage des Liberalismus ziemlich
gleichgültig, wie sich der lokale Verein heute nennt. Mag er sich zu
den Volksparteilern, Demokraten, Jungliberalen, Nationalliberalen
rechnen, wenn er nur ernstlich liberal ist. — Alles, was liberal ist,
fließt doch einmal zusammen. Die Wähler verstehen schon lange nicht
mehr, warum so viele Unterschiede zwischen denen gemacht werden,
die alle miteinander untergehen, wenn sie nicht ganz anders anfangen
zu arbeiten. Wir freuen uns nicht bloß über die Vereine unserer besonderen Färbung, sondern über alle Regungen neuen Lebens im deutschen Liberalismus, mögen sie heißen, wie sie wollen. Es ist kleinlich,
beim heutigen Zustand des Liberalismus nur enge Fraktionspolitik zu
treiben.

IX.

Die neue Organisation des Liberalismus muß von der Provinz aus erfolgen. In Berlin ist niemals bisher eine neue politische Bewegung
entstanden. Der alte Liberalismus kam aus Süddeutschland, Rheinland,
Ostpreußen. Die Sozialdemokratie kam aus Mitteldeutschland und
Hamburg. Die konservativ-klerikale Macht erhob sich in den östlichen
Provinzen, Bayern und Westfalen. Der neue Liberalismus muß draußen
beginnen, im Süden und im Norden. Im Süden scheint er heranzu-
kommen. Berlin wird erst viel später wiedererobert, wenn der Liberalismus stark genug ist, auch denjenigen Liberalen zu genügen, die heute nur noch der Sozialdemokratie die Vertretung der freiheitlichen
Interessen zutrauen.

X.

Eine Hauptschuld am Mangel liberaler Organisationen hat die liberale
Presse. Es gibt noch immer ziemlich viele Zeitungen, die zur liberalen
Richtung gehören. Wann aber finden wir in ihnen ein Wort der Ermahnung zum Anschluß an liberale Vereine und Verbände? Diese Zeitungen selbst würden aber viel fester dastehen, wenn es breite Verbände

gäbe, die für sie arbeiten. Statt allen Klatsch breitzutreten, den gegnerische Blätter über die Streitigkeiten der liberalen Fraktionen mit Behagen zutage fördern, sollten alle freisinnigen und liberalen Organe die politische Organisationspflicht des liberalen Staatsbürgers einschärfen. Sonst wird es auch in Zukunft so sein wie jetzt, daß von hundert Lesern liberaler Blätter im Entscheidungsfalle oft nur dreißig oder vierzig sich liberal betätigen.

II. Monarchie, Aristokratie, Demokratie

Wandlungen im Wesen des Staates

Es ist ein geringes Vergnügen, Bücher zu lesen, in denen das Wesen des Staates erörtert wird. Nicht als ob diese Bücher dumm wären, nein, sie sind zu gescheit! Sie wollen nämlich eine Begriffsbestimmung suchen, die für alle Staaten aller Zeiten und Völker paßt. Das aber gelingt nicht, denn der Staat ist ein Chamäleon, ein Proteus, ein verwandelbares Tier. Er sieht in den verschiedenen geschichtlichen Lagen so verschieden aus, daß man kaum noch weiß, ob er es selber ist. Er vergleicht sich einem Geschäft, das in Galanteriewaren anfing, zu Spezereiwaren überging und schließlich als Spezialgeschäft für Südfrüchte endigte, und das dabei gelegentlich seine Räume, Personal und Inhaber vollständig wechselte. Was ist das Wesen dieses Geschäftes? Schlechterdings nichts anderes als die Kontinuität des Hauptbuches und der Umstand, daß jede folgende Gestaltung sich langsam und auf natürlichem Wege aus der vorhergehenden herausgeschält hat. Alles kann sich ändern, alles, und das „Wesen" bleibt doch dasselbe! Es bleibt, wenn man so sagen darf, das unsichtbare Ich, das stets seine alten Erfahrungen und Kräfte benutzt, um anders zu werden. Dieses Staats-Ich mit Logik und Dialektik verfolgen zu wollen, ist eine Jagd nach einem Eber, der die Kraft hat, gelegentlich ein Hirsch zu sein.

Vielleicht aber hilft uns doch das Wort etwas weiter, das wir eben vergleichsweise brauchten, das Wort „Geschäft"? Wir wollen versuchen, den Erwerbstrieb als das Wesen des Staates zu betrachten. Das ist sicher keine allseitige Betrachtung, aber sie ermöglicht einigermaßen, die Wandlungen in Subjekt, Objekt, Umfang und Qualität der Staatätigkeit zu charakterisieren. Und zwar verzichten wir darauf, die Staatsgebilde ferner Vorzeit und anderer Zonen unter diesem Gesichtswinkel anzusehen, obwohl auch dieses nicht ganz unmöglich sein würde, und setzen dort ein, wo der „moderne Staat" in Deutschland sich bildet, beim Territorialstaat des 16, 17, und 18. Jahrhunderts.

Der Vorgang ist dieser: Unter der Hülle des absterbenden alten Staates des heiligen römischen Reiches deutscher Nation entstehen von unten her zahlreiche neue Staaten, die Landesherrschaften. Der Trieb zur Staatenbildung ist sehr lebendig, die jungen Staaten sind aber noch nicht fest, teilen sich, verbinden sich, gehen wechselnde Kombinationen ein, bis die sehr gemischte Gesellschaft von Souveränitäten entsteht, die auf Napoleons Besen wartet. Süddeutschland war der eigentliche Herd dieser Art von Staatenbildung, die größeren Vorbilder aber lagen draußen: Frankreich, Preußen und in gewissem Sinne Österreich. Diese Art von Staaten ist es, die in scharfer Weise als Erwerbsgeschäfte bezeichnet werden können, denn sie sind fürstliche Privatunternehmen zur Mehrung der Einkünfte. Die Grundlage dieser Art von Staat ist die alte Organisation der Arbeit, daß nämlich die Arbeit in meisten Fällen ein abgabepflichtiger Herrschaftsdienst ist. Insbesondere die bäuerliche Arbeit trug diesen Charakter. Sie war rechts und links mit Abgabepflichten behangen. Diese ungeordneten Abgaben in bestimmte Kanäle zu leiten, sie zu zentralisieren und zu vermehren war der Zweck der Territorialherrschaft. Deshalb wollte man Untertanen haben, um Einnahmen zu haben. Man macht sich heute kaum mehr eine Vorstellung, wie Untertanen verhandelt wurden. Die Fürstenzusammenkünfte waren Börsen von Steuermöglichkeiten. Nicht das fragte man, ob die Untertanen zusammenpaßten, ob sie in Konfession, Sitte, Produktionsweise sich glichen, nicht ob sie Deutsch, Polnisch, Italienisch, Französisch sprachen, nicht, ob sie in der Ebene wohnten oder in den Bergen, sondern nur: was; sie leisten konnten, das will sagen: welchen Mehrwert der Fürst vom Ertrage ihrer Arbeit abheben konnte. Diese Art Staatsverwaltung ist das oberste kapitalistische Großgeschäft im alten Deutschland.

Der Rohstoff, das Objekt der Tätigkeit, war also der Untertan. Das Mittel zur Bearbeitung des Stoffes waren Beamtenschaft und Heer. Die ganz kleinen Unternehmer des Monarchengeschäftes konnten sich meist von diesen Arbeitsmitteln nur das erste leisten und mußten sich sonst auf den Schutz Kaiserlicher Majestät und die moralische Macht des Reichsgerichtes verlassen. Das waren sozusagen die maschinenlosen Betriebe. Von ihnen brauchen wir nicht zu sprechen; denn sie sind im Laufe der Zeit und zuletzt 1803 alle verschluckt worden. Die weitere Entwicklung setzt nicht bei diesen hilflosen Zwergbetrieben ein, sondern bei den Staaten mit Soldaten, bei den Staaten, welche imstande waren, Erbfolgekriege zu führen, denn der Erbfolgekrieg ist der charakteristische Krieg dieser Epoche. Er ist der reine Erwerbskrieg an sich. Das Subjekt des Krieges ist nicht die Summe der Untertanen, denn für diese machte es gar nichts aus, ob ihr gnädiger Herr noch im Lothringischen oder sonst wo einige Ämter mehr besaß, das Subjekt des Krieges ist der Fürst oder, noch präziser gesagt, die fürstliche Kammer. Diese Kammer kaufte sich mit dem Ertrag des bisherigen Bestandes von Untertanen eine militärische Maschine zur Herbeischaffung neuer Untertanen, das heißt: sie kapitalisierte den Gewinn im eigenen Geschäft. Soldaten und Untertanen haben in diesem ersten Stadium des modernen Staates nichts miteinander zu tun. Der Fürst nimmt absichtlich nicht seine Landeskinder zu Soldaten, da ja die Landeskinder die Herde sind, von deren Wolle er leben will. Nur wenn er

in den fremden Gebieten nicht genug Soldaten auftreiben konnte, mußte er die Söhne seiner eigenen Bauern in die Uniform stecken. Das aber
ist für die ganze Geschichte des Staates ein sehr wichtiger Vorgang,
denn aus der Identität von Untertan und Soldat entsteht der Staatsbürger.

Im Allgemeinen liegt dieser Vorgang im 18. Jahrhundert und vollendet sich im 19. Jahrhundert. Die Veränderung ist folgende: während
vorher der Soldatendienst eine bezahlte Lohnarbeit war, man kann
sagen die erste Lohnarbeit großen Stils, so verwandelte er sich in eine
Abgabenpflicht oder vielmehr Leistungspflicht der Untertanen. Damit
wurde das Heer relativ billiger, konnte deshalb entsprechend vergrößert werden, aber die Belastung des Untertanen stieg, seine Weltabge-
schlossenheit verminderte sich, und vor allem der Fürst wurde nun von
der Tapferkeit und Hingabe derer abhängig, deren Ausbeutung sein
bisheriges Geschäft war und nach Lage der Dinge bleiben mußte. Aus
dieser neuen Kombination von Untertan und Soldat erwachsen oder
durch sie vermehren sich folgende Tendenzen:

Der Fürst sucht den Druck seiner Untertanen zu vermindern und
wird ein wohlwollender Monarch. Da er aber nach wie vor viel Geld
braucht, so muß er das Geld kaufmännisch zu erwerben suchen. Damit
entsteht die für das Volk sorgende merkantilistische Monarchie, die
durch Grenzzölle, Ausfuhrverbote, Gewerbesubventionen, Kolonisa-
tionen, Entwässerungen, Lohnregulierungen, Berufszwang, Staatsfa-
briken und ähnliches den Gesamtertrag der Gebietswirtschaft zu heben
sucht. In diesem Stadium wird der Geschäftscharakter des Monarchismus am deutlichsten, aber gleichzeitig verschiebt sich das Unterneh-
merverhältnis, denn von nun an sagt der Fürst nicht mehr: ich arbeite
für mich! sondern: ich arbeite für euch, ich bin der erste Diener meines
Staates! Zugegeben, daß dieses Wort „ich arbeite für euch" zunächst
Phrase war, so kommt es doch öfters vor, daß Phrasen bei längerem
Gebrauch zu Wahrheiten werden, einfach weil sie geglaubt werden. In
diesem Fall wird die Phrase zuerst vom Fürsten geglaubt, bei dem sich
ein landesväterliches Pflichtgefühl entwickelt, das je nach Tempera-
ment und Seelenumfang der Fürsten sehr verschieden war, das aber
doch das alte, selbstsichere Unternehmertum innerlich untergrub. Erst
nachdem die Fürsten dieses „für euch" zu glauben angefangen hatten,
ging es langsam auch dem Untertanen auf „für uns!" Das aber war ein
viel tieferer Vorgang als der Fürst ihn gewollt und erwartet hatte. Er
wollte den „dankbaren" Untertanen, der aus Dankbarkeit ein guter
Steuerzahler und Soldat ist, gerade wie heute die wohlwollenden Großindustriellen den dankbaren Arbeiter wollen. Der Untertan aber nahm

mehr als diesen kleinen Finger, er nahm die ganze Hand: wenn die Staatsarbeit für mich geleistet werden muß, dann bin ich ja das Subjekt des ganzen Geschäftes, der Auftraggeber, und der erste Diener des Staates ist dann mein Beauftragter! Kurz, es wurde strittig, wer Subjekt des Unternehmens sei, und die Streite in England und Frankreich erleichterten es den deutschen Untertanen, den schwierigen Umdenkungsprozeß zu vollziehen.

Der Staat wird also zunächst theoretisch als etwas gedacht, was allen Mitwirkenden gehört. Erst jetzt entsteht der Staatsgedanke als solcher. Da es aber Zweck der Phrase vom wohlwollenden Fürsten gewesen war, den Geschäftscharakter des Staatsbetriebes absichtlich zu verhüllen und ihn als Wohlfahrts- und Rechtsveranstaltung hinzustellen, so fängt der neue Staatsgedanke bei diesen nicht unwahren, aber nebensächlichen Zweckbestimmungen an, und man verliert die Kategorie aus den Händen, in die man den Staat einordnen soll, man konstruiert den Staat nicht als praktisches Unternehmen, sondern als eine moralische Anstalt oder sonst etwas Ähnliches. Diese Art von Konstruiererei gibt der ganzen Theorie vom Staat etwas so Ungreifbares, Phantastisches, daß man sich niemals trostloser und verlassener vorkommt, als wenn man die Wirklichkeit des Staates aus diesen Begriffen heraus sich verdeutlichen soll. Nüchterner, hausbackener, aber wahrer ist es, die alte Linie der Kameralisten, der Theoretiker des monarchischen Geschäftes, korrekt weiter zu denken und nicht einen Sprung in die Wolken zu machen, als sei wirklich durch Zauberei zwischen 1780 und 1850 aus einem Eber ein Hirsch geworden. Wenn es im gewerblichen Leben des Jahres 1800 die Form des genossenschaftlichen Betriebes häufiger gegeben hätte, so würde es der damaligen Zeit leichter gewesen sein, die Subjektsveränderung im Staatsgeschäft zu erfassen. Der Staat hört auf, ein privates Erwerbsgeschäft des Fürsten zu sein, da aber der Fürst in Deutschland nicht einfach beseitigt wird, sondern bei der Umwandlung als Inhaber des bisherigen Unternehmens eine hervorragende Rolle spielt, so entsteht ein kompliziertes Gebilde, bei dem erstens die bisherigen privat wirtschaftlichen Interessen des Fürsten durch reale Abfindungen (Domänen, Schlösser u. dgl.) und durch unkündbare Obligationen (Zivilliste, Apanagen u. dgl.) gewahrt, aber vom Staatsbetriebe gesondert werden; bei dem zweitens der bisherige Leiter des alten Geschäftes sich und seinen Rechtsnachfolgern die künftige Leitung des genossenschaftlichen Betriebes für ewige Zeiten statutarisch sichert, so daß besonders das Hauptmittel der Betriebssicherung, das Heer, in den Händen dieser statutarisch festgelegten Leitung bleibt; bei dem drittens neben der unkündbaren Leitung die beständige oder wenigstens regelmäßig wiederkehrende Generalversammlung der Genossenschaftler (Parlament) in Kraft tritt. Der schwierigste Punkt in diesem ganzen verwickelten System, das man „konstitutionelle Verfassung" nennt, ist das gegenseitige Verhältnis der unkündbaren Leitung zur Generalversammlung. Für dieses gegenseitige Verhältnis gibt es keine reinliche Formel und wird es nie geben. Der Staatsbetrieb dieser Art hat und behält ein gemischtes Subjekt, ein Zustand, der sich übrigens bei allen Genossenschaftsbetrieben und Aktiengesellschaften irgendwie wiederfindet, da überall Direktorium und Aufsichtsrat um die Grenzen ihrer Befugnisse ringen.

Die Subjektsveränderung im Staatsunternehmen zog aber eine völlige Verschiebung aller übrigen Elemente nach sich, war nämlich nun der bisherige Untertan zum Mitunternehmer geworden, so war es klar, daß die Ausbeutung seiner Steuerkraft nicht mehr als Zweck der staatlichen Tätigkeit erscheinen konnte. Man beachte wohl: der ganze Betrieb geht einfach weiter, die Steuern werden weiter erhoben, das Heer wird weiter erhalten, die Polizei und Justiz wird weiter bezahlt, die Straßen werden weiter gebaut, nur ändert sich zunächst die logische Konstruktion, indem das, was bisher Zweck war, die fürstliche Kasse, nicht mehr im Zentrum steht, sondern als Separatkonto geführt wird, und indem das, was bisher Betriebsunkosten waren, nun Ausgaben für Staatszwecke werden! Der Staatszweck selbst war sachlich gegeben, er war die Fortsetzung der bisherigen Tätigkeit zugunsten der Gesamtheit, es war nur logisch schwer, diesen Staatszweck als Einheit zu begreifen. Warum, so fragte man, betreibt der Staat gerade dieses und dieses, aber jenes nicht? In allen schönen Staatsdefinitionen von allgemeiner Wohlfahrt, Organisation der Gesamtheit oder wie die neuen Firmen heißen sollten, war eine klare Abgrenzung nicht enthalten.

Das ist die Situation, in der die Theorie des bürgerlichen Liberalismus Klarheit zu bringen versuchte. Der Liberalismus wollte den Staatsbetrieb seiner Zufälligkeiten entkleiden, indem er alle Nebenbetriebe der alten monarchischen Wirtschaft abschnitt: der Staat soll nichts besorgen, was Privatgeschäfte ebenso gut oder besser besorgen können; er soll keine Bergwerke betreiben, keine Porzellanfabriken gründen, überhaupt keine Geschäfte machen, bei denen Geld verdient wird, sondern soll nur diejenigen notwendigen Arbeiten in seiner Hand behalten, die sonst von niemandem oder nur schlecht betrieben werden würden; er soll das Heer, die Justiz, die Polizei, den Elementarunterricht, den Hochschulunterricht, den Straßenbau verwalten, aber alles, auch jede Schule und jede Eisenbahn, an der etwas verdient werden könnte, denen überlassen, die allein das Recht haben, etwas zu verdienen, den einzelnen. Mit anderen Worten: der Staatsbetrieb soll ein Hilfsbetrieb der Privatwirtschaften werden, aber nicht mehr selbst ein produktives Unternehmen sein. Man kann sich diesen Zustand am einfachsten klarmachen, wenn man an das Eisenbahnwesen in Frankreich denkt, wo diejenigen Linien, die einen Reinertrag haben, den Bahngesellschaften gehören, aber diejenigen, die mit Defizit den Verkehr des Hinterlandes erschließen sollen, Staatsbahnen sind. Diese liberale Bestimmung der Grenzen der Staatstätigkeit ist das eigentliche Ende des alten Motivs der Staatsgründung. Der Staat aber lebt weiter trotz dieser vollständigen Umformung seiner Zwecke.

So weit etwa geht die Geschichte des deutschen isolierten Territorialstaates. Nicht überall ist die liberale Tätigkeitsbeschränkung glatt durchgeführt. Es blieben Reste der alten Erwerbstätigkeit übrig: Staatsdomänen, Wälder, Bergwerke, Staatsbanken, Staatssparkassen usw. Und der Liberalismus ließ sich diese Restbestände gefallen, da sie den Betrag der Steuern ermäßigten. Es genügte ihm, das große Zentralgeschäft im Ganzen neutralisiert zu haben. Die neuen Genossenschaftler waren in das Geschäft eingetreten, um es aus der Konkurrenz mit den Kleingeschäften herauszudrängen. Das ist im Allgemeinen gelungen; mehr schien nicht nötig. Inzwischen aber vollzog sich die Syndikatsbildung der Territorialgeschäfte, die wir Deutsches Reich nennen. Sie vollzog sich genau so wie jetzt etwa die Syndikatsbildung im Kohlengeschäft. Einige größere Geschäfte wurden fusioniert (Annektierung), einige kleine Zechen wurden stillgelegt, im Übrigen, entsteht ein Doppelsystem von Obergeschäft und Untergeschäft, durch das die Selbständigkeit der Untergeschäfte verkürzt, dafür aber ihre Existenz garantiert wird, und es entsteht ein Wechselverkehr der Oberkasse und der Unterkassen und eine Geschäftsverteilung, bei der das Obergeschäft die Kompetenzen regelt. Damit ist das, was wir Staat nennen, noch viel verwickelter geworden, als es vorher war, denn nun gibt es zwei Subjekts der Staatstätigkeit, die beide wieder in sich selbst monarchischgenossenschaftliche Subjekte sind, und nun gibt es einen Staatszweck des Obersubjekts: die nationale Hilfswirtschaft für Privatproduktion, und einen Staatszweck des Untersubjekts: die territoriale Hilfswirtschaft für Privatproduktion. Diesen verwickelten Doppelzustand wird man nie aus einem Staatsbegriff an sich ableiten können.

Da nun aber die Geldbedürfnisse dieses verwickelten Staatsgeschäftes beständig wachsen, und da die Hilfswirtschaft mit der Ausdehnung der nationalen Produktion zur internationalen Austauschwirtschaft immer neue Aufgaben erhält (Weltpolitik), so bleibt die allerälteste Staatsfrage, die Geldbeschaffung für den Betrieb, heute so brennend wie sie jemals war. Als die Genossenschaftler in das Geschäft eintraten und den fürstlichen Erwerb auf Separatkonto setzten, glaubten sie den Betrieb überhaupt verbilligen zu können, aber es zeigte sich hier wie sonst, daß der Übergang vom Privatbetrieb zur genossenschaftlichen Form zwar oft eine Verbesserung, aber selten eine Verbilligung bedeutet. Der konstitutionelle Staat ist nicht billiger als der monarchistische Staat, und die Aufnahme der Nationalitätsidee unter die Staatszwecke (Reichsgründung) bedeutet zwar auch eine ungeahnte Verbesserung der Hilfsveranstaltungen für die Produktion der Volksgenossen, aber ebenso eine unausgesetzte Erhöhung der Belastung. Das ist der Punkt, an dem das reine liberale Prinzip von dem Staat, der selber nichts verdient, in die Brüche gerät. Und dieses soll der letzte Punkt sein, über den wir heute sprechen.

Der Liberalismus hat nur die Wahl, entweder mehr Steuern zu bewilligen oder neue Quellen des Staatserwerbes zu öffnen. Tut er keins von beiden, so verliert er den Einfluß auf das Staatsgeschäft. Beides ist für ihn gleich schwierig und er sucht sich um die peinliche Aufgabe der finanziellen Ausstattung des Staatsgeschäftes herumzudrücken, indem er an den Ausgaben sparen will, besonders am Heer. Das wird ihm aber durch die unkündbare monarchische Leitung unmöglich gemacht, ganz abgesehen davon, daß es sachlich falsch sein würde. Alles Reden von der Verbilligung des Staates bleibt Deklamation, der Staat wird teurer. Das war es, was in der zweiten Hälfte der siebziger Jahre im Reich und in Preußen den Bruch zwischen Bismarck, dem Vertreter des Monarchen, und den Liberalen unvermeidlich machte, und es ist zwar unangenehm, aber doch wahr, daß die liberalen (bürgerliche und sozialdemokratische Liberale) erst dann wieder in die Geschäftsleitung werden eingreifen können, wenn sie ein finanzielles Programm mitbringen. Inzwischen hat Bismarck für Preußen das große Erwerbsgeschäft der Eisenbahn eröffnet und für das Reich das merkantilistische Geschäft der Einfuhrzölle, und die übrigen Territorialstaaten sind von diesem letztere Geschäft abhängig geworden und haben das erstere, so sie gut konnten, nachgeahmt (teilweise vorher betrieben). Der alte Erwerbscharakter des Staates hat eine Auferstehung erlebt, einfach weil er nicht totzumachen war. Es wird Aufgabe des Liberalismus sein, mit dieser Tatsache zu rechnen und dem Reiche zu sagen, woher das Geld genommen werden soll, wenn die Zölle fallen. Solange der Liberalismus darüber schweigt, hat er Wartezeit, denn solange arbeitet das Direktorium mit denjenigen Teilen des Aufsichtsrates, die für Zölle sind, so schädlich, so verhängnisvoll diese auch für alle vorwärtsdringende Privatwirtschaft sein mögen.

Die Umgestaltung der deutschen Reichsverfassung

I.

Der deutsche Liberalismus überlegt sich in Nord und Süd, welche Zukunftsaussichten er innerhalb des Deutschen Reiches haben wird. Alle liberalen Versammlungen und Einigungskonferenzen, die in den letzten Jahren stattgefunden haben, gehen von der Voraussetzung aus, daß es noch einmal gelingen kann, eine starke liberale Volksbewegung herzustellen, und daß diese politische Volksbewegung imstande sein wird, die jetzige Herrschaft der Konservativen und des Zentrums zu brechen. Wir, die wir mitten in diesen Verhandlungen und Bewegungen stehen, geben zu, daß ein ziemlich großes Stück von Optimismus dazu gehört, an die Entstehung einer liberalen Regierung im Reich und in den größeren deutschen Einzelstaaten zu glauben, aber die allerschwerste Zeit ist bereits überwunden. Es gibt heute im deutschen Liberalismus wieder einen kräftigen Nachwuchs aus der Jugend, und die magnetische Kraft der konservativen Ideale und Organisationen scheint sich zu vermindern. Das war ja der politisch entscheidende Vorgang im Geistesleben der deutschen Nation, daß in der Mitte der siebziger Jahre des vorigen Jahrhunderts der allgemeine Glaube daran, daß der Liberalismus der natürliche Ausdruck der vorwärtsschreitenden deutschen Kultur sei, ins Wanken kam. Während ein Menschenalter vorher alles, was der Zukunft entgegenging, gleichsam von selbst zu irgendeinem Teil des Liberalismus sich rechnete, zeigten sich von da an starke wirtschaftspolitische und nationalpolitische Strömungen, die den Liberalismus für eine überwundene „Theorie" erklärten. Im Anfang haben die liberalen nur wenig an die innere Kraft der damals neu auftretenden konservativen und klerikalen Strömungen geglaubt, aber sie haben sich leider im Verlaufe der letzten dreißig Jahre davon überzeugen müssen, daß es sich um eine fast vollkommene Änderung der Temperatur des geistigen Gebens in Deutschland gehandelt hat. Die Führung der öffentlichen Meinung entglitt den Händen der Liberalen. Erst von da aus sind die Fortschritte und Siege verständlich, die auf allen Gebieten des Staats und Wirtschaftslebens von unseren Gegnern erreicht worden sind. Es ist an dieser Stelle nicht nötig, Abrechnung darüber zu halten, wo die größere Schuld bei diesen Vorgängen liegt, wahrscheinlich würde keine Person und keine Partei imstande gewesen sein, das Schicksal aufzuhalten, das über den Liberalismus hereinbrach. Er hatte tatsächlich sehr Großes geleistet und einen bedeutenden Teil seiner alten Ziele und Ideale verwirklicht. Ist es ein Wunder, wenn er nun während eines Menschenalters einer gewissen

Ermattung anheimfiel? Das Reue aber, was uns heute beschäftigt, ist die erfreuliche Tatsache, daß aus dieser Ermattung heraus Kräfte neuen Gebens aufzusteigen beginnen, und daß wiederum eine junge Generation in den Vordergrund tritt, die an die gewaltige Kulturaufgabe des Liberalismus zu glauben beginnt. Man hat gesehen und erlebt, daß mit einseitig agrarisch-konservativer Wirtschaftspolitik die finanzielle und politische Größe des deutschen Volkes nicht auf die Dauer gesichert werden kann; wir haben auch gesehen und erlebt, daß unter der Führung des Zentrums die Macht des deutschen Staatsgedankens in lauter kleine Taktik zerbröckelte, wir auch erfahren, daß die sozialdemokratische Arbeiterbewegung trotz der großen Zahl ihrer Anhänger nicht imstande gewesen ist, die deutsche Politik irgendwie maßgebend zu beeinflussen, und wir sind auf Grund aller dieser Erfahrungen zu Überzeugung gekommen, daß sowohl unsere nationalen, wie unsere sozialen Aufgaben nur dann glücklich und zukunftsreich gelöst werden können, wenn wir links vom Zentrum und von den Konservativen eine demokratische Strömung erleben, die gesättigt ist mit dem Willen, das deutsche Volk als weltgeschichtliche Macht zu erhalten, und seinen einzelnen Staatsbürgern durch weitgehende und kluge soziale Reformen Freude am Vaterland und seiner Größe zu geben.

Ähnliche Bewegungen beginnen offenbar auch unter Deutschen im österreichischen Nachbarstaat. Die letzten Jahre haben uns ein wertvolles Buch von Richard Charmatz über die deutsch-österreichische Politik gebracht, das sich im Grunde mit demselben Problem beschäftigt. Wenn aber schon Deutschen in Österreich anfangen, den Wiederaufbau ihres Liberalismus für möglich zu halten, wieviel mehr müssen und können wir innerhalb des Deutschen Reiches unsere Augen in derselben Richtung öffnen! Daran ändert auch gar nichts, wenn heute durch die parlamentarische Lage die vereinigten linksliberalen Parteien ebenso wie die Nationalliberalen gezwungen sind, in militärischen und teilweise auch in finanziellen Fragen mit den Konservativen gemeinsam vorzugehen. Dieses ist ein notwendiges Zwischenspiel innerhalb einer längeren Entwicklung, bei der von unserer Seite aus keineswegs das Endziel außer acht gelassen werden darf, die Umgestaltung des Staates im Ganzen nach den Grundsätzen Liberalismus. Diese Umgestaltung selbst aber steht zunächst als theoretisches Problem vor uns. Ehe der Liberalismus eine politische Macht werden kann, muß er einen einheitlichen Gedankengang darüber gewinnen, welches Staatsideal er denn überhaupt auf Grund der deutschen Verhältnisse vertreten soll. Man nimmt an, daß dieses ohne weiteres klar sei, weil es sich ja nur um Anwendung der vorhandenen Prinzipien der alten Demokratie auf den gegenwärtigen Staat handelt. Und in der Tat, solange man die Sache nur ganz allgemein aussprechen will, ist es richtig, daß wir keine anderen Absichten haben können, als denselben demokratischen Geist, der in Nordamerika, England und Frankreich zum Wohle dieser Nationen zur Herrschaft gekommen ist, auch in Deutschland zum maßgebenden Geiste zu machen. Aber es wird keinen verständigen Menschen geben, der sich mit einer so allgemein gehaltenen Zweckbestimmung befriedigt erklären kann. Wir müssen genauer zu sagen wissen, welche Verfassung und welche Art der Verwaltung vom Liberalismus in Deutschland eingeführt werden soll, falls es dem Liberalismus gelingt, die nötige Macht dazu zu gewinnen. Damit sind wir in gewissem Sinne wieder an der Stelle angekommen, an der der deutsche Liberalismus vor sechzig Jahren schon einmal gestanden hat, als in der Paulskirche in Frankfurt am Main die Vertreter der deutschen Freiheit zusammenkamen, um über die Frage der deutschen Verfassung zu debattieren. Wir müssen dieselben Probleme, mit denen sich die Paulskirche beschäftigt hat, wieder in unsere Hände nehmen und müssen Monarchie, Republik und Konstitutionalismus von neuem mit deutscher Gründlichkeit durchdenken.

In den letzten zwanzig Jahren hat man häufig hören und lesen können, die Zeit der theoretischen Verfassungsfragen sei jetzt vorüber, denn die Verfassung, wie sie aus Bismarcks Hand herausgekommen ist, sei als fester Besitzstand des deutschen Volkes hinzunehmen, und unsere Aufgabe könne nur darin bestehen, innerhalb dieser Verfassung und mit ihren Mitteln die soziale Hebung der unteren Schichten und die Entwicklung des deutschen Handels, der Industrie und der Landwirtschaft zu fördern. Fast jeder von uns, die wir in den achtziger neunziger Jahren in die Politik eingetreten sind, hat eine Periode durchlebt, in der er gegen die eigentlichen Verfassungsfragen ziemlich gleichgültig gewesen ist, da ihn die Größe der wirtschaftspolitischen und sozialen Aufgaben so fesselte, daß alles andere demgegenüber in den Hintergrund trat. Es hat sich aber gerade in den Verhandlungen über Wirtschaftsfragen und Sozialpolitik herausgestellt, daß die großen Entscheidungen aller dieser Angelegenheiten davon abhängen, wer eigentlich die Macht im Staate hat. Auf diesem Wege sind wir notwendigerweise von der Sozialpolitik zur Verfassungspolitik gekommen. Und wenn wir auch die Verfassungspolitik aus wirtschaftspolitischen und sozialpolitischen Interessen treiben, so verlangt sie doch, als Problem für sich behandelt zu werden. Einen Beitrag dazu will dieser Aufsatz leisten.

Zwei Erlebnisse sind uns in dieser Richtung maßgebend geworden:

1. Wir haben gesehen, daß die sozialpolitische Macht deutschen Reichstages in Wirklichkeit geringer ist, als sie selbst nach dem Wortlaut der deutschen Reichsverfassung zu sein braucht, denn es ist eine klare und offenbare Tatsache, daß Reichstag eine Majorität für viel weitergehende und energischere soziale Reform vorhanden ist, als man nach dem Ergebnis der Gesetzgebung glauben könnte. Der Wille und die Gesinnung der Majorität des Reichstages reicht nicht aus, um die Gesetzgebung entscheidend zu beeinflussen. Dazu kommt, daß die Wahlkreiseinteilung des Reichstages dem Zustand der Bevölkerung von 1867 und 1871 entspricht, keineswegs aber den großen Verschiebungen gerecht geworden ist, die inzwischen eingestellt haben. Die Zusammensetzung des Reichstages ist also heute nicht mehr das, was sie nach dem Geist der Verfassung werden sollte, eine den Wandlungen der Volkszusammensetzung sich anpassende Vertretung der im Volke vorhandenen Strömungen und Interessen.

2. Wir haben gesehen, daß die Vorrechte, welche in der Reichsverfassung dem preußischen Staat und insbesondere dem König von Preußen gegeben worden sind, eine viel stärkere Wirkung ausgeübt haben, als man früher vorhersehen konnte. Der Bundesrat ist in Wirklichkeit eine Erweiterung der preußischen Ministerien geworden, und die persönliche Macht des Kaisers ist weit über das hinausgewachsen, was bei der ersten Niederschrift der Reichsverfassung möglich schien. Das Kaisertum auf preußischer Grundlage ist ein Regierungsfaktor geworden, der alle anderen Faktoren des deutschen Lebens in den Hintergrund zu drängen droht.

Es ist also von den einstigen Wünschen und Hoffnungen des älteren deutschen Liberalismus viel weniger zur dauernden Wirksamkeit gekommen, als man in der Zeit der Reichsgründung hoffen und annehmen durfte. Wir haben kein parlamentarisches Regiment, wir haben keine Volksvertretung, die von sich aus den Gang der Gesetzgebung entscheidend beeinflußt; wir haben einen Parlamentarismus, der neben einer gewaltigen zentralen Autorität eine gewisse Nebenrolle spielt. Die Frage des Liberalismus besteht deshalb darin, ob und in welcher Weise das deutsche Volk eine politische Vertretung bekommen kann, durch welche der Wille des Volkes mehr als bisher sich in politischen Taten ausdrückt. Diese Fragestellung ist allen denen, die von sozialpolitischen Interessen bewegt werden, ohne weiteres klar. Der scharfe Gegensatz, in welchem sich die Sozialdemokratie zum deutschen Staat befindet, ist nur verständlich, wenn man erwägt, wie sehr die wachsende Industriebevölkerung durch die heutigen politischen Machtverhältnisse zurückgedrängt wird. Die Gewinnung der industriellen Masse für eine deutsche Staatsgesinnung kann gar nicht anders vor sich gehen als auf dem Wege der Vermehrung des politischen Einflußes der Volksvertretung. Aber auch die Betrachtung der auswärtigen Politik Deutschlands führt zu demselben Ergebnis. Wir alle können uns in dieser Hinsicht den ernstesten Sorgen nicht entziehen. Die konservative und klerikale Periode schließt damit ab, daß die deutsche Macht isoliert und gefährdet in der Mitte der anderen Mächte steht. Während ein freiheitliches Deutschland mit allen vorwärtsstrebenden Bewegungen der anderen Kulturstaaten Hand in Hand gehen würde, haben wir uns durch konservative Politik die Freundschaften fast aller Nachbarreiche entfremdet. Man braucht nur den Gedanken zu fassen, daß wir noch ein weiteres Jahrzehnt konservativer Politik vor uns haben, und man wird die dringendsten und schwersten Besorgnisse nicht von der Seele abwälzen können. Die Größe unseres Volkes ist in denjenigen Perioden gewachsen, in denen man dem Geiste eines freien Staatsbürgertums Raum gegeben hat. Alle konservativen Perioden aber bedeuten ein Zurücksinken der nationalen Kraft. Um der Zukunft unserer Nation willen müssen wir die Kräfte des Geistes und des Willens anspannen, damit das Vaterland von Kant, Fichte und Freiherrn von Stein und das Land, dessen staatliche Einheit auf Grund der ersten liberalen Volksbewegung gewonnen wurde, in Zukunft einen dritten volleren Frühling seines Freiheitsgeistes erlebt. Dieses aber bedeutet, daß Ideal der Beteiligung aller Staatsbürger an der Leitung der Nation für uns alle wiederum ein kräftiges und zu Opfern bewegendes praktisches Interesse werde.

II.

Zu keiner Zeit hat das deutsche Volk sich stärker mit dem Problem der deutschen Verfassung beschäftigt, als in den Jahren 1848 und 1849. Es ist durch die Geschichtsschreibe der Reichsgründungszeit üblich geworden, mit einem gewissen freundlichen Mitleid auf die Verhandlungen herabzuschauen, die damals in der Paulskirche in Frankfurt stattgefunden haben. Diese mitleidige Beurteilungsweise ist menschlich erklärlich, denn es lebten in der Reichsgründungszeit noch viele deutsche Männer, denen die Enttäuschung über den praktischen Mißerfolg der Frankfurter Versammlung bis ins innerste Mark gegangen war, und die Größe Bismarcks machte die Verehrer dieses gewaltigen Helden blind gegenüber allen denen, die vor ihm am Werk des Deutschen Reiches gearbeitet hatten. Bismarck war der Mann der Tat, der, im Besitz der preußischen Macht und begünstigt durch die Erfolge des preußischen Heeres, in fabelhaft kurzer Zeit eine deutsche Reichsverfassung nicht nur auf dem Papier, sondern in der Wirklichkeit herstellen konnte. Was galten ihm gegenüber jene Männer, die die Verfassung nur auf das Papier zu schreiben imstande waren? Heute aber, wo Bismarck ebenso der Geschichte angehört wie jene Männer vom Jahre 1848, kann man und muß man bei voller bewundernder Anerkennung dessen, was Bismarck geschaffen hat, mit Deutlichkeit aussprechen, daß ohne die Arbeit der Paulskirche die Bismarckische Reichsgründung nicht möglich gewesen sein würde. Die theoretische Vorarbeit des deutschen Liberalismus war zur Herstellung des Reiches ebenso notwendig wie nachher die Bismarckische Praxis auf Grund der preußischen Macht. Und wenn wir deshalb jetzt durch die Zeitverhältnisse genötigt sind, von neuem Verfassungsfragen zu erörtern, so müssen wir nicht nur das ins Auge fassen, was schließlich unter Bismarcks Händen verwirklicht worden ist, sondern gleichzeitig unsere Gedanken weiter rückwärts senden und unsere Ohren denen öffnen, die die Theoretiker der neuen Entwicklung gewesen sind. Man kann dieses am leichtesten, wenn man das schon öfter von mir empfohlene Buch „Reden und Redner des ersten deutschen Parlaments" von Dr. Georg Mollat in die Hand nimmt. Hier hat man den Geist des Jahres 1848 in der urkundlichen Form vor sich, was umso wichtiger ist, da uns leider eine Darstellung des Jahres 1848 von der Hand eines großen Historikers fehlt.

Das, was im Jahre 1848 gewollt und gedacht wurde, war, wie es Friedrich Dahlmann gelegentlich aussprach, die Einheit von Macht und Freiheit der deutschen Nation, und zwar lebte in den führenden Köpfen der damaligen Volksbewegung ein starkes Bewußtsein davon, daß die vaterländische Macht eine Angelegenheit aller Staatsbürger sein müßte, um wahrhaft groß und dauernd werden zu können. Die Größe einer Nation baut sich auf auf dem Willen alle Staatsbürger. Ohne diesen Willen sind die herrschenden Gewalten im Grunde machtlos, denn politische Größe kann niemals bloß durch Zwang und Gehorsam erreicht werden. Es handelte sich darum, den politischen Willen im deutschen Volke zu wecken und ihm diejenige verfassungsmäßige Form zu geben, in der er einen kräftigen Staatskörper bilden konnte. Man hat gesagt, die Männer der Paulskirche seien weltfremde Doktrinäre gewesen. Dieses Urteil hat sicher eine gewisse Bedeutung, ist aber längst nicht so berechtigt, wie man gewöhnlich annimmt. Die überwiegende Mehrzahl der Abgeordneten in der Paulskirche wußte sehr gut mit den tatsächlichen Verhältnissen zu rechnen. Selbst ihre viel bespöttelten Verhandlungen über die Grundrechte sind keineswegs ein bloßes Luftgefecht gewesen. Noch heute besteht das Problem der Grundrechte und wird im Zeitalter der großen wirtschaftlichen Syndikate von neuem dringlich. Denn um was handelt es sich bei diesen Grundrechten? Um die rechtliche Sicherung eines Mindestmaßes von persönlicher Freiheit, das dem einzelnen Bürger von keiner Gewalt der Erde verkürzt oder genommen werden darf. Wir zweifeln nicht daran, daß wir auch in Zukunft noch einmal über deutsche Grundrechte werden debattieren müssen. Jetzt aber beschäftigt uns in höherem Grade die Stellung der Paulskirche zu der Frage der Einrichtung der staatlichen Gewalten. Auf diesem Gebiet würde es durchaus falsch sein, wenn man jene Männer nur für Theoretiker ansehen wollte, die sich aus ihren Köpfen heraus einen Staat zusammendenken, der in Wirklichkeit nicht existieren kann. Die langen und schweren Verhandlungen des Frankfurter Parlaments über die schleswig-holsteinische Frage und über die österreichische Frage beweisen zur Genüge, daß die Realitäten der damaligen Gegenwart auch in der Paulskirche weithin verstanden wurden. Und der vollste Beweis für den politischen Wirklichkeitssinn dieser Verhandlungen bringt uns doch eben die Tatsache, daß Bismarck, als er eine Verfassung des Norddeutschen Bundes und später des Deutschen Reiches herstellen sollte, einfach die Beschlüsse und Paragraphen von Frankfurt durch Lothar Bucher bearbeiten ließ. Er hat sie aber nicht bearbeiten lassen, ohne daß einige wichtige Punkte entweder gestrichen oder verändert wurden. Und gerade in diesen Veränderungen liegt ein Teil der Schwierigkeiten, unter denen wir heute leiden.

Dasjenige, was der Frankfurter Entwurf als Zweck und Inhalt der Reichsgründung bezeichnet, ist mit nur geringen Abänderungen von der Reichsverfassung übernommen worden. Auch die Festsetzungen über die Organe und ausführenden Gewalten der Reichstätigkeit sind zu einem großen Teile in die Bismarckische Reichsverfassung übergegangen. Es bleiben aber einige bemerkenswerte Unterschiede, deren wesentlichster die Änderung in der Auffassung des Bundesrates ist. Die Frankfurter Verfassung behandelt den Bundesrat, den sie als „Staatenhaus" bezeichnet, gegenüber dem „Volkshaus" als einen Teil des Reichstags. Es heißt in Artikel 85 des Frankfurter Entwurfes: „Der Reichstag besteht aus zwei Häusern, dem Staatenhaus und dem Volkshaus." Soweit nun die Bestimmungen über die Einrichtung des Volkshauses in Betracht kommen, weichen sie nicht sehr von denen ab, die für den heutigen Reichstag in Geltung sind. Anders aber steht es beim Staatenhaus. Von diesem sagt § 88 des Frankfurter Entwurfes: „Die Mitglieder des Staatenhauses werden zur Hälfte durch die Regierung und zur Hälfte durch die Volksvertretung der betr. Staaten ernannt." Und weiterhin wird bestimmt, daß die Mitglieder des Staatenhauses auf sechs Jahre gewählt werden und daß die Sitzungen beider Häuser öffentlich sind. Der Bundesrat war also als eine öffentliche Körperschaft gedacht, die ebenso sehr im Auftrage der Volksvertretungen der Einzelstaaten handelte wie im Auftrage der einzelstaatlichen Regierungen. Mit andern Worten: die deutsche Reichsregierung sollte in ihrem Kerne nicht nur eine Vereinigung und Vertretung der deutschen Fürsten und ihrer Ministerien sein, sondern eine Vertretung der Einzelstaaten in ihrer Gesamtheit. Der Bundesrat sollte in seiner einen Hälfte auf dem Wege eines öffentlichen Wahlverfahrens entstehen und sollte in seiner Gesamtheit der öffentlichen Kontrolle unterliegen. Es war Bismarcks monarchische Auffassung, welche diesen Teil des Frankfurter Entwurfes geändert hat. An sich mag diese Änderung nicht besonders groß erscheinen, da ja die Stimme des Volkes im Reichstag zum Ausdruck kommt und da bei heutigen Verhältnissen die Zusammensetzung des Bundestages auf Grund des Frankfurter Entwurfes wahrscheinlich kein besonders günstiges Resultat im Sinne des Liberalismus ergeben würde, da ja in diesem Falle der preußische Landtag und der bayerische Landtag die Wahl eines nicht unbeträchtlichen Teiles des Staatenhauses in der Hand haben würden. Natürlich haben sich die Verfasser des Frankfurter Entwurfes nicht denken können, daß wir in Preußen noch heute im Jahre 1907 ein höchst rückständiges Landtagswahlrecht besitzen, und auch nicht denken können, daß der politische Einfluß der katholischen Kirche ein so gewaltiger werden würde, aber immerhin läßt sich nicht behaupten, daß die Frankfurter Verfassung die an sich richtige Forderung aufgestellt hätte, daß das Wahlrecht der Einzelstaaten dem Wahlrechte des Volkshauses in der Reichsvertretung angepaßt werden müßte. Nehmen wir also selbst den für uns ungünstigen Fall, daß der Bundesrat auf Grund des Frankfurter Entwurfes nach heutigem Landtagswahlrecht zusammengesetzt sein würde, so würde es dennoch einen gewaltigen Unterschied machen, ob wir einen Bundesrat besäßen, dessen Beschlüsse ebenso öffentlich sind wie die des französischen Senats und des englischen Oberhauses, oder ob wir einen Bundesrat besitzen, der in stiller Verborgenheit seines Amtes waltet und damit in seiner Wirksamkeit verkümmert.

Das nämlich ist das Ergebnis der Bismarckischen Änderung, daß wir einen Bundesrat haben, welcher zwar formell die deutsche Reichsregierung führt, daß aber dieser Bundesrat tatsächlich eine Erweiterung des preußischen Gesamtministeriums geworden ist. Wir besitzen innerhalb der jetzt geltenden deutschen Verfassung eine heimliche Staatsgewalt neben der öffentlichen Gewalt des Reichstags, und die heimliche Gewalt ist tatsächlich in den Händen der preußischen Regierung. Während nun die öffentliche Gewalt des Reichstags der Kritik des ganzen Volkes unterliegt und infolgedessen alle Schwierigkeiten des demokratischen Verfahrens in sich trägt, ist die heimliche Gewalt in der Lage, aus sicherer Verborgenheit heraus ihre Wirksamkeit zu entfalten. Es ist dies einer der Hauptgründe, weshalb der Bundesrat stärker geworden ist als der Reichstag, weshalb aber zugleich im Bundesrat Preußen eine Vollmacht über die Leitung des Deutschen Reiches besitzt, wie sie ihm im Frankfurter Entwurfe keineswegs gegeben werden sollte.

Dazu kommt, daß in der Bismarckischen Reichsverfassung die preußischen Rechte innerhalb des Bundesrates durch besondere Privilegien gestärkt worden sind, ein Punkt, von dem wir später noch einmal reden, und daß vor allem die Reichsverwaltung selbst einen anderen und größeren Charakter gewonnen hat, als er im Jahre 1849 in der Frankfurter Verfassung vorausgesetzt wurde. Die Frankfurter Verfassung redet an verschiedenen Stellen von Reichsministern, enthält aber keine näheren Bestimmungen darüber, wie diese Reichsminister ernannt und entlassen werden und von wem sie abhängig sein sollen. Es ist dies ein offenbarer und schwerwiegender Mangel des Frankfurter Entwurfes. Die Liberalen, mit denen Bismarck in der Zeit der Reichsgründung zu verhandeln hatte, kannten die Wichtigkeit dieses Punktes; Bennigsen und seine Freunde haben die Forderung der verantwortlichen Reichsministerien solange als möglich vorgebracht, und die Fortschrittspartei hat niemals aufgehört, verantwortliche Reichsministerien zu fordern. Es scheint uns, als sei der Ausdruck „verantwortliches Reichsministerium" eine etwas ungeschickte Formulierung eines sehr richtigen Gedankens. Die bloße juristische Verantwortlichkeit, welche darin besteht, daß ein Minister nach Abschluß seiner Amtstätigkeit oder auch während derselben in Anklagezustand versetzt werden kann, hat sachlich keine übermäßig große Bedeutung. Wir sehen, daß auch in denjenigen Einzelstaaten und Ländern, in denen es Gesetze über Ministerverantwortlichkeit gibt, diese Gesetze nur eine sehr geringe Wirksamkeit ausüben. Was man aber dabei zu erreichen suchte, ist etwas viel Wichtigeres, nämlich eine Bestimmung darüber, daß die Minister nicht einseitig von der kaiserlichen Gewalt berufen, behalten oder entlassen werden dürfen. Gerade dieses aber hat Bismarck gewollt und eingeführt. Er strich aus dem Frankfurter Entwurf Gedanken einer Mehrheit von Reichsministern und sammelte alle ausübende Macht der deutschen Reichsgewalt in der einen Stelle des Reichskanzleramtes, so daß von da an der beständig wachsende Körper der Reichsverwaltung sich nur als eine beständige Erweiterung und Ausdehnung der Macht des einen deutschen Reichskanzlers darstellt. Das aber ist es, wodurch das gesamte deutsche Verfassungsleben einen ganz anderen Charakter bekommt, als den es nach der Meinung des Frankfurter Entwurfes haben sollte. In einer Zeit, in der erst die Grundlagen einer neuen staatlichen Organisation gelegt werden, ist man begreiflicherweise mehr darauf bedacht, die Herstellung neuer Gesetze demokratisch zu gestalten, und verschließt seine Augen vorläufig vor der Bedeutung der ausführenden und verwaltenden politischen Tätigkeiten. Je länger aber ein Staatswesen existiert, desto mehr wird die Gesetzgebung gegenüber der ausübenden Tätigkeit in den Hintergrund treten. Nicht, als ob wir nicht noch sehr viel neue Gesetze herzustellen genötigt wären (es werden noch immer sehr zahlreiche Gesetze gemacht, vielleicht sogar schon etwas zuviel Gesetze), aber die meisten Gesetze, die heute beschlossen werden, sind Ausführungsgesetze zu den bereits vorhandenen Grundgesetzen. Die schöpferische Periode in der Gesetzgebung kann nicht immer vorhanden sein. Damit steigt die Macht des die Geschäfte führenden Reichskanzleramtes gegenüber der Volksvertretung und dem Bundesrat. Wenn nun die Volksvertretung des Reichstages oder auch das Staatenhaus des Frankfurter Entwurfes irgendeinen Einfluß auf die Besetzung des Reichskanzleramtes oder der Reichsministerien hätte, so würde der ursprüngliche Geist der Frankfurter Verfassung bei uns gewahrt sein, und der Staatsbürger als solcher würde mit Recht annehmen können, daß er ein wichtiges Glied in der Regierung seiner Nation ist. Dieses Gefühl aber kann bei uns durch die Bismarckischen Veränderungen und Auslegungen des Frankfurter Entwurfes niemals sich in seiner ganzen Stärke entwickeln, und wird bei längerem Bestände der jetzigen Verfassung je länger desto mehr herabgedrückt werden.

Dadurch, daß der Deutsche Kaiser die Besetzung des Reichskanzleramtes und aller von ihm abhängigen Beamtenstellen ganz allein in der Hand hat, wächst seine Gewalt mit jeder weiteren Ausdehnung der deutschen Reichstätigkeiten, und in demselben Maße sinkt die im Volkshaus vorhandene Gewalt der übrigen Volksgenossen. Das ist der Vorgang, in dem wir uns jetzt befinden und der die Besorgnisse hervorruft, von denen wir im vorigen Abschnitt geredet haben. Man wird bis auf Geist und Form des Frankfurter Entwurfes zurückgehen müssen, wenn man eine Neugestaltung der deutschen Verfassung in jenem großen und erhabenen Sinne herbeiführen will, den in Frankfurt Dahlmann und seine Freunde zum Ausdruck brachten, wenn sie die Einheit von Macht und staatsbürgerlicher Freiheit verlangten.

III.

In der Zeit, als Bismarck die Verfassung des Norddeutschen Bundes vorbereitete, ließ er an Herrn von Savigny einen Brief schreiben: „man müsse sich in der Form mehr an den Staatenbund halten, diesem aber praktisch die Natur des Bundesstaates geben mit elastischen, unscheinbaren, aber weitgreifenden Ausdrücken". In diesen Worten liegt das innerstes Programm der Bismarckischen Verfassung, und Professor Lenz hat recht, wenn er in seiner „Geschichte Bismarcks" diese Worte besonders hervorhebt. Die öffentliche Tendenz Bismarcks war die Schonung und Erhaltung der Souveränitäten der deutschen Einzelstaaten. In mehreren großen Reden vertritt er den Gedanken, daß man die Könige und Großherzöge nicht um ihre Macht betrügen dürfe, und bis in seine letzten Tage hat Bismarck immer wieder den Gedanken ausgesprochen, daß auf den Schultern der deutschen Fürsten die deutsche Einheit ruhe. Neben dieser offenen Tendenz geht aber die andere, heimliche Tendenz einher, durch elastische, unscheinbare, aber weitgreifende Ausdrücke die preußische zentrale Gewalt zur wirklichen Souveränität zu erheben. Der Vorgang der deutschen Verfassungsgeschichte ist infolgedessen dieser: man beschränkt die Rechte der Volksvertretung mit der Begründung, daß es unmöglich sei, die Rechte der Bundesfürsten zu verkleinern. Man legt formell alle Regierungsgewalt in den Bundesrat, der zu einer Vertretung der Bundesfürsten gestaltet wird, sachlich aber richtet man die Verfassung so ein, daß die verbündeten Regierungen von einer Stelle aus regiert werden. Als Bismarck am 13. und 14. Dezember 1866 die grundlegenden Paragraphen der deutschen Reichsverfassung durch Lothar Bucher zu Papier bringen ließ, ordnete er an, daß die damals vorliegenden ersten preußischen Verfassungsentwürfe von Max Duncker und von v. Savigny strengstes Amtsgeheimnis bleiben müßten, und verwies diese Entwürfe in den Geheimschrank des Auswärtigen Amtes. Dort werden sie so sorgfältig behütet, daß selbst die Geschichtsschreiber v. Sybel und Poschinger diese ersten Versuche der Bismarckischen Verfassung nicht zu sehen bekommen haben. Wahrscheinlich ist in diesen Entwürfen, vor allem in dem des Herrn v. Savigny, die heimliche Bismarckische Tendenz zu stark hervorgetreten. Er wollte, daß man öffentlich nur die erste Tendenz kennen sollte. Das ist ihm auch weitgehend geglückt. Die Souveränität der deutschen Einzelstaaten wurde formell hochgehalten und sachlich langsam vermindert. Wenn gleich im Jahre 1866 die süddeutschen Fürsten bei der ersten Verfassungsverhandlung vertreten gewesen wären, so würde möglicherweise dieses Verfahren weniger erfolgreich gewesen sein, da aber Bismarck es zuerst nur mit den norddeutschen kleinen Staaten zu tun hatte, so konnte er diesen eine Verfassung diktieren, die ihnen als eine gewisse Wohltat erscheinen mußte, weil sie das Zittern des Kriegsjahres 1866 noch in ihren Gliedern hatten, die aber im Grunde mit der ganzen genialen Schlauheit des preußischen Ministerpräsidenten angelegt war. Es entstand die norddeutsche Verfassung, und erst als sie bestand, wurde der Anschluß der süddeutschen Staaten an sie ermöglicht. Daraus ergab sich fast wie von selber, daß die Vorrechte Preußens im Norddeutschen Bunde mit geringen Abschwächungen sich auf Süddeutschland ausdehnten, ohne daß die Süddeutschen eigentlich bei der Herstellung der grundlegenden Einrichtungen gefragt worden waren.

In derselben Richtung liegt die Art und Weise, in der Bismarck die Verfassung des Norddeutschen Bundes zur Annahme brachte. Er veröffentlichte absichtlich keinerlei Denkschrift oder Motive über das Wesen dieser Verfassung; öffentlich begründete er diesen Mangel damit, daß man die Verfassung schnell fertigstellen müsse und deshalb die ausführliche und schwierige Arbeit einer begründenden Denkschrift nicht übernehmen könne. Ohne in Abrede zu stellen, daß auch dieser äußerliche Grund damals ein gewisses Recht haben mochte, so ist sicherlich der maßgebende Grund für Bismarck der gewesen, daß er möglichst schnell und leicht über die Behandlung der Kernfragen des deutschen Verfassungswesens hinwegkommen wollte. Ihm selbst wird niemand dieses verdenken, aber die ganze Eile, mit der die norddeutsche Verfassung hergestellt wurde, wird irgendwann das deutsche Volk nötigen, die Denkarbeit noch einmal zu beginnen, die Bismarck im Jahre 1867 aus praktischen Gründen mit gutem Erfolg verhindert hat.

Bismarck lehnt den Gedanken der Reichsministerien mit der Begründung ab, daß es unmöglich sei, einem Kollegium von zweiundzwanzig Souveränitäten die Ernennung der Minister zu übergeben, daß es aber eine Verkürzung dieser Souveränitäten sein würde, wenn die Ernennung einseitig von der preußischen Präsidialmacht erfolgen sollte. Im Grunde bedeutet das aber nur, daß Bismarck der einzige Reichsminister sein wollte; denn genau dieselben Gründe, die er gegen die Ernennung der Reichsminister durch den König von Preußen vorgebracht hat, sprechen gegen die einseitige Ernennung des Reichskanzlers von derselben Stelle. Was in Wirklichkeit auf diesem Wege erreicht worden ist, ist die vollständige Hilflosigkeit nicht nur des Reichstags, sondern auch des Bundesrates gegenüber der Einsetzung und Absetzung aller Reichsbeamten. Noch im letzten Jahre hat uns die Entlassung des Grafen Posadowsky aus der Stellung des Staatssekretärs im Reichsamt des Innern einen überaus empfindlichen und greifbaren Beweis dafür geliefert, wie matt alle verfassungsmäßige Einwirkung in den eigentlichen Lebensfragen des deutschen Volkes ist. Derselbe Mann, welcher viele Jahre hindurch fast regelmäßig den Vorsitz bei den Verhandlungen des Bundesrates geführt hat, verschwindet eines Tages von der Bildfläche, ohne daß der Bundesrat auch nur mit einer Silbe befragt worden ist, ob er dieses Verschwinden wünscht oder nicht.

Als Preußen die Einrichtung des Bundesrates in Vorschlag brachte, stellten die Vertreter der preußischen Macht die Sache zwar so dar, als ob es Preußen sei, welches hierbei Opfer brächte. Die Regierung hob hervor, daß sie im Bundesrat eine viel geringere Anzahl von Stimmen für sich in Anspruch nähme, als sie nach der Bevölkerungsziffer hätte verlangen können, nämlich siebzehn Stimmen von achtundfünfzig, wenn man die süddeutschen Stimmen von Anfang an mit hinzurechnet. Es ist klar, daß Preußen mit diesen siebzehn Stimmen keine große Gewalt ausüben kann, wenn einmal die Entscheidung von jeder einzelnen Stimme abhängt. Aber die Tatsache selbst, daß Bismarck so gern und freiwillig sich mit seinen siebzehn Stimmen begnügte, beweist, daß er vom ersten Tage an der Abstimmung des Bundesrates nur ein verhältnismäßig geringes Gewicht beigelegt hat. Wenn er in seinem staatsmännischen Kopfe die Empfindung gehabt hätte, daß das Stimmenverhältnis des Bundesrates entscheidend sein würde über die ganze deutsche Zukunft, dann hätte er alles daran gesetzt, um ein anderes Verfahren der Abstimmung in die Verfassung einzuführen. Er wollte mit diesem Stimmenverhältnis seinen guten Willen gegenüber den anderen Souveränitäten beweisen und war doch gleichzeitig dessen sicher, daß er genug andere Bestimmungen angebracht hätte, durch welche er eine Majorisierung in wichtigen Fragen vollständig unmöglich machte.

Die Mittel, durch welche Preußen den Bundesrat beherrscht, sind ziemlich verwickelter Natur. Wir heben nur die wichtigsten Punkte heraus: Veränderungen der Verfassung gelten als abgelehnt, wenn sie vierzehn Stimmen gegen sich haben. Daraus folgt, daß Preußen allein jede Verfassungsänderung in der Hand hat. Weitreichender aber ist noch, daß eine Mehrheit im Bundesrat einen gültigen Beschluß nicht fassen kann, wenn Preußen nicht für diesen Beschluß ist: in allen Fragen des Militärwesens, der Kriegsmarine, des Zollwesens, der Besteuerung von Salz, Tabak, Branntwein, Bier, der Abänderung von Verwaltungsvorschriften und -einrichtungen, und schließlich auch der Auflösung des Reichstages. Was bleibt denn dann eigentlich übrig, was jemals eine Majorität des Bundesrates entgegen den preußischen Stimmen beschließen kann? Man hat den Bundesstaaten ein sehr reichliches Stimmrecht gegeben, zugleich aber festgesetzt, daß dieses Stimmrecht bei allen wichtigen Dingen nicht in Kraft treten darf. Das ist die Grundlage, auf der die Verhandlungen des deutschen Bundesrates sich abspielen und auf der die preußische im Deutschen Reiche immer von neuem wächst, das ist Verwirklichung der geheimen Tendenz, die Bismarck hatte, als er die Verfassung schuf.

IV.

Die deutsche Reichsverfassung hat die Probe eines reichlichen Menschenalters ausgehalten, und wenn man den Blick auf die geschichtliche Entwicklung im Ganzen richtet, so muß man anerkennen, daß sie diese Probe gut bestanden hat. Das Deutsche Reich ist ein fester politischer Körper geworden. Die Gefahr, daß wir wieder in Kleinstaaterei zurücksinken, darf als beseitigt angesehen werden. Die Besorgnisse, daß diese Verfassung nur ein Zwischenspiel sein würde, haben sich nicht bewahrheitet. Aber auch wenn man über die Verfassung im Ganzen dieses günstige Urteil unbedingt abgeben muß, so ist es ebenso notwendig, festzustellen, daß die besonderen und heimlichen Absichten, die Bismarck bei der Formulierung der Verfassung gehabt hat, sich reichlich verwirklicht haben. Wir haben schon in unseren bisherigen Ausführungen darauf hinweisen müssen, daß es auf Grund dieser Verfassung und ohne Verletzung irgendeines Paragraphen der preußischen Präsidialmacht gelungen ist, die tatsächliche Leitung der deutschen Politik in die Hand zu bekommen und mit Hilfe der Bundesratsverfassung sowohl die Bundesfürsten, wie den Reichstag in ihrer Wirksamkeit und Bedeutung herabzudrücken. An dieser Stelle sei aber noch einmal daran erinnert, daß alle großen Wendungen unserer inneren und äußeren Politik entweder vom Reichskanzler oder vom Kaiser stammen. Wir können in den vergangenen vierzig Jahren deutscher Geschichte keine einzige große Aktion aufweisen, deren Ursprung in der Volksvertretung oder im nichtpreußischen Teil des Bundesrates liegt. Indem wir dieses sagen, denken wir an Beginn und Ende des Kulturkampfes, an den Übergang vom Freihandel zum Schutzzoll im Jahre 1878, an den Beginn der staatlichen Sozialreform durch die kaiserliche Kundgebung vom Jahre 1881, an den Beginn der Kolonialpolitik, an die soziale Reform von 1890, an die Flottenpolitik Kaiser Wilhelms II., an die Zentrumspolitik Hohenlohes und Bülows, und schließlich an das Ende dieser Zentrumspolitik bei den Reichstagswahlen von 1907. Wenn man die englische Geschichte des letzten halben Jahrhunderts betrachtet, so ist sie im Grunde eine Geschichte der politischen Parteien. Will man aber die deutsche politische Geschichte beschreiben, so ist sie im Grunde eine Geschichte des deutschen Reichskanzleramtes und des Zivilkabinetts des Königs von Preußen. Es hilft nichts, über diesen Zustand große Klagelieder anzustimmen, da die Tatsachen selbst den Beweis liefern, daß bis jetzt keine andere Macht imstande gewesen ist, auf Grund der Reichsverfassung den Einfluß der preußischen Krone auf die Gesamtgeschicke Deutschlands zu hemmen. Es kommt bei der Beurteilung einer Verfassung schließlich nicht so sehr darauf an, ob sie den schulmäßigen Prinzipien einer politischen Richtung entspricht, sondern ob und inwieweit sie den wirklichen Bedürfnissen des Volkes genügt. Wenn die vorhandene deutsche Regierung den Bedürfnissen des Volkes überhaupt nicht genügt haben würde, so würde sie sicher durch eine starke Oppositionsströmung hinweggeschwemmt worden sein oder wenigstens jetzt mit elementarer Gewalt gezwungen werden, auf andere Bedingungen ihrer Existenz einzugehen. Man sieht es ja in Rußland, daß die geheiligtsten Staatsrechte von dem Tage an praktisch nichts mehr bedeuten, wo die Menge der Bevölkerung an den Nutzen dieser Rechte zu glauben aufgehört hat. So liegt in Deutschland der Fall nicht! Auch die große sozialdemokratische Bewegung ist bei allem theoretischen Protest gegenüber der geltenden Reichsverfassung nicht imstande gewesen, die Bevölkerung dahin zu bringen, einen Kampf auf Leben und Tod gegen diese Verfassung aufzunehmen. Und es wird heute von keiner Seite ernstlich erwartet, daß ein revolutionärer Kampf um das Staatsrecht in Deutschland beginnt, wir haben revolutionären Zuckungen Rußlands an unserer Grenze erlebt ohne daß sie sich auf deutsches Gebiet fortgepflanzt hätten und wir haben dem österreichischen Verfassungskampf zugesehen, ohne daß er bei uns eine gleichlaufende Bewegung geweckt hätte. Diese Erfahrung der letzten Jahre muß uns im Gedächtnis bleiben, wenn wir daran gehen, die Aussichten des deutschen Verfassungslebens zu überlegen. Wir können nicht damit rechnen, daß ein neues Jahr 1848 ein neues Recht der Volksvertretung mit einem Schlage herstellt, sondern können nur darauf rechnen, daß die Logik der Dinge von zu Fall unser Verfassungswesen den Zeitverhältnissen entsprechend umgestalten wird; d. h. mit anderen Worten: inneren Schwierigkeiten, die sich aus der heutigen Organisation ergeben, werden von selbst gewisse Änderungen herbeiführen, die vom Liberalismus mit Verständnis aufgefaßt und mit Energie gefördert werden müssen. Es ist nicht wahrscheinlich, daß die weitere Entwicklung des deutschen Verfassungslebens einen dramatischen Charakter tragen wird. Zunächst wenigstens auf längere Zeiträume hin werden wir voraussichtlich etwa dasselbe erleben, was die Engländer im vergangenen Jahrhundert erlebt haben, indem sie Schritt für Schritt ihre vorhandene Verfassung demokratisiert haben. Eher schon kann der preußische Verfassungskampf dramatisch werden. Die Schwierigkeiten, von denen wir reden und die wir als die Triebkraft der kommenden Veränderungen betrachten, liegen im Grunde darin, daß die starke Macht der im Reichskanzleramt vertretenen preußischen Krone in sich selbst nicht einheitlich organisiert ist. Der deutsche Reichskanzler ist gleichzeitig Ministerpräsident von Preußen. Wenn er nun ein Man von überirdischer Arbeitskraft und Energie sein würde, so wäre es denkbar, daß er den ganzen Mechanismus der preußischen Regierung und der Reichsregierung nach großen Zielen einheitlich leitete. Unter Bismarck ist dieses bis zu einem gewissen Grade der Fall gewesen. Auch er hat natürlich die Einzelheiten des Regierens nicht mehr überschauen können, aber sein Blick und seine Kraft waren so groß und die Autorität seiner Stellung war so unbestritten, daß in ihm tatsächlich die ganze deutsche Politik ihren persönlichen Mittelpunkt hatte. Die Wandlungen des politischen Gebens in der Bismarckischen Zeit waren im letzten Grunde Vorgänge im Gehirn dieses einen gewaltigen Mannes. Inzwischen aber hat sich der Tätigkeitskreis sowohl der preußischen Regierung, als auch insbesondere des deutschen Reichskanzleramtes so erweitert, daß heute selbst ein Mann von den Eigenschaften Bismarcks kaum mehr imstande sein würde, das ganze System einheitlich nach seinem Willen zu kontrollieren und dirigieren. Da nun aber außerdem die Nachfolger Bismarcks beim besten Willen nicht dieselben Qualitäten haben können, die in der Geschichte nur von Zeit zu Zeit bei einem einzelnen Menschen auftauchen, so ist der heutige Zustand der, daß wir einen Regierungsapparat haben, der auf eine fast übermenschliche Zentralperson zugeschnitten ist, und daß in der Mitte dieses Apparats ein Kaiser und ein Kanzler sitzen, die jeder auf seine Weise hervorragende Eigenschaften haben, die aber gar nicht imstande sind, die Fülle der Macht wirklich persönlich auszuüben, die ihnen theoretisch möglich ist.

Es folgt daraus, daß die preußisch-deutsche Regierung in Wirklichkeit aus verschiedenen Regierungsgruppen zusammengesetzt ist. Schon die Tatsache, daß der Reichskanzler von Neuem dazu übergeht, sich in seiner Eigenschaft als preußischer Ministerpräsident dauernd vertreten zu lassen, ist ein Beweis dafür, daß er persönlich die preußischen Dinge nur aus einer gewissen Entfernung zu behandeln in der Lage ist. Die einzelnen preußischen Minister verwalten ihre Ministerien recht oder schlecht als Abteilungsvorstände, die nur so weit sich um die Gesamtregierung kümmern, als es durch finanzielle oder rechtliche

Notwendigkeiten unbedingt geboten ist. Dadurch kann eine ganz gute und normale Verwaltung erreicht werden, aber keine einheitliche schöpferische Politik. Neben den preußischen Ministerien sind aber auch die einzelnen Reichsämter Verwaltungsstellen geworden, die ihr eigenes Leben in sich selber haben und nur bei besonderen Anlässen von der Zentralleitung aus beeinflußt werden. Auch hierfür ist das charakteristische Beispiel die Stellung, welche unter zwei Reichskanzlern Graf Posadowsky eingenommen hat. Er war ein kleiner Fürst auf seinem eigenen Gebiet und verhandelte über die Fragen seines Ressorts nur sehr sparsam und mit diplomatischer Vorsicht mit dem Reichskanzleramt. Beständig war er in Gefahr, daß irgendein einzelner Schritt von ihm der Mißbilligung, sei es des Reichskanzlers, sei es des Kaisers, sei es der preußischen Ministerien anheimfiel. Deshalb mußten alle seine Schritte so vorsichtig gemacht werden, als ob er auf glättestem Marmorboden zu gehen hätte. Es half ihm nichts, daß er für seine sozialpolitischen Pläne eine Majorität im Reichstag besaß, weil er durch die inneren Schwierigkeiten der Reichsregierung gehindert war, seinem Willen freien Ausdruck zu geben. Das aber, was an seiner Person und Arbeit besonders deutlich geworden ist, ist überhaupt der allgemeine Zustand innerhalb der Regierung. Wir besitzen in Wirklichkeit eine ziemlich große Zahl von Staats- und Reichsministerien in Berlin, die miteinander in Rivalität stehen und sich voreinander fürchten, und über allen diesen Staats- und Reichsministerien haben wir einen Reichskanzler, der nur dann in die gegenseitige Diplomatiererei dieser Ministerien eingreift, wenn irgendwo besonders große Reibungen oder Probleme zutage treten. Es ist ganz selten, daß die zentrale Stelle von sich aus Initiative entwickelt, ehe eine Angelegenheit bereits in das Stadium der Verwirrung und des Konflikts geraten ist. Eine gewisse Ausnahme davon machen die militärischen Angelegenheiten, weil der preußische Grundsatz, daß militärische Dinge allen anderen Dingen vorangehen, dauernd festgehalten wird, und weil hier die persönliche Leitung des Kaisers in fast diktatorischer Weise wirkt. Will man aber sich den sonstigen Bestand des deutschen Regierungswesens an einem bestimmten Vorkommnis vergegenwärtigen, so erinnere man sich an die Vorgänge bei der Entstehung des Zolltarifs im November und Dezember 1902. Damals gab es einen von Graf Posadowsky vertretenen und von der Mehrzahl der preußischen Minister unterstützten Entwurf eines Zollgesetzes, dem sowohl der Reichskanzler wie der Kaiser innerlich fernstanden, so daß dieser „Entwurf der verbündeten Regierungen" vom Reichskanzleramte aus mit der stillen Hoffnung an den Reichstag überantwortet wurde, daß dort dieser Entwurf ein sanftes Ende finden werde. Erst als die Verhandlungen über das Zollgesetz sich mit der Frage nach dem staatlichen Einfluß der Sozialdemokratie verwickelten und nachdem durch die Krupp-Geschichte der Kaiser in seinen persönlichen Gefühlen angegriffen war, trat der Moment ein, in dem der Reichskanzler den Entwurf des Grafen Posadowsky zu seiner eigenen Angelegenheit machte und durchdrückte. Eine spätere Geschichtsschreibung wird nicht mit Unrecht sagen, daß es ein politischer Zufall gewesen ist, durch den wir in den Besitz der neuen Handelsverträge gelangt sind. Und ein ähnliches Urteil wird über sehr viel Regierungshandlungen unserer Gegenwart gefällt werden müssen. Auch der Kampf, den Fürst Bülow im Dezember 1906 mit dem Zentrum begonnen hat, gehört durchaus in dieses Gebiet. Das, was man Nebenregierung des Zentrums genannt hat, ist nur möglich gewesen infolge der Mängel des deutschen Regierungssystems. Es ist beim jetzigen Zustand möglich, daß einzelne Minister und Staatssekretäre mit dem Zentrum arbeiten, andere mit den Konservativen, andere unter Umständen mit den Liberalen; der Kampf der Parteien innerhalb der Volksvertretung verlegt sich in den Reichsorganismus selbst. Es gibt in der Reichsregierung unter Umständen eine Zentrumspartei oder eine konservative Partei, die dem Reichskanzleramt mindestens so große Schwierigkeiten macht, als eine parlamentarische Partei tun könnte. Man kann also sagen, daß wir heute drei deutsche Reichsvertretungen besitzen, in denen Parteitendenzen gegeneinander kämpfen: den Reichstag, den Bundesrat und die unorganisierte Gemeinschaft der Minister und Staatssekretäre. Dieser Zustand aber ist das Ende aller großen politischen Handlungen. Das ist es, was der gegenwärtige deutsche Reichskanzler je länger desto mehr als politische Last und Unmöglichkeit empfunden hat und weshalb er ein Säuberungsverfahren begonnen hat, dessen zwei Teile folgende sind:

1. Aus der Regierung werden diejenigen Elemente geschaltet, die offen oder heimlich die Zentrumspolitik innerhalb der Regierung vertreten.

2. Die preußische Verfassung soll in einer Weise umgeändert werden, daß sie ein Ministerium ermöglicht, welches in der Grundrichtung der Reichsregierung verwandt ist.

Insbesondere der zweite dieser Punkte ist von sehr großer Wichtigkeit. Solange der preußische Landtag nach dem bisherigen Wahlrecht zusammengesetzt ist, läßt sich eine Einheitlichkeit innerhalb der preußisch-deutschen Regierung nicht erreichen. Es ist unwahrscheinlich, daß Fürst Bülow bis dahin vorgeht, die preußische Verfassung der deutschen Reichsverfassung gleichartig zu machen. Das allein aber ist ein gründliches Mittel, um die Verschiedenartigkeit der Tendenzen in den preußischen Ministerien und in der Reichsverwaltung zu beseitigen. Es ist aber schon viel wert, daß Fürst Bülow dieses Problem überhaupt anzufassen bereit ist. Damit treten wir von Neuem in eine Zeit deutscher Verfassungskämpfe ein.

In den süddeutschen Staaten waren die letzten Jahre erfüllt mit Kämpfen um das Landtagswahlrecht. So wichtig diese Kämpfe waren, so haben sie doch an der Reichsverwaltung nichts geändert. Eine Änderung des preußischen Wahlrechts bedeutet aber sachlich viel mehr. Sie bedeutet nicht nur einen innerpreußischen Vorgang, sondern gleichzeitig den Versuch einer Herstellung einer Einheitlichkeit in der Zentralregierung der deutschen Nation. Es wird ohne Zweifel eine längere Periode preußischer Verfassungskämpfe kommen und im Grunde wird durch sie die deutsche Verfassung geändert, indem man die preußische Verfassung reformiert.

V.

Der alte Wunsch der Liberalen besteht darin, daß die Minister aus der Majorität der Volksvertretung herausgenommen werden oder wenigstens in ihrer politischen Richtung dieser Majorität entsprechen. Das Vorbild des englischen und französischen Staatswesens ist die Grundformel für die politischen Wünsche der liberalen Bewegung. Wie aber ist es in Deutschland möglich, dieser Staatsform näherzukommen? Wir sagten vorhin, daß an eine gewaltsame Umgestaltung der deutschen Staatsverfassung nicht im Ernst zu denken ist. Darin liegt aber gleichzeitig, daß wir zunächst nur geringe Hoffnungen haben, die Paragraphen der Reichsverfassung ändern zu können. Wir werden die Bismarckischen Veränderungen des Frankfurter Entwurfes noch lange Zeit auf dem Papier der deutschen Verfassung stehen haben. Es fragt sich nur, ob es nicht möglich ist, trotz dieser Paragraphen dem englischen System näherzukommen. Auch in England ist es meines Wissens kein formuliertes Verfassungsrecht, durch welches das parlamentarische Regiment aufrecht erhalten wird, sondern es ist die aus politischen Kämpfen und Erfahrungen herausgewachsene politische Sitte, die mindestens so stark geworden ist, als Verfassungsparagraphen es sein können. Auch bei uns in Deutschland wird es sich voraussichtlich zunächst um Gewinnung und Anbahnung einer derartigen Sitte handeln. Ob dann spätere Generationen diese Sitte in Verfassungsgesetze umwandeln, kann der Zukunft überlassen bleiben und wird davon abhängen, ob spätere Kämpfe eine solche Formulierung notwendig machen.

Daraus folgt, daß unsere liberalen Überlegungen über das deutsche Reichsverfassungsproblem zwar theoretisch und grundsätzlich mit dem ganzen Ernst betrieben werden müssen, als handelte es sich um die Formulierung eines neuen gesetzlichen Zustandes, daß wir aber dabei uns immer dessen bewußt bleiben müssen, daß nicht die Formulierung die Hauptsache ist, sondern die Gewinnung der tatsächlichen Macht des Parlaments gegenüber dem Organismus der Herrschaft. Wem dieser Gedankengang fremd und ungewohnt erscheint, der wird gut tun, die Rede hervorzuholen und mit Sorgfalt zu lesen, welche im Jahre 1862 Ferdinand Lassalle über das Verfassungswesen gehalten hat. Niemals ist deutlicher und überzeugender als in dieser Rede die Wahrheit dargelegt worden, daß nicht der Buchstabe der Verfassung über die politische Macht entscheidet, sondern daß dieser Buchstabe nur ein Hilfsmittel ist, um politische Kämpfe zu beendigen. Erst muß die Macht geschaffen werden, dann erst werden die Paragraphen beschlossen.

Wir haben uns also die Frage vorzulegen, ob eine Aussicht vorhanden ist, daß die deutsche Wirklichkeitsentwicklung sich dem englischen Ideal nähert. Bisher haben wir uns im Allgemeinen von diesem Ideal weiter entfernt, und wir haben leider gesehen, wie einflußlos und hilflos die Volksvertretung gegenüber der Auswahl der regierenden Personen in Deutschland geworden ist. Es scheint aber, daß aus denjenigen Ursachen heraus, die wir eben dargestellt haben, eine Änderung sich anbahnt. Der Reichskanzler wünscht eine größere Einheitlichkeit der Regierung und muß dieses wünschen, wenn überhaupt die Regierungsmacht nicht an inneren Reibungen zugrunde gehen soll. Der Reichskanzler schaltet mit Bewußtsein aus dem Regierungsorganismus gewisse Parteien aus. Nachdem es schon immer für eine Unmöglichkeit angesehen worden ist, innerhalb der Reichsregierung sozialdemokratische Tendenzen zu dulden, ist nun neuerdings ein weiterer Schritt geschehen, indem auch die Zentrumstendenzen aus der Regierung mit Bewußtsein ausgeschaltet wurden. Man kann zweifeln, ob der Wille des Reichskanzlers stark genug sein wird, diese Ausschaltung auf die Dauer zu vollziehen. Er selbst wird ja seinen Rückweg zur Zentrumsfreundschaft nicht wiederfinden; daran wird ihn schon der Haß hindern, mit welchem er seit dem letzten Dezember von der Zentrumspartei aus verfolgt wird. Solange er Reichskanzler bleibt, ist die deutsche Regierung nicht nur gegen die Sozialdemokratie, sondern auch gegen das Zentrum festgelegt, und ist insofern Parteiregierung in höherem Grade geworden, als sie es bisher war, wo sie nur der Sozialdemokratie als Parteiregierung entgegentrat. Wie lange dieser Fortschritt andauern wird, hängt schließlich von den persönlichen Regierungshandlungen des Kaisers ab. Wenn er eines Tages seinen Frieden mit der katholischen Politik machen will, so wird er sich eben einen Reichskanzler suchen, der bereit ist, in dieser Richtung zu arbeiten. Es ist aber nicht sehr wahrscheinlich, daß Kaiser Wilhelm II. diese Absicht hat, denn so weit man seine Absichten in der Öffentlichkeit kennt, hat er den Gedanken, nicht als „Zentrumskaiser" leben und sterben zu wollen, fest in sich aufgenommen. Es ist also eine gewisse Wahrscheinlichkeit vorhanden, daß auch nach der Zeit des Fürsten Bülow noch der Versuch gemacht wird, die deutsche Regierung zentrumsfrei zu halten. Das ist eine große Veränderung der Sachlage überhaupt, denn von dem Tage an, wo die deutsche Regierung in ihrer eigenen Mitte keine Zentrumstendenzen mehr duldet, muß sie auch in den Parlamenten eine Majorität besitzen, die vom Zentrum nicht umgeworfen werden kann. Es erhält also die Parteizusammensetzung des Parlaments durch die letzten Vorgänge innerhalb der Reichsregierung eine erhöhte politische Bedeutung. Bis jetzt hatte die Regierung bei ihren Entwürfen eine beliebige Auswahl zwischen allen nichtsozialdemokratischen Parteien. Jetzt hat sie selbst sich ihre Möglichkeiten verkürzt und hat ihr Schicksal mit der Existenz einer Majorität zusammengebunden, von der die zwei zahlreichsten Parteien ausgeschlossen sind. Es leuchtet ohne weiteres ein, wie schwierig diese Situation für alle Beteiligten ist und welche Gefahren sie in sich birgt. Niemand kann deshalb auch wissen, ob nicht unerwartet eines Tages die ganze Kombination zusammenbricht. Was aber entsteht dann, falls der Kaiser auch weiterhin entschlossen bleibt, nicht Zentrumskaiser werden zu wollen? Es entsteht ein erneuter Versuch der Herstellung einer Regierungsmajorität, die den oben angegebenen Bedingungen entspricht. Das aber bedeutet, daß von jetzt ab die führenden Staatsmänner Deutschlands in viel höherem Grade und viel offener zu Führern einer Parteiregierung geworden sind, als wir es uns noch vor Kurzem konnten träumen lassen. Im Dezember 1906 hat sich bei uns nicht die geschriebene Verfassung verändert, aber die tatsächliche Verfassung hat sich verschoben. Der liberale Gedanke hat einen heimlichen Sieg erfochten, der ihm ohne besondere Anstrengung der liberalen Parteien zugefallen ist und der in seiner Tragweite und Dauer noch sehr unsicher ist, der aber doch immerhin das ganze Angesicht der deutschen Staatsverhältnisse verändert und möglicherweise der Ausgangspunkt weittragender neuer Entwicklungen wird.

Es gibt auch unter den Liberalen, und zwar gerade unter den besten und entschiedensten Liberalen viele, die die Wichtigkeit dieses Vorganges noch nicht begriffen haben. Das, was wir erreicht haben, ist keineswegs eine liberale Regierung, aber eine Regierung, die von einer bestimmten Majorität abhängig ist, zu der wir gehören. Damit tritt der Liberalismus seit langer Zeit wieder einmal in die politische Führung Deutschlands ein. Es würde völlig falsch sein zu sagen, daß jetzt der Liberalismus die politische Führung erhalten habe. Das ist nicht der Fall, er ist nur in sie mit eingetreten als ein Bestandteil der Majorität, ohne den die zentrumsfreie Reichsregierung nicht geführt werden kann. Von da bis zu einem Siege der liberalen Gedanken innerhalb der Regierung ist noch ein weiter Weg, aber immerhin kann die Regierung den Liberalismus nicht mehr als unbeachtlich beiseite schieben und muß ihm nach dem Maße seiner Notwendigkeit für die Majoritätsbildung entgegenkommen. In welchen Stücken dieses geschieht, ist Frage der politischen Taktik und kann hier in diesem Zusammenhange nicht erörtert werden. Immerhin bedeuten die Ankündigung eines freieren Reichsvereinsgesetzes und einer preußischen Landtagswahlrechtsreform bestimmte und wichtige Punkte, in denen sich der neue Einfluß des Liberalismus auf die deutsche Staatsverwaltung ausspricht. Die Kombination, in welche wir durch diese Veränderungen hineingeraten sind, ist für uns alle gefühlsmäßig nicht leicht und angenehm, denn wir glauben nach wie vor nicht daran, daß Deutschlands Größe und Zukunft mit Hilfe der Konservativen gemacht werden kann. Der letzte große innerpolitische Kampf ist und wird sein der Kampf der Demokratie gegen das konservative Prinzip. Es würde aber falsch sein, um dieses Zukunftskampfes willen das preiszugeben, was heute für die Umgestaltung der tatsächlichen Verfassung Deutschlands gewonnen werden kann.

Es wird fürs erste und für lange Zeit nicht gewonnen ein formuliertes Recht der Parteien auf Besetzung der Ministerien. Ein solches formuliertes Recht aber besteht, wie wir schon gesagt haben, nicht einmal in England. Es muß und kann aber gewonnen werden ein tatsächliches Recht der Majoritätsparteien, in der Regierung vertreten zu sein. Der letzte Ministerwechsel im Reich und in Preußen hat sich vollzogen, ohne daß der Liberalismus davon einen direkten Vorteil gehabt hätte. Das scheint gegen unsere Auffassung zu sprechen, bedeutet aber nur, daß die neuen Verhältnisse nach im ersten Anfang sind. Je länger die deutsche Regierung mit einer parlamentarischen Majorität steht und fällt, desto mehr wird sie auf die Erhaltung und beständige Wiedergewinnung dieser Majorität bedacht sein müssen. Darin aber liegt, daß sie von Fall zu Fall den beteiligten Parteien neue volksverständliche Zeichen ihres Entgegenkommens und ihrer Verbundenheit geben muß.

Es bleibt dann das verfassungsmäßige Recht der Krone ebenso sehr auf dem Papiere unverändert wie etwa das verfassungsmäßige Recht der Verbündeten Regierungen im Bundesrat, aber die Krone wird, um nicht zu einem vollen Systemwechsel gezwungen zu sein, ihrerseits in der Auswahl der regierenden Personen die Wünsche der Parteien berücksichtigen müssen. Das aber bedeutet den Anfang einer Entwicklung, an deren Ende das englische Verfahren steht. Wir haben kein sehr großes Interesse daran, die Ministerverantwortlichkeit im juristischen Sinne durchzudrücken, haben aber das stärkste Sachinteresse daran, daß die leitenden Minister genau wissen, daß sie sich nicht in ihrer Stellung werden halten können, wenn sie die politischen Meinungen und Gefühle der liberalen Volksteils verletzen. Darin besteht der sachliche Inhalt der Ministerverantwortlichkeit im modernen Staat. Die Einheitlichkeit der Regierung, ohne welche die Regierungsmacht in sich selber zur Illusion wird, beruht gegenwärtig auf der wunderlichen Mischung einer konservativ-liberalen Majorität. Innerhalb dieser Mischung werden die Liberalen soviel bedeuten, als sie Werbekraft in der Bevölkerung auszuüben vermögen. Diese Werbekraft aber hängt davon ab, ob wir aus Streit und Fraktionshader zur inneren und äußeren Einheit des deutschen Liberalismus gelangen. Damit sind wir am Schlusse dieser Ausführungen wiederum dort angekommen, von wo aus wir unsere Überlegungen begonnen haben. Die Einheit aller wahrhaft Liberalen, das ist das A und O der politischen Probleme der deutschen Gegenwart.

Das Königtum (1909)

Ein großer Sturm ist durch unser politisches Leben dahergebraust, ein Sturm des Volksempfindens gegen den Kaiser. Nicht das ist das wesentlichste, was dabei an Verfassungsänderungen erreicht oder vielmehr nicht erreicht wurde, sondern die Tatsache selbst, daß nun das Kaiserproblem vor aller Welt aufgeworfen ist. Das Kaiserproblem hat aber zwei Seiten, eine persönliche und eine fachliche. Die persönliche Frage lautet: inwieweit ist Wilhelm II. als Person geeignet, die oberste Leitung des Heeres und der Staatsgeschäfte in seiner Hand zu haben? Die sachliche Frage aber heißt: wie kann und muß sich das deutsche Volk zur Monarchie überhaupt stellen? Nur über die letztere Frage soll hier geredet werden, wenngleich sich die beiden Fragestellungen nicht völlig trennen lassen, da natürlich das Urteil über das Prinzip der Monarchie nicht unbeeinflußt von der Person des vorhandenen Monarchen sich bilden kann.

Es ist selbstverständlich, daß in den letzten Zeiten sehr viele deutsche Staatsbürger sich überlegt haben, ob sie nicht von jetzt ab Republikaner werden sollten. Zorn und Scham verwandelten zeitweise die besten Monarchisten in Antimonarchen. Als ob ein Volk, das so lange Jahrhunderte hindurch monarchisch erzogen worden ist, mit einem Male republikanisch werden könnte! Mitten in unserem Unmut müssen wir den Blick für das geschichtlich Mögliche behalten. Es war von der Sozialdemokratie sehr richtig, daß sie am 10. und 11. November nicht die republikanische Fahne entrollte, sondern sich auf eine Kritik des Absolutismus beschränkt hat. Vom Absolutismus zum englischen System! Das ist das Ziel der deutschen Entwicklung. Dahin weisen die allgemeinen Zeiterscheinungen in allen Ländern, denn überall fast finden wir wie in England ein gleichzeitiges Aufsteigen sowohl imperialistischer wie demokratischer Kräfte. Zwischen diesen beiden beginnt das alte Ringen von Neuem, und erst aus diesem Ringen heraus wird sich die Zukunftsform der Herrschaft über den Staat ergeben, wir können nicht mehr monarchisch im alten Sinne sein, können aber auch die Monarchie nicht abschütteln wie ein altes Gewand. Sie ist da, ist eine Wirklichkeit und wird uns allen noch sehr viel zu schaffen machen. Weshalb sie eine Wirklichkeit ist, weshalb sie nicht beliebig abgeschüttelt werden kann, das soll der Ausgangspunkt unserer Untersuchung sein. Wir gehen dabei von der allgemeinen Beobachtung aus, daß die Einrichtung der alleobersten Herrschaft in einem gewissen Verhältnis zu den übrigen Herrschaftseinrichtungen innerhalb eines Volkes steht. Eine rein monarchische Politik wird im Allgemeinen nur in einem Volke dauerhaft und stark sein können, in dem auch sonst das monarchische Prinzip eine bedeutende Rolle spielt, und ebenso wird eine rein republikanische Politik nur dort allen Anfeindungen gegenüber sich erhalten können, wo ein Volk sich in seinen privaten Angelegenheiten republikanisiert hat und diesen Zustand treu bewahrt. Es ist ganz unmöglich, auf ein patriarchalisches Volk eine rein demokratische Verfassung aufzusetzen und umgekehrt. Deshalb hat es gar keinen Wert, eine ganz allgemeine Theorie zu entwickeln und über die Verteilung der Kräfte im Staat aus freier Luft zu philosophieren. Theoretisch kann man ja sehr leicht Republikaner sein und das Prinzip der Monarchie mit Gründen der Vernunft und des allgemeinen Menschenrechtes bekämpfen; aber was ändert das daran, daß heute der deutsche Kaiser als starker Faktor unseres staatlichen Lebens vorhanden ist? Er ist da, ist noch heute eine Realität. Es fragt sich nur, wohin die Richtung der geschichtlichen Entwicklung geht, ob sie mehr für oder mehr gegen die Monarchie ist. Das aber hängt im Grunde davon ab, ob und in welchem Grade wir alle sonst in unserem Leben monarchisch sind oder nicht. Erst wenn man sich darüber eine gewisse Klarheit verschafft hat, wird man davon reden können, in welcher Weise unsere politische Weltlage und unsere Parteiverhältnisse die Monarchie stärken oder schwächen.

Die Sozialdemokraten pflegen zu sagen, daß auch Monarchen ein Produkt der ökonomischen Verhältnisse sind. Das ist ebenfalls unsere Ansicht. Auch wir sehen die Monarchie als eine der vielen Formen an, die es in der Menschheit gibt, um aus der Vielheit sich bekämpfender Einzelwesen einen Organismus zu bilden, eine Form, die nur solange lebt, als sie sich als lebensfähig und notwendig erweist. Kein König lebt davon, daß er sich selber für nötig hält, sondern er muß von den anderen Leuten für nötig gehalten werden. Das aber wird immer auch von gewissen Nützlichkeitserwägungen abhängen. Die bloße Tradition allein ist kein fester Unterbau, und auch sie ist ja oft nur ein Nachklang früherer Nützlichkeitserwägungen. Mag in Zeitaltern mit viel Religion und Mystik die monarchische Tradition in hohem Grade von feierlichen und unergründlichen Seelenstimmungen umwoben gewesen sein, so ist wenigstens heute der Charakter der meisten Menschen nicht mehr so romantisch, daß sie ohne praktische Überlegung reine Herzensmonarchisten sind. Auch dort, wo man seine Königstreue mit lauter Freudigkeit zu bekennen pflegt, fehlt es keineswegs an realistischen Begründungen, warum und wozu man den König nötig habe. Und wenn man eines Tages finden würde, daß der Staat ohne ein persönliches Oberhaupt besser eingerichtet und verwaltet werden könne, ja daß man selbst bei der Abschaffung der Monarchie gewinnen müsse, dann würde die Tradition allein nicht auf längere Zeit hinaus der praktischen Logik widerstehen können. Es ist also anzunehmen, daß die starke Realität der Monarchie bei uns einen Untergrund an den wirklichen Zuständen besitzt, einen Untergrund vor allem in der Gesamtstimmung der maßgebenden Volksklassen. Ohne diese Grundlage würde die Monarchie von jedem Winde umgeblasen werden können, wie es bei Monarchien in halbzivilisierten romanischen Ländern häufig erlebt worden ist. Gerade die Zeit Wilhelms II. aber beweist, daß bei uns die Monarchie sehr viel aushält.

Im Ganzen ist die öffentliche Meinung Deutschlands im vergangenen Jahrhundert dem monarchischen Gedanken nicht besonders günstig gewesen, und kein Jahrhundert hat so viele kleinere Monarchen beseitigt wie das letzte. Es fing mit der napoleonischen Vereinfachung der Staatengesellschaft an und enthielt Annektierungen und Mediatisierungen genug. Die Fürsten selbst waren die Zerstörer der Tradition, indem sie ihre Standesgenossen in das Privatleben zurückverwiesen und rücksichtslos über geheiligte Gefühle hinwegschritten. Und trotzdem schließt das alte Jahrhundert mit einer monarchischen Erscheinung wie Kaiser Wilhelm II. Mitten in der Neuzeit erhob sich eine persönliche Zentralgewalt, wie sie vorher, als der Glaube an die göttliche Einsetzung der Herrscher viel verbreiteter war, in dieser zugespitzten Absolutheit nicht vorhanden war. Das muß sachliche Gründe haben, die ganz abgesehen von allen unseren Neigungen oder Abneigungen erkennbar sein müssen. Wo aber liegen diese Gründe?

*

Die alten Monarchen des 17., 18. und auch noch des 19. Jahrhunderts waren sozusagen Großgrundbesitzer erst Klasse. Sie waren vergrößerte Gutsherren, die sich eine Militärmacht zugelegt und damit das Besteuerungsrecht über ein Landgebiet erzwungen hatten. Ihre Gegner waren nicht in der Tiefe des Volkes zu finden, denn dort wußte man nicht anders, als daß man von irgendeiner Herrschaft besteuert und beschützt wurde, und es konnte sich in jedem einzelnen Falle nur darum handeln, welche von den vielen Herrschaften es gerade war. Die Gegner der Monarchen waren die Nächstgrößten, die beinahe stark genug waren, selber Monarchen zu sein. Diese zweifelten nicht daran, daß es Monarchen geben müsse (das kam nur in Reichsstädten und Hansestädten vor), sondern nur daran, ob der zufällige Inhaber der Monarchie beseitigt werden könne oder nicht. Das als solches stand fest, denn dieses Prinzip war überall vertreten. Überall wurde persönlich regiert, auf dem Bauernhof, im Handwerk, auf dem Rittergut. Die Rechte des väterlichen Regiments waren im Einzelnen vielfach umstritten, im Ganzen aber felsenfest. Herrschaft muß sein! Das hieß damals: ein Herrscher muß sein. Daß das Herrschen eine Gemeinschaftsarbeit sein könne, sozusagen genossenschaftlich, kollegialisch betrieben werden könne, konnte einer Zeit nicht in den Sinn kommen, die so wenig genossenschaftliche Erfahrungen überhaupt besaß. Nur in den Städten gab es freies gemeinschaftliches Handeln, was aber bedeuteten noch vor hundert Jahren in Deutschland die Städte? Das Agrarland Deutschland war monarchisch bis auf die Knochen, mochten seine Monarchen schlecht oder gut sein, weil es voll war von hunderttausend kleinen und kleinsten Monarchen, die selber Herren sein wollten, und sei es auch nur über eine Frau und zwei Knechte.

Es ist zwar auch denkbar, daß freie Bauern republikanisch denken, wie wir es am besten in den Vereinigten Staaten von Nordamerika vor uns sehen, aber auch sonst fast in allen Kolonialländern mit weißen Einwanderern. Diese Bauern sind auf ihrem eigenen Acker, soweit es geht, monarchisch, wollen nur keinen Größten über sich dulden, und wählen deshalb einen König für vier Jahre, das heißt einen Präsidenten. Da sie einmal den großen Entschluß gefaßt haben, die alte Heimat zu verlassen, und oft im Streite von ihrem alten Könige und ihrer alten Kirche Abschied genommen, deshalb sind sie traditionsfrei geworden und mißtrauisch gegen alle unabsetzbaren Herrscher. Sie beschränken ihrem Oberhaupte die Befugnis der Gesetzgebung und lassen ihn nur auf Zeit regieren, aber ein Rest von Monarchismus bleibt vermutlich immer übrig, solange sie selbstwirtschaftende, unabhängige Farmer sind. War nicht Ohm Krüger bei den Bauern doch eine Art Monarch?

Die deutschen Bauern aber haben die Loslösung von der Tradition niemals durchgemacht und sind deshalb viel fester monarchisch, solange es sich um Bauern alten Schlages handelt. Diese kennen keine Vergesellschaftung. Erst in neuerer Zeit verwandelt sich die Unabhängigkeit unserer Bauern in eine vielfältige Verflochtenheit in allerlei Verwaltungskörper, in Vereine, Molkereien, Einkaufsgenossenschaften, Darlehensverbände usw. Damit verschiebt sich naturgemäß auch das Empfinden gegenüber dem Regieren überhaupt. Das gemeinsame Regieren wird für sie zu etwas Greifbarem, was ihnen nicht irgendein fremder Redner vormalt, sondern was sie selbst erleben. Sie gewinnen eine eigne Vorstellung davon, daß größere Aufgaben von wechselnden Personen gelöst werden können. Da aber die Erfahrungen, die sie dabei machen nicht immer nur günstig sind, so wirkt das Neue keineswegs wie eine leuchtende Offenbarung, sondern nur wie eine langsame Lockerung bisheriger Vorstellungen. Eine Bauernschaft, die so genossenschaftlich arbeitet wie die dänischen Bauern, wird ganz von selbst eine ziemlich große Freiheit des Urteils über die Regierungsformen der Gemeinde und des Staates gewinnen. Das heißt noch nicht, daß sie republikanisch denken wird, sondern nur, daß sie nicht mehr ungemischt monarchisch denkt. Diese Verwandlung tritt in Deutschland mit Sicherheit ein und würde schnelle Fortschritte machen, wenn der Monarch etwa eine antiagrarische Politik begünstigen wollte, aber vorläufig ist in der ländlichen Bevölkerung und in den Landstädten noch viel von der alten Art des monarchischen Sinnes vorhanden, gleichgültig, ob es sich um einen König, Großherzog oder Herzog handelt. Man will wissen, von wem man regiert wird, und hält das Regieren für ein erbliches Geschäft. Erbliche Ämter sind ja überhaupt ein Merkmal der alten

Zeit: erbliche Dorfrichter, erbliche Grundherrschaften, erbliche Maje-
stäten. Ob der Inhaber das Amt mit mehr oder wenige Geist verwaltet,
ist eine Frage zweiten Grades gegenüber der Tatsache, daß er für sein
Amt geboren wurde. In dem Maße als man auf hervorragende Geburt
Wert legt, wird man monarchisch im Sinne der Erbmonarchie sein.
Daher sind Fideikommißbesitzer von fast tadelloser Königstreue, überhaupt der Adel. Die Könige wissen das und umgeben sich gern mit
geborenen Rittern. Aber alle Ritter und Bauern und Handwerke alter
Art reichen nicht aus, um den Aufschwung der Monarchie in den letzten sechzig Jahren zu erklären. Man denke noch einmal zurück und
vergleiche 1848 und 1900! Damals Friedrich Wilhelm IV. von Preußen
und seine gekrönten Vettern und Freunde, dann Wilhelm I. und Bismarck und dann Wilhelm II.!

*

Wir müssen die ganze neue Zeit in ihrem Wesen verstehen lernen,
wenn wir die monarchische Frage richtig begreifen wollen. Nicht dadurch sind die Monarchen bei uns stark geworden, daß sie die Vertreter
der alten Weltform sind. Sie sind es, aber ihre Erneuerungskraft kommt
nicht von dort. Die neue Zeit selber trägt einige Fürsten in die Höhe,
nicht alle, sie behandelt die Monarchen nach dem Bibelwort: wer da
hat, dem wird gegeben, daß er die Fülle habe, wer aber nicht hat, dem
wird auch das genommen, was er hat. Die neue Zeit spottet der kleinen
Monarchen und wirft sich vor den großen in den Staub; sie gönnt den
kleineren eine stille Würde in schönen alten Schlössern und zahlt ihnen
eine Ablösungssumme dafür, daß sie keine Tyrannen mehr sind, den
großen aber legt sie ihre Kleider auf den weg und steht Spalier vor
ihren Pferden. Es muß also in der neuen Zeit selbst etwas sein, was zur
Großmonarchie hindrängt.

An sich erscheint die neue Zeit als eine starke Demokratisierung
oder Vergesellschaftung des Lebens. Der Begriff des Monarchen im
gewöhnlichen Leben wird unsicherer. Was ist in den städtischen Familien die Vatergewalt über heranwachsende Kinder? Was ist Mannes-
gewalt über die Frau? Wo ist noch ein Herrenverhältnis zum gewerblichen und häuslichen Gesinde? Jetzt ist fast jedes Dienstmädchen Fräu-
lein und jeder Knecht ein kleiner Herr. An Stelle der Herrschaftsrechte
treten kündbare Verträge, und niemand kann mit vollgeblasenen Se-
geln durch die Welt fahren; seht, seht, hier komme ich! Alle stehen
unter der Kontrolle der Öffentlichkeit, gehorchen derselben Obrigkeit,
lesen dieselben Zeitungen, verschwinden in einer Menge, in der es kein

Monarchentum mehr gibt. Die neue Zeit bringt allgemeine Schulpflicht, allgemeine Wehrpflicht, Einordnung in hundert Verbände, Kassen, Vereine. Jeder Mensch sagt zu seinem Vordermann: weshalb sollte ich dich höher achten als mich? Die Masse steht auf und zieht einen Volksteil nach dem andern in sich hinein, bis es nichts mehr gibt als eine einzige Flut von Menschen oder Bürgern ohne Namen. Die Nation hat noch einen Namen, der Beruf lebt, aber der Einzelmensch ist Molekül im Eisengusse geworden, Zelle im Organismus. In dieser Demokratisierung der Menschen liegt die besondere Größe und Leistung gerade unserer Zeit: Massenverkehr, Massenhandel, große Industrie und große Heere. Der Mensch wird zu großen Formen zusammengeknetet wie niemals früher. Dabei zerbrechen die kleinen Monarchen, die Monarchen der Werkstatt und der Ortsgemeinde, dabei zerbrechen auch etliche Großherzöge und werden still, aber - - das ist das Merkwürdige, daß die Mechanisierung und Demokratisierung der Gesellschaft aus sich heraus neue Könige erzeugt.

Auf allen Gebieten des modernen Lebens heben sich einzelne Köpfe heraus, die weit mehr bedeuten, als es früher bei engeren Verhältnissen überhaupt möglich war. Je gleichförmiger die Durchschnittsbedingungen des Daseins werden, desto ungeahnter wird die Kraft dessen, der die Durchschnittsbedingungen zu regeln hat. Über Hunderttausenden von Bergleuten und Metallarbeitern, über einem Heer von Unterbeamten und Oberbeamten, über einem Apparat, in dem die Millionen auf- und absteigen, walten einige direktoriale Köpfe. Man braucht nur an Kohle zu denken, so weiß man etliche Namen, an Schiffahrt, so nennt man etliche Männer. Man denkt an das Bankwesen, es hat seine Könige, an die Elektrizität, sie besitzt ihre Herren. Mit jedem neuen Syndikat entsteht ein neuer Herzog, mit jedem Großhandelsartikel entstehen neue Gewaltige. Die Grundform des neuen Wirtschaftslebens ist die Zusammendrängung der Oberleitung in wenige Hände. Wohl selten hat ein Zeitalter den Vorgang der Entstehung von Herrschaften so handgreiflich erlebt als das unserige. Es ist demokratisch und monarchisch zugleich. Die Technik drängt zur Einheit und die Einheit zur Einheitsleitung.

Auch im Leben der arbeitenden Masse waltet dasselbe Gesetz. Solange die Arbeiterverbände klein und hilflos sind, gilt in ihnen ein Genosse fast so viel wie ein anderer sobald sie aber breit und verantwortungsvoll werden, sind es einige Männer, die ganz von selbst über alle anderen herauswachsen und für sich allein mehr wirkliche Macht besitzen als zehntausend Vereinzelte. Ein Führer einer großen Gewerkschaft ist auf seinem sozialen Gebiete ein Herr über Krieg und Frieden.

Er kann nicht willkürlich schalten und walten, aber das haben auch die Fürsten niemals wirklich gekonnt, er ist wie sie von denen abhängig, deren Angelegenheiten er verwaltet, aber in seinem Kopfe reifen die letzten Entschlüsse und entstehen die Pläne des nächsten Jahres. Auch große demokratische Parteien schaffen sich von selbst ihre Oberhäupter, ihre Diktatoren, die zwar keine geschriebenen Königsrechte besitzen, aber deren Wille durch Hunderttausende weiterrollt. Und je länger die moderne Entwicklung andauert, je größer die Verbände sowohl der Industrien wie der Banken, des Handels und der Arbeiterschaft werden, desto klarer wird auch der monarchische Zug heraustreten, der in dem allen mit enthalten ist.

Die Zauberworte der Modernität sind Großbetrieb, Organisation, Disziplin. Daß in dieser allgemeinen Richtung sehr große Gefahren für das Menschentum liegen, ist zweifellos richtig und in anderem Zusammenhange genügend von uns ausgesprochen worden. An dieser Stelle beschäftigt uns aber nur die Tatsache des allgemeinen Zuges zum Großbetriebe, weil er die Grundlage für die Erneuerung des Einflusses der obersten Monarchen geworden ist. Eine Zeit, die auf allen Gebieten Herrschaftspersonen über die Masse heraufsteigen sieht, Organisatoren großen Stils, hat eben dadurch eine gewisse Offenheit für einen Mann an der Spitze des Staates, ob er nun Präsident heißt oder Kaiser, ob er gewählt wird oder geboren, ob er Ahnen hat oder nicht. Man schaut zu ihm auf wie zu den anderen Größen der industriellen Massenentwicklung, und da er von vornherein schon eine hohe Macht fertig mitbringt, so stellt sich die Öffentlichkeit selber in seinen Dienst. Von ihm reden die Zeitungen, sein Bild hängt an jeder dritten Wand, seine Worte werden telegraphiert, und auch das wird für beachtlich gehalten, was er über Nebendinge äußert. Dieselbe moderne Tendenz, die einige große Dichter und Schriftsteller zu Weltberühmtheiten macht und die den Ruhm eines Musikers von Odessa bis San Franzisko verbreitet, hilft mit Vorliebe denen, die noch mehr zu gestalten haben als nur Theaterspiele und Konzerte. Sobald sie es nur einigermaßen verstehen, sich photographieren zu lassen, werden sie sofort von aller Welt photographiert. Einst gab es eine gewisse kleinbürgerliche Gesinnung, die aus einer Art ehrlichen Bürgertrotzes von Hof und Hofgeschmeiß nichts wissen wollte. Diese Gesinnung wurde leider je länger desto mehr von einer anderen Art des Denkens verschlungen: die Menschheit will Repräsentanten haben, Signalpersonen, Präsidenten, mögen diese nun Bebel heißen Tolstoi, Ballin oder Kirdorf, Mendelsohn oder Kanitz, Röntgen oder Zeppelin, Roosevelt oder Wilhelm II.

*

Es besteht aber ein großer Unterschied zwischen der alten und der neuen Art des monarchischen Sinnes. Die alte Art ist unpersönlich, die neue Art aber ist zunächst fast ganz persönlich. Bei der alten Art werden zwar auch die Privatverdienste der monarchischen Person gebührend hervorgehoben, aber es genügt im Allgemeinen, wenn man sagen kann, der ehrwürdige Inhaber des Thrones sei voll von Güte, Gerechtigkeit, Leutseligkeit usw. Besondere geistige Leistungen werden von ihm nicht erwartet und können bei erblichem System auch gar nicht verlangt werden, weil keine Erbschaft für bestimmte geistige und moralische Qualitäten garantieren kann. Man begnügt sich im Notfalle mit der Feststellung, daß Seine königliche Hoheit der würdige Nachkomme eines unvergeßlichen Heldengeschlechtes ist. Für diese Anrechnung vergangener Verdienste hat die neuere Zeit sehr wenig Sinn. Wir alle haben mehr oder weniger folgende Empfindung: der Mann, der den Oberbefehl von einer Armee führen soll, wie sie niemals früher vorhanden war, muß entweder der erste Feldherr sein, den es gibt, oder er muß sich restlos und rückhaltlos zurückziehen, um dem ersten Feldherrn Platz zu machen, weil es ein geradezu unerhörter Gedanke ist, daß die ungeheuren Militäranstrengungen eines modernen Volkes deshalb mit einer Niederlage endigen, weil durch Erbschaft die Führung in unsichere oder gar unfähige Hände gekommen ist. Unser Zeitalter ist grundsätzlich geneigt, die absolute Einheit des Oberbefehls zuzugestehen, weil unsere technischen Lebenserfahrungen uns in diesem Sinne monarchistisch beeinflussen, aber es hat ein höchst gesteigertes Gefühl dafür, was alles von der Auswahl der richtigen Oberpersonen abhängt. Wir sind nicht Monarchisten aus Theorie, sondern aus Praxis, aber deshalb messen wir auch den Monarchen mit den strengsten praktischen Maßstäben etwa so, wie wir den Chef eines Elektrizitätswerkes oder den Oberbürgermeister einer Großstadt beurteilen. Wir verlangen nichts Unmenschliches von ihm, keine vierdimensionalen Kräfte, aber wir verlangen, daß er entweder selbst eine Nummer eins ist, oder es versteht, sich durch eine solche vertreten zu lassen. Ein Monarch, der nicht auf diesen Ton gestimmt ist, erscheint uns sofort als Serenissimus und bedeutet gar nichts.

Auch in anderer Hinsicht ist ein sehr merkbarer Unterschied zwischen der alten und der neuen Auffassung. Der Monarch des alten Systems tritt in den Saal und alles verbeugt sich, er kommandiert und alle schweigen. Der alte Monarch ist von lauter Demut umgeben, und wenn man auch wüßte, daß er ein Mensch ist, so gibt man sich doch Mühe, diesen einfachen Tatbestand zu vergessen. Die modernen Monarchen des Gewerbes und des Handels aber sind völlig andere Naturen. Fast alle sind im Privatverkehr biegsam, gelenkig, höflich, stets darauf bedacht, ihren großen Einfluß nicht gesellschaftlich hervorzukehren. Fast jedes Mal, wenn man einen erfolgreichen modernen Menschen kennen lernt, ist man erstaunt, wie sehr er zu diesem eigentlich neuzeitlichen Herrschertypus gehört. Es gibt stahlharte Willensmenschen mit feinen milden Händen. Ihnen liegt nichts an Titeln, Orden, Uniformen, an Pomp und Majestät fürs Auge der Frauen und Kinder. Wo sie können, sind sie Privatleute. Diese modernen Herzöge erziehen uns alle zur Kritik des alten Majestätswesens. O, welch ein altfränkisches Brimborium! Man denke an die Zusammenkunft von Cecil Rhodes mit Wilhelm II.!

Die alte Majestät tut so, als ob sie von selbst alles wisse und könne. Jede Regierungshandlung ist ein erhabener Gedanke seiner Majestät. Die neue Art des Herrschens tut so, als ob sie sich überall Rat holen müsse, weiß aber meist von vornherein, was sie will. Jenes Verfahren ist autoritär, dieses ist kollegialisch. Alle moderne Macht geht in den Formen der gemeinsamen Beschlüsse einher. Man denke an den Syndikatsleiter, an den ersten Bankdirektor, an den Gewerkschaftsführer! Keiner von ihnen stellt sich hin: der Staat bin ich! Und die größten der Militärmonarchen waren auch in Form kollegialisch, vor allen anderen Napoleon I. Vor ihnen durfte alles gesagt werden: weil sie alles wissen wollten. Nichts ist gefährlicher für die erste Stelle, als wenn sie zur Feierlichkeit verdammt ist. Dazu aber neigt das alte System. Das Volk von heute aber versteht keine Feierlichkeit in der Arbeit, weil es von der Arbeit sehr viel versteht, und es wird sehr nachdenklich, wenn es den Mann, der die gewagtesten Arbeiten zu leiten hat, in Positionen sieht, als ob ein König dem Morgenlande gespielt werden sollte.

Arbeit ist die Philosophie der Neuzeit, vielleicht arbeiten wir zu viel und träumen zu wenig, aber sicher ist, daß unsere Ehrfurcht den großen gestaltenden Arbeitern gilt, den Menschen, die sich selbst in Zucht haben, um Meister der Dinge werden zu können. Auch diejenigen, die selber nicht an Überarbeitung leiden, wollen ihr Werturteil über menschliche Größe und Majestät von nichts anderem abhängig mache als von dem Eindrucke der Arbeit, des Könnens, der hohen Leistung. Darüber dachten frühere Zeiten anders. Sie wollten uns unsere Frömmigkeit und Kunst gern allein besorgen, wenn wir nur sicher sind, daß der Fürst etwas von der Staatsmaschine versteht, so viel wie der Kapitän des Ozeandampfers von seinem Schiff oder der Chauffeur von seinem Automobil. Unser Monarch hat für uns nur einen Zweck, wenn er Kapitän oder Chauffeur ist auf der gefährlichsten Fahrt, die es gibt, auf der Fahrt ins Meer der Weltgeschichte. Wir wollen ihn nicht mit unnützen Fragen stören, wenn wir seinem eisernen Gesicht ansehen, daß er nichts, gar nichts im Kopfe hat, als sein gewaltiges und gefährliches Instrument, das aber wollen wir ihm ansehen können; denn von seinen Nerven oder denen seiner Stellvertreter hängt die Zukunft der Millionen von Menschen ab, die unsere Waffen tragen, die auf unseren Panzerschiffen schwimmen, die für unsere Nation Steuern zahlen und die in harter Tagesarbeit den Nationalreichtum stückweise gewinnen. Hinweg mit aller falschen Romantik! Sie verschleiert nur die eine Tatsache, die viel größer ist als Gold und Purpur, die Tatsache, daß ein Mensch von Fleisch und Blut uns führen muß, wenn wir um Tod und Leben kämpfen. Wer ist dieser Mann und was kann er?

*

Je kleiner der Staat ist, desto leichter kann er republikanisch sein. Er muß es nicht sein, denn wir sehen ja, daß es Monarchien winzigsten Umfanges gibt, aber der kleine Staat ist für jeden seiner Bürger einigermaßen übersehbar. Man kennt sich, man regiert tatsächlich gemeinsam, selbst wenn man sich dabei streitet. Ein Staat von mittlerer Größe ist schon schwerer republikanisch zu verwalten. Frankreich ist seit über hundert Jahren mit diesem Problem beschäftigt. Es hat sich jetzt bei der republikanischen Lebensform beruhigt, aber gerade in Frankreich ist das Republikanische doch nur die Außenseite der Sache. Der Beamtenapparat ist aufgestellt, als ob es sich um eine Monarchie handelte, mehr einzelpersönlich als kollegial, mehr bureaukratisch als demokratisch. Man kann Frankreich als ein Königtum mit verlorengegangenem König bezeichnen. Die Grundbegriffe der Nation stammen teils von Ludwig XIV., teils von Napoleon I., und nie wird diese Nation sicher sein, daß nicht die Schlösser von Versailles und St. Cloud wieder durch einen Herrn belebt werden, denn jeder Versuch, starke Politik zu treiben, regt die Frage nach dem Manne an, der nicht von einer beliebigen Kammerabstimmung beiseite geworfen werden kann, wenn die Franzosen keinen Krieg wollen, so ist einer der dabei wirksamen Gründe der, daß sie keinen König wollen. Für große gemeinsame Leistungen braucht man eine Stelle, deren Verantwortlichkeit tiefer liegt, als die eines Kammerpräsidenten, der da kommt und geht wie das Wetter. Es ist bewundernswert, was die dritte Republik in Frankreich fertiggebracht hat, aber — Frankreichs ist ein Land mit langsamer Entwicklung, eine konservative Republik, wenn es erlaubt ist, dieses etwas mißverständliche Wort zu brauchen, ein Land ohne Bevölkerungswachstum und ohne den gewaltsamen Übergang zum Industrialismus, den wir Deutschen erleben. Hier ist das alte Königtum verloren gegangen, nachdem die Nation fertig geeint und organisiert war, für die neue Monarchie aber fehlen die Voraussetzungen, nämlich die starke monarchische Tendenz des industriellen Großbetriebes, die wir vorhin dargestellt haben. Der Durchschnittsfranzose ist nicht mehr Bauer alten Schlages, aber noch weniger Syndikatsmensch neuer Prägung, ein stehengebliebener Kleinbürger, eine Unterlage für Ordnungserhaltung ohne starken Drang zur technischen Vollkommenheit, ein Parteimann ohne den Willen zur absoluten Macht. Unsere Lage ist in zweifacher Hinsicht anders. Einmal ist bei uns der nationale Einigungsprozeß noch nicht fertig, und dann sind unsere Umwandlungen und Aufgaben infolge der Bevölkerungsvermehrung viel größere. Wie sollten wir es jetzt machen, eine Republik zu sein? Erst müßte das System der Einzelstaaten gebrochen und erst müßte die Grundrichtung unseres Wirtschaftslebens festgelegt sein. Als industrialistischer Einheitsstaat würden wir vielleicht eine Republik haben können, vielleicht, aber so wie wir sind, würde sie vermutlich das Chaos bedeuten. Wir sind eines Teils altertümlicher und anderen Teils viel moderner als die Franzosen, belastet mit mehr unerledigter Geschichte und voll von mehr unausgetragenen Entwürfen. In dieser Lage genügt es nicht, von den Nachwirkungen alter Regimente zu zehren, noch ist der nationale Organisator an sich nötig, der dem Tagesstreite um die Macht entrückt ist; aber freilich, er muß Organisator sein.

Und wie steht es mit den Vereinigten Staaten von Nordamerika? Sie brauchen keinen Monarchen alten Stils, weil sie keine alte Geschichte zu überwinden haben. Ihre ganze Tradition ist königslos, königsfremd, und doch regt sich etwas Imperialistisches. Die Stelle des Präsidenten wird immer wichtiger im Vergleich zu den gesetzgebenden Körperschaften. Das Volk teilt sich in zwei Hälften, um einen Mann zu wählen, der an der Spitze stehen soll. Man denkt nicht an Erblichkeit, aber an persönliches Regiment. Das, was den bisherigen Präsidenten am volkstümlichsten gemacht hat, sind diejenigen Handlungen, mit denen er den bescheidenen Umkreis der alten Präsidialbefugnisse überschritten hat. Man fühlt, daß er würde regieren können, man vergleicht ihn mit Eduard VII. und Wilhelm II. und stellt ihn, als ob es sich von selbst verstände, in die Reihe der monarchischen Personen. Hier wirken nur die Triebe des neuen Monarchismus, nicht die des alten, aber zwischen Riesensyndikaten und unheimlichen Interessenverbänden streckt sich die Nation nach einem Manne aus, von dem sie ahnt, er könne vielleicht stärker sein als die Organisatoren des Profits. Der

Staatsgeist hat Angst vor den Gewalten der finanziellen und industriellen Konzentration, und ist bereit, alte Theorien fallen zu lassen, wenn er nur überhaupt einen Retter findet. Noch ist die Angst vor den staatszerstörenden Kräften der Neuzeit nicht auf ihrem Gipfel angelangt, aber sie wird voraussichtlich weiter steigen und dann braucht nur eines Tages ein längerer Krieg zu kommen und ein Napoleon fährt von New York zur Flottenschau an den Stillen Ozean.

Ist es nicht merkwürdig, wie viel in England jetzt wieder der König bedeutet? Unter der guten alten Königin Viktoria schien es, als sei das Königtum dazu da, um gelegentlich einige Inder oder Afghanen zu empfangen und sonst Schwäne zu füttern. Es schien wohl nur so, denn jedes tiefere Eindringen in die englische Geschichte zeigt, daß das Königtum nie ganz geschlafen hat, heute aber beschäftigen sich die Politiker Englands längst wieder ernsthaft mit dem Problem einer Königspolitik, die nicht einfach eine Parlamentspolitik ist. Soll man dem König Eduard gestatten, sich als den Schiedsrichter der Völker aufzuspielen und Verträge vorzubereiten, die dann seine Minister, die Minister der Mehrheit, unterzeichnen müssen? Wer wird es ihm wehren, solange seine Tätigkeit von Glück und Erfolg begleitet ist? Macht er aber Fehler, die sich deutlich als solche offenbaren, so wird er wieder in seine stillen Schlösser verwiesen werden; hat er Glück, kann er etwas, nützt er die schlummernden alten Rechte zu erkennbarer nützlicher Tat, dann wird kein Bannstrahl der Staatsrechtsprofessoren das englische Volk abhalten, ihr Ja und Amen zu seinen Werken zu sprechen und diejenigen Minister fallen zu lassen, die ihm im Wege sind. In allen modernen Ländern wird Politik je länger desto mehr als praktische Angelegenheit begriffen. Man sagt sich, daß irgendjemand doch an der Spitze stehen muß. Wer es ist, das ist gleichgültig, wenn er nur etwas kann. Ist es der König, desto einfacher, denn dann deckt sich das geschriebene Recht und der wirkliche Zustand am besten! Ist er es nicht, dann ohne ihn!

Die Welt ist im Allgemeinen gegenüber der monarchischen Frage opportunistisch geworden. Sie pflegt etwa so zu reden: wenn es nicht oft sehr praktisch gewesen wäre, Könige zu besitzen, so würde es in der Vergangenheit nicht so viele Könige gegeben haben; wenn es aber nicht auch sehr untaugliche und gefährliche Könige gegeben hätte, so würden nicht so viele Könige entthront, vertrieben und getötet worden sein. Es mögen, also die Monarchen ihre Nützlichkeit beweisen, so wollen wir gerne an sie glauben! Die Throne sind dadurch um vieles nüchterner geworden als früher, Direktorialstellen, die von Aufsichtsräten kontrolliert werden. Aber sie sind noch heute Plätze, wo Kraft sich stark entfalten kann, wenn sie da ist, sehr gefährliche Stellen zwar für ihre Inhaber, kalt und steil.

*

Doch nun kommen wir wieder zur deutschen Geschichte. Hier ist der Vorgang der, daß die bunte Fülle der Monarchen von einstmals sich in eine ehrwürdige Ruhe zurückzog, fast so wie es in Schillers Gesang von den armen Göttern Griechenlands heißt:

> Alle jene Blüten sind gefallen
> Von des Nordes schauerlichem Wehn;
> Einen zu bereichern unter allen
> Mußte diese Götterwelt vergehn.

Einstmals bestand das monarchische Problem Deutschlands in der Menge der Monarchen, heute besteht es darin, daß wir im Grunde nur einen Monarchen haben. Die Fürsten der Einzelstaaten werden geachtet, sind aber kein Gegenstand politischen Streites mehr. Im Allgemeinen schätzt man sie als Gegengewichte gegen Berlin, und selbst sehr unmonarchisch gesinnte Kreise würden nicht ohne weiteres ein volles verschwinden der Nachkommen der einstmals lebhaft bekämpften „Tyrannen" wünschen, weil die kleineren Monarchen irgendwie mit zu Seiner Majestät allergetreuester Opposition gehören. Sie haben Teil an den Rechten des alten Monarchismus, aber nicht an den Anfängen des neuen. Der neue Monarchismus sitzt bei uns allein im Kaisertum.

Wenn wir uns denken könnten, wir hätten einen Kaiser, der nicht vorher König von Preußen wäre, so würde dieser Kaiser eine völlig neuzeitliche Erscheinung sein, ein Herrscher ohne langen Geschichtshintergrund, der Überwinder der Altertümlichkeiten, ein Präsident des Deutschtums ohne Ahnen. Einen solchen suchte die linke Hälfte des Frankfurter Parlaments in der Paulskirche, indem sie dem Gedanken des Erbkaisers den des Wahlkaisers gegenüberstellte. Auch Ludwig Uhland wollte den Wahlkaiser, der gesalbt sei mit dem Tropfen demokratischen Öles. Wie fein haben jene Männer empfunden, daß wir im Grunde ein freies, traditionsloses Volkshaupt brauchen! Aber freilich, aus solchen Empfindungen allein wird nie Geschichte gewoben. Der gedachte Kaiser entstand nicht, weil zur Überwindung der damals noch vorhandenen vielen alten Monarchen Kanonen gehörten, die ein gedachter oder gewählter Kaiser nicht hat. Der „Erbkaiser" trat auf die Bühne, und zwar nicht damals, als die Frankfurter wollten, sondern später, als er selbst oder vielmehr sein Kanzler es wollte. Auf dem Schlachtfelde von Königgrätz entstand der preußisch-deutsche Imperialismus.

Im Getöse und Blut von Königgrätz vollzog sich zweierlei: der Sieg des Königs von Preußen über den bürgerlichen Liberalismus, und der Sieg des kommenden Kaisers über die vorhandenen Monarchen. Darin, daß diese beiden Vorgänge zusammenfielen, liegt unser politisches Schicksal, liegt auch das Schicksal der hohenzollernschen Kaiser. Sie haben zwei Gesichter, ein preußisches und ein deutsches, ein altmonarchisches und ein neumonarchisches. Deshalb ist ihre Tage eine viel verwickeltere als etwa die des englischen Königs oder des amerikanischen Präsidenten. Überall steht bei uns um den Kaiser herum eine Vergangenheit, die alles andere ist, nur nicht modern imperialistisch. So oft er sich unterzeichnet I. R. (imperator, rex), zeichnet er als Bewohner zweier Welten.

Laßt uns im Schloßgarten von Potsdam wandeln, damit die eine dieser Welten auf uns wirken kann, die alte Königswelt! Drüben in der Stadt ist das Schloß Friedrichs I., des Königs, der etwa so zum König wurde, wie jetzt Ferdinand von Bulgarien als Inhaber eines Staates, der eigentlich zu klein war für den Klang dieses Titels. Da ist der Exerzierplatz Friedrich Wilhelms I., und da ist das Grab Friedrichs II. Und hier unter diesen Bäumen spazierte der alte kleine König, zuletzt so durchgeistigt, wie ihn oben im Sterbezimmer Harro Magnussen dargestellt hat. Hier liegen seine Hunde, als wären es Prinzen. Da ist die sagenhafte Mühle von Sanssouci. Alles ist voll von persönlichem Regiment bis hin zu den Büchern und Augengläsern Friedrich Wilhelms IV. Da ist jeder Blumentopf eine Reliquie und jede Wand ein Echo einer Königsgeschichte. Alle Schlösser bis hin zum Neuen Palais sind nicht nationalgeschichtlich, sondern rein monarchisch. Hier wandelten Herrscher, die auf eigenen Gewinn und Verlust regierten, ohne Volksvertretung, ohne geschriebene Verfassung und ohne öffentliche Abrechnung. Der größte von denen, die hier weilten, nannte sich zwar den ersten Diener des Staates, aber er diente ihm so, wie es ihm allein recht schien. Noch gab es keine Repräsentativpersonen, sondern einfach Herrscher. Das Herrschen wurde nicht gemildert oder umkleidet, sondern im Gegenteil hervorgehoben. Alle Ecken und Nischen sind voll von dem Gedanken der Souveränität, und bis auf die Stuhllehne und den Rand des Suppentellers findet man die Symbole der Macht. Die Macht wird hier getragen wie ein Geschmeide, damit sie blinke und blitze. Zu welchem Zwecke diese Macht von der Geschichte hervorgebracht und geduldet wurde, liegt weit im Hintergrunde, dort, wo jen-

107

seits der Baumwipfel das Leben der Handwerker und Tagelöhner beginnt, hier aber wird die Macht an sich gefeiert von allen Künsten und in allen Materialien. Wer in diese Schlösser hineingeboren ist, der muß Romantiker sein, selbst wenn er von Natur einfach und nüchtern wäre wie Wilhelm I. Auch Friedrich III., der vorne am Tore des Parkes von Sanssouci seinen ewigen Schlaf schläft, war Romantiker der Majestät, liebte den Purpur und begehrte auf dem Stuhle Karls des Großen zu sitzen. Ein Tag in diesen Räumen, und die neue Zeit verschwindet, die alten Könige stehen auf und reden hier zu den angeborenen Gefühlen ihres Enkels.

Diese alte Herrlichkeit von Rokoko und Biedermeierpracht hat niemals aufgehört. Sie war in den Jahren 1806 und 1848 nahe genug daran gewesen aufzuhören, aber gerade der Umstand, daß sie nicht zugrunde ging, sondern alle Stöße glücklich überwand, gibt ihr nun einen eigenen dramatischen Glanz. Sie verblich und vergilbte nicht wie das Laub der Kastanien von Potsdam im milden Oktober, sondern blieb durch den Sieg von Königgrätz etwas Lebendiges. Der König hat gesiegt gegen die Volksvertretung, der Monarch gegen die Ideen der Republikaner, nicht der neue Monarch, sondern der alte, der sich nicht wollte majorisieren lassen. Er kommt gelegentlich hierher, als ob es immer noch keine Neuzeit gäbe. Dann aber setzt er sich wieder in sein Automobil und gleitet hinaus in die andere Welt. Ist es ein Wunder, wenn er diese andere Welt nicht recht versteht und sie ihn nicht?

*

Die andere Welt hat ihren Mittelpunkt in allen Großstädten und Industrieplätzen, vor allem aber in Hamburg, wo es kein Schloß gibt. Hier arbeitet die Weltwirtschaft, und eine einzige Fahrt auf der Pinasse durch den Hafen streift unendliche Traditionen vom Menschen ab. Der Nationalitätsgedanke wird in seiner Größe und seiner Begrenztheit erfaßt dort, wo die Elbe ins Weltmeer fließt, was sind von hier aus die Gärten und Schlösser an der Havel? Vergangenheit, Träumerei, halb Duft und halb Theater! Hier fährt auch gelegentlich der Kaiser herum, und man merkt dann nicht, daß er König von Preußen ist. Schon seine Schiffskleidung hat gar nichts vom Gewande Friedrich Wilhelms IV. und seine Umgebung ist frei von Kniehosen. Er steht mit Ballin vorn oben auf der Brücke und hört zu, wie von einem technischen Fortschritte geredet wird. Die Technik verschlingt die Majestät, und es bleibt nichts anderes übrig als ein Mensch von sehr starker Aufnahmefähigkeit, der alles das wissen will, was seine Zeit beschäftigt, der die

Spannung der mechanischen Probleme mit uns empfindet und volkswirtschaftlich mit den Exporteuren rechnet. Ist er einmal in der Technik drin, dann ist er nicht leicht müde zu machen, und alle Elastizität, die in ihm liegt, bricht hervor. In solchen Momenten nähert er sich dem neuen Teile seines Volkes, und selbst Antimonarchen begreifen, daß es gut ist, wenn der erste Mann des Staates etwas von dem versteht, was das Zeitalter sucht. Diesen technischen Imperator brauchen wir eigentlich, den „Diktator der Industrie", den Mann, in dessen Geist und Hand die weltwirtschaftlichen Aufgaben der deutschen Nation zusammenlaufen. Man streiche alles das, was Wilhelm II. seit 1890 für Flotte, Werften, Häfen, Küstenverteidigung, Auslandsverkehr, Telegraphie geleistet hat, und man wird erkennen, was wir in dieser Hinsicht an ihm trotz allem gehabt haben! Unsere neue Industrieentwicklung ist in sich selbst noch nichts Einheitliches. Sie wird es werden, aber sie ist es noch nicht. Es fehlt die gemeinsame Ideenrichtung auf den Industriestaat, das Durchdenken aller Lebensverhältnisse unter dem Gesichtspunkt des weltwirtschaftlichen Austausches. Welche Handelspolitik, Arbeiterpolitik, welche Schule müssen wir haben, um das erste Gewerbevolk der Welt zu werden? Das ist eine Aufgabe für einen monarchischen Kopf, denn alle Parlamente sind viel zu sehr mit ihrem kleinen Parteihader beschäftigt, um weltwirtschaftlich in großen Zügen denken zu können. Der Mann, dem alle Nachrichten von selbst zufließen, dem die verschlossensten Türen sich öffnen, dessen Winke mehr erreichen als lange Agitationen von anderer Seite, ist wie geschaffen dazu, dem deutschen Volke wirklich einen unvergeßlichen und unvergleichlichen geschichtlichen Dienst zu tun, wenn er ganz sich in seine historische Aufgabe hineinstellt, der Organisator der technischen Neuzeit und ihres Staates zu werden. Er sollte einmal ein Jahr in Hamburg leben! Das würde man schnell merken. Bis ins Hinterland würde man fühlen, daß es eine Stelle gibt, die das wirtschaftliche Deutschtum versteht und die tausend Kräfte fördert, die jetzt vielfach sich abringen, weil der Landrat nichts von der Schiffahrt weiß, oder weil wir uns selber durch Zollplackereien plagen, bei denen schließlich nichts herauskommt als Finanznot. Bisher entsteht das neue gewerbliche Deutschland nicht durch, sondern trotz seiner Verwaltungsbeamten. Was würde es sein, wenn unser tadelloser Beamtenapparat für die neuen Aufgaben willig gemacht würde! Dazu gehört ein Tropfen imperialistischen Öles, denn die große Staatsmaschine wird immer und in allen Ländern von ihrem ersten Leiter abhängen. Je mehr Beamte wir haben und je zahlreicher die Staatstätigkeiten sind, desto mehr wächst die Bedeutung der ersten Oberstelle. Auch in einem sozialistischen

Staate würde das nicht anders sein. Auch in ihm würde ein Präsident weite Verfügungsfreiheiten haben müssen, wenn nicht alles einschlafen soll. Soweit Wilhelm II. im Zeitalter des Verkehrs lebt und wirkt, ist er eine Erscheinung, die mit einer Art von geschichtlicher Notwendigkeit hervortritt. Auch wenn die Hohenzollern nicht bei Königgrätz gesiegt haben würden, müsste das Deutschtum seine industrielle Organisation suchen. Nur gehört dazu ein Mann, der mit Leib und Seele und ganzer Anspannung arbeitet für diesen Zweck, für ihn allein.

Kaiser Wilhelm hat sich seine Doppelseitigkeit nicht selbst erwählt, sondern sie ist Erbschaft einerseits und Aufgabe andererseits. Aus dieser Doppelseitigkeit aber ergeben sich die Mißverständnisse, Irrungen und Unruhen seines Regiments. Potsdam und Hamburg liegen unausgeglichen und unausgleichbar in seiner Seele. Das macht ihn psychologisch interessant, aber einen Kaiser sieht man nicht daraufhin an, ob er ein interessanter Stoff für einen Dichter und Seelenschilderer ist, sondern darauf, was als Gesamtergebnis seiner Wirksamkeit übrig bleiben wird. Man versucht, ihn mit der Ruhe des später kommenden Geschichtsschreibers zu erfassen, der nicht ein ästhetischer Anekdotenschreiber sein wird, sondern ein Staatshistoriker. Was wird der wohl von ihm sagen?

Dieser spätere Geschichtsschreiber wird viel mehr von unserem gegenwärtigen Kaiser wissen als wir, denn ihm werden besonders in der auswärtigen Politik Aktenstücke sich öffnen, die für uns verschlossen sind, und vor allem wird er wissen, ob die Zeit Wilhelms II. mit einer großen nationalen Niederlage schließen wird oder nicht. Wir hoffen, wünschen, ersehnen mit allen Fasern unseres Wesens, daß es nicht geschehe, aber wer will es leugnen, daß wir alle im Stillen uns vor einer politischen Katastrophe fürchten, die nicht kommen muß oder soll, aber die doch kommen kann? Wir überdenken die ungeheure Macht, die durch Erbschaft, Geschichte, Verfassung, Zeitlage und Personalkraft in diese eine Hand gelangt ist, ahnen, wie alle Anforderungen an sie im Augenblicke der nationalen Gefahr sich ins Unabsehbare steigern werden, und fühlen, daß eine fast übermenschliche Last in der Vereinigung aller monarchischen Rechte liegt. Die Steigerung des Heeres, der Marine, der Artillerie, des Verpflegungswesens, der öffentlichen Anteilnahme an allen Vorgängen machen den Zukunftskrieg zu einem Rätsel von grauenhafter Dunkelheit. Dieser Krieg steht im Mittelpunkte des monarchischen Problems, denn sowohl die alte wie die neue Monarchie ist in ihrem Kerne Militärhoheit und Teilung des Verteidigungssystems. Möge er gnädig an uns vorübergehen! Möge er überhaupt nicht kommen, damit der Historiker dereinst nichts anderes zu behandeln habe als eine Zeit des Friedens ohne Einbuße an weltgeschichtlicher Macht!

Gerade auf diesem Gebiete aber ist der Unterschied zwischen der alten und neuen Auffassung des politischen Betriebes groß. Der Monarch alten Stils trägt immer eine Uniform und spricht von den Heldentaten seiner Ahnen, ist Soldat mit Pauken und Trompeten, Soldat mit Orden und Aufzügen. Alles ältere Militärwesen hat etwas Dekoratives, trägt goldige Knöpfe und läßt die Sporen klirren. Der König im Schauspiel will, daß man sofort sieht, daß er König ist. Er spricht sozusagen immer in Würde und mit dem Blick auf Volk und Völker. Der neue Monarch aber ist so wenig dekorativ wie alle moderne Technik. Wir lieben Glanz und Flimmer nach der Arbeit, aber nicht in der Arbeit. Arbeit ist Arbeit und weiter nichts! Deshalb stört es uns, wenn die schwere, teure, gefahrvolle Verteidigungsarbeit dekorativ behandelt wird. Es ist zuviel Fassade am militärischen Bau und wahrscheinlich leidet die Konstruktion unter der Fassade. Je ruhiger, einfacher der Gang der Rüstungen vor sich geht, desto eher sind sie dem heutigen Menschen noch verständlich. Wir wollen keine Schaustellungen, wie Napoleon III. sie liebte, wollen alles das nicht, was den Hof der Tuilerien ausmachte. König Eduard von England im eleganten Gehrock oder Roosevelt sind ohne weiteres deutlich, oft aber brauchen wir viele Mühe, um den tatsächlich auch vorhandenen tieferen Lebensernst Wilhelms II. zu erfassen, weil er in seinem äußeren Auftreten so viel vom älteren König hat und dieses viele pflegt und hegt. Wer ihn in Gala schreiten sieht, der sagt sich: wie veraltet müßte ihm das vorkommen, ganz so, als ob wir Perücken tragen müßten! Diese Empfindung aber hat er selbst vermutlich nicht, denn sonst würde er den ganzen Kram der Überflüssigkeiten von sich schleudern wie eine Fußbank wegstößt, die ihm im Wege ist.

*

Die monarchische Person wird voraussichtlich solange an der Spitze der deutschen Reichsverwaltung stehen, als sie einen ehrenhaften Frieden zu garantieren in der Lage ist oder sich im Kriege bewährt. Welche Folgen eine Niederlage haben würde, kann niemand vorhersehen, da in diesem traurigsten Falle alles auf die Umstände ankommt, unter denen sich das Unheil vollziehen würde. Irgendwelche Absichten oder Möglichkeiten, vor einer nächsten weltgeschichtlichen Prüfung die verfassungsmäßigen Grundlagen unseres Regierungssystems zu ändern, bestehen fast auf keiner Seite, um so weniger als bei allen schweren Sorgen, die man hinsichtlich der monarchischen Führung hat, jede andere Art, die nationalen Kräfte zu organisieren und zu dirigieren, als noch gefahrvoller und für jetzt geradezu undenkbar erscheint. Die Monarchie ist ja deshalb so hoch gestiegen, weil es neben ihr überhaupt keine regierungsfähigen Stellen gibt. Es gibt keine regierungsfähige Aristokratie und keine regierungsfähige Demokratie, keine regierende Parlamentsmehrheit, und nicht einmal eine Stelle, die morgen die sichere Führung der Staatsgeschäfte in die Hand nehmen könnte, wenn heute die Monarchie versänke. Um die mächtige Zentralstelle herum ist eine höchst unbehagliche Leere. Man lasse alle unsere politischen Helden am geistigen Auge vorübergehen, sowohl die Minister wie die Parlamentarier, und erst wenn man das getan hat, weiß man, worauf die Monarchie beruht. Sie beruht nicht zum kleinsten Teile darauf, daß die größten organisatorischen Talente des Deutschtums nicht in die politische Arbeit hineingehen. Wir sind ein unpolitisches Volk, und des halb kommen wir nicht los vom Monarchen.

Das ist kein angenehmes Bekenntnis, und manche meiner Freunde würden es für klüger halten, wenn ich es nicht aussprächte. Aber was hilft es, wenn wir uns vormachen, wir würden am Morgen nach dem Tode der Monarchie eine regierungsfähige Demokratie oder irgendetwas Ähnliches besitzen? Laßt uns doch offene Augen haben! Wenn heute der Reichstag allein die Quelle der staatlichen Machtausübung wäre, wenn Königtum und Bundesrat uns aus einem seligen Jenseits dabei ironisch zuschauten, was würde diese Quelle der Macht anfangen? Würde sie das sein, was das englische Unterhaus in seinen besten Zeiten unter Disraeli und Gladstone gewesen ist? Sicherlich nicht, denn auch dieses Unterhaus ist langsam gewachsen. Es wuchs im Kampfe mit Monarchen, aber nicht indem es plötzlich an ihre Stelle trat, sondern indem es langsam anfing, sich mit ihnen in die Verantwortung zu teilen. Auch diejenigen von uns, die für die Zukunft eine Erhöhung der Regierungsfähigkeit des Parlaments erstreben und erhoffen, können jetzt nicht vor das Volk hintreten und ihm sagen: vertraut das Schicksal eures politischen und wirtschaftlichen Lebens irgendeiner Blockmehrheit an, wie sie zurzeit im Reichstage möglich ist! Ganz gleichgültig, wie man diese Mehrheit herausrechnen möchte, so wird sie stets eine Zusammenfassung von starken Gegensätzen sein, mag sie mit oder Zentrum geknetet werden. Es ist hier nicht der Platz, darzustellen, weshalb das alles so ist. Das ist eine Sache für sich. Genug, daß wir als Ergebnis des letzten Bismarckischen Jahrhunderts eine so bedauerliche politische Blutarmut im deutschen Volke vorfinden, daß es keine hinreichenden Gegenkräfte gegenüber der Monarchie gibt! Es gibt keine Macht, die einen offenen Kampf mit dem Monarchen mit irgendwelcher Hoffnung auf Erfolg unternehmen könnte. Was hat denn die Sozialdemokratie erreicht? Ist etwa der Thron schwächer worden durch ihre Angriffe? Im Gegenteil: aus Angst der Sozialdemokratie wurden die letzten alten Achtundvierziger monarchisch! Die Angst wäre nicht nötig gewesen, charakteristisch ist es doch, wie alles, was sich begibt, der einmal im Aufsteigen begriffenen Macht gedient und sie über das Nötige gesteigert hat.

Ob dieser Zustand gut ist, kann sehr fraglich sein, bedeutet für das Volk im Ganzen, daß es trotz vorhandener parlamentarischer Formen noch nicht zum eigenen politischen Wollen und Können gelangt ist, und für den Monarchen, daß er in der inneren Politik keine Gegenkräfte vor sich hat, die ihm gewachsen sind. In der auswärtigen Politik ist dafür gesorgt, daß er sich seines Menschentums bewußt bleibt. Da gibt es eine Konkurrenz, die nicht schlafen läßt, aber im eigene Volke, da fehlt es an Kräften, mit denen sich der Oberbefehlshaber aller Truppen und der Oberherr aller direkten Staatsbeamten im Reiche und in Preußen messen könnte. Am ehesten käme als solche Gegenkraft noch die konservative Junkerpartei in Betracht. Es hat zwischen ihr und dem Monarchen Verstimmungen gegeben, bei denen er nachgeben mußte, aber man soll die Bedeutung dieser Vorkommnisse nicht übertreiben. Ja, wenn Wilhelm II. in Hamburg wohnen würde! Dann könnte die Auseinandersetzung ernsthaft und folgenreich werden; wenn der Kaiser ganz moderner technischer Diktator der deutschen Wirtschaftskraft werden wollte, dann würden die Schlösser des Ostens gegen ihn mobil machen und dann würden wir Liberalen ihn vielleicht gegen rechts verteidigen können, aber — das geschieht ja nicht! Er bleibt Kaiser und König, reicht eine Hand in die Modernität und eine in die agrarisch-feudale Romantik und behält also seine „Edelsten und Besten" als getreue Untertanen. Die Monarchie verteilt ihre Gaben nach allen Seiten, zwar nicht gleichmäßig, aber mit dem ererbten Geschick der alten Herrschaft. Keine Gruppe ist voll befriedigt, aber keine mag und will es grundsätzlich mit der Macht verderben. Selbst die „edlen Herren von der Kirche" sind wieder zu sehen. Für diese kleinen Geschäfte hält sich der Monarch einen biegsamen und weltgewandten Reichskanzler, wo ist heute die parlamentarische Mehrheit, die einen Geschäftsführer von gleich guten Qualitäten aufweisen könnte? Die Krone arbeitet wie ein altes erfahrenes Haus und sucht sich ihre Leute. Sie kann sie in mannigfaltigem Dienste sich heranbilden, und je größer das Staatswesen wird, desto leichter wird es ihr, die übrigen vorhandenen Mächte gegeneinander auszuspielen. Auf diese Weise bleibt alles beim

Alten, solange als nicht der Monarch selbst sein eigenes Instrument in Unordnung bringt.

*

Wie aber arbeitet eigentlich der Monarch? Wir stellen diese Frage nicht in der Weise des neugierigen Zeitungsreporters, der wissen will, wann der Kaiser früh aufsteht, wann er ausreitet, wie oft er sich umkleidet, wieviele Unterschriften er leistet und wieviele Hasen er auf der Hofjagd schießt. Alles das ist uns nebensächlich. Die Frage, die uns beschäftigt, ist die, ob es nicht überhaupt und an sich eine große Illusion ist, daß ein einzelner Mensch so große Aufgaben übernimmt, wie im modernen Begriffe der Monarchie liegen. Auch ein sehr begabter Monarch kann doch schließlich nur eine begrenzte Zahl von Dingen wirklich wissen, um aber regieren zu können, muß man wissen.

Zweifellos ist gerade beim gegenwärtigen Deutschen Kaiser die Fähigkeit, sich schnell in allerlei Dinge hineinzufinden, sehr ausgebildet, aber selbst wenn sie größer wäre als bei irgendeinem anderen sterblichen Menschen, so kann er nur einige Prozent von dem wirklich wissen, was in sein Arbeitsgebiet gehört. Er muß für sich denken und arbeiten lassen und bleibt als Einzelmensch sozusagen nur die innerste Stelle des Apparats, der von außen her Monarch genannt wird Alles wird ihm verarbeitet und nur in seinen letzten Stadien vorgetragen, und es gehört Kunst dazu, die Speise der Wirklichkeiten für ihn zuzubereiten. Wir wollen damit nicht sagen, daß ihm Falsches vorgetragen wird, aber es liegt in der Natur der Sache, daß er für breite Darlegungen weder Zeit noch Nerven übrig hat. Er bekommt Zeichnungen in äußerster Verkürzung, letzte Reduzierungen komplizierter Dinge. Was wird er beispielsweise von den Einzelheiten des Zolltarifs gewußt haben? Was kann er von den Einzelheiten des bürgerlichen Gesetzbuches wissen? Wie weit kennt er die Akten der auswärtigen Politik? Was weiß er morgen noch von den Personen, die er heute empfangen mußte? Alles fliegt in fabelhaftem Wirbel an einem einzigen Kopfe vorbei: Weltpolitik, Familiensorgen, Schiffskonstruktionen, babylonische Altertümer, päpstliche Wünsche, Divisionsmanöver, Einweihung eines Standbildes, Gerichtsverhandlungen gegen hohen Adel, Militärgerichte, Wechsel im Gesandtschaftspersonal, neue Uniformen, Sozialpolitik, Geldfragen der Hausverwaltung, Literatur, Todesfälle, Reichsfinanzen, Mädchenschulreform, landwirtschaftliche Ausstellung, Reibung im Ministerium, Brief aus Petersburg, bulgarische Wünsche, Hochzeit, Einladung, Eisenbahn — wer kann es wissen, wer mag es beschreiben, was alles an den Gehirnwindungen eines Monarchen auf und ab klettert? In diesem Bewußtsein nun werden die schwersten Entscheidungen reif. Er steht zu allen diesen Dingen nicht wie ein Zeitungsleser, der nur träumend von ihnen erfährt, nicht wie ein Journalist, der nur neugierig und unverantwortlich über sie schreibt, sondern als der Mann, der im Fluge etwas Entscheidendes sprechen soll: das und das will ich! Dort, wo der Wille am freiesten ist, hat er am wenigsten Zeit, sich auszugestalten.

Das gebildete deutsche Publikum ist selten bereit, sich diese ganze psychologische Schwierigkeit des monarchischen Arbeitens zu vergegenwärtigen. Es hält sich an Äußerlichkeiten und zufällige Worte des Kaisers über Kunst und Religion, als ob dort die Einwirkungen des persönlichen Regiments lägen. Zweifellos sagt der Kaiser auch über Kunst und Religion vielerlei, was mehr nach Potsdam paßt als nach Hamburg, aber allzugroß ist der Schade davon gerade nicht, denn weder Kunst noch Religion leben heute, soweit sie überhaupt lebendig sind, von der Sonne des Augustus. Was hat es denn der Sezession geschadet, daß der Kaiser sie nicht besucht? Oder was wird es für den „Deutschen Werkbund" ausmachen, wenn der Kaiser ihn nicht kennt? Weit tiefgreifender ist die Frage, ob es ein großer Staat vertragen kann, daß die wichtigsten politischen Entscheidungen von einem einzelnen Zentralbewußtsein abhängen. In der Politik geht es nicht so wie in Kunst und Religion, da pulsiert das wirkliche Leben in den monarchischen Willensakten. Ohne den Kaiser wird im jetzigen Deutschland keine einzige größere politische Idee durchgeführt. Alles muß warten, bis er sein Zeichen daruntergesetzt hat. Alle Resolutionen der Parlamente, alle Agitationen der Parteien sind nur imstande, soviel Bewegung herzustellen, daß auch der Monarch davon berührt wird, aber ein Gesetzentwurf des Bundesrates erscheint nicht, wenn er nicht irgendeinmal gesagt hat: placet, es geht!

Damit aber sind wir wieder und zum letzten Male an dem innersten Kerne der monarchischen Frage angelangt: der moderne Staat ist ein höchst verwickeltes Instrument, noch viel verwickelter als eine große Bank oder ein industrielles Syndikat. Da nun schon die großen geschäftlichen Unternehmungen der Neuzeit eine sehr augenfällige Neigung haben, bei aller scheinbaren Wahrung der gesellschaftlichen Verfassungen in Wirklichkeit von wenigen Einzelköpfen regiert zu werden, so ist der Vorgang, den wir Imperialismus nennen, das Entstehen monarchischer Zentralstellen an sich wohl unvermeidlich und liegt im Gange der Großbetriebentwicklung. Je sozialistischer wir werden, desto imperialistischer werden wir sein müssen, ob wir es wollen oder nicht, weil jede neue Staatstätigkeit den Apparat noch mehr belastet und seine kollegialische Regierbarkeit vermindert. Man verstaatliche beispielsweise die Bergwerke, falls es möglich ist! Wer wird dadurch stärker? Nicht das Parlament, sondern die Spitze der verwaltenden Mächte der oberste Diener des Staates, er heiße Kaiser oder Präsident, wer das nicht will, der muß eine kleinbürgerliche Wirtschaft festhalten wollen. Aber wer kann das? Alle Berufsverbände ohne Ausnahme fordern neue Staatstätigkeiten und damit neue Beamte Seiner Majestät. Diesen Gang der Geschichte erleben wir. Gleichzeitig aber bereitet sich innerhalb des monarchischen Systems etwas anderes vor, was man die Entpersönlichung des Monarchen nennen könnte, ein Vorgang, der eine einfache Folge davon ist, daß der Monarch beim besten Willen nicht mehr alles wissen kann, was für ihn und in seinem Namen und Auftrag geschieht, selbst nicht mehr in allgemeinsten Umrissen. Der Monarch wird ein Begriff. Es wird Recht gesprochen „im Namen des Königs". Es wird regiert im Auftrag des Königs. Solange er eine starke arbeitsame Persönlichkeit ist, bedeutet diese Kontrolle nicht allzu viel, ist er weniger stark, körperlich matt oder weniger bereit, sich stets als Mikrophon des Gesamtgetriebes anzusehen, dann beginnt hinter der Zeit der Konzentration aller Staatstätigkeiten eine Zeit der Dezentralisation der monarchischen Leistungen. Auch diese wird sich nicht nach einem fertigen ausgedachten Schema vollziehen, sondern in der Praxis von Fall zu Fall, von Schritt zu Schritt. Der neue komplizierte Staat sucht sich seine Instrumentierung. Welche Rolle dabei die Volksvertretungen spielen werden, wird davon abhängen, welche Kraft sie für die wirkliche Staatsarbeit mitbringen. Mit bloßen Deklamationen über Republikanismus und konstitutionelles System allein ist wenig geschehen: wer arbeitet, erwirbt sich Rechte, und wer Erfolg hat, dem gehört die nächste Periode.

*

Als die alte Monarchie in den Jahren 1830 und 1848 sich bequemen mußte, dem parlamentarischen Betriebe Raum zu geben, dachte man die monarchische Frage mit Hilfe von verantwortlichen Ministern zu lösen. Die Minister waren die Vertreter des Monarchen, wenn er etwas falsch gemacht hatte, während er das Lob seiner guten Taten selber direkt in Anspruch nehmen durfte. Um den König nicht zu treffen, wollte man auch in Preußen ein Ministerverantwortlichkeitsgesetz geben und schrieb diesen frommen Wunsch in die Verfassung. Erfüllt ist er noch heute nicht, und selbst wenn er einmal erfüllt sein wird, wofür wir eintreten, wird die Hauptfrage damit nicht gelöst sein. Die Hauptfrage ist nämlich nicht die Einsetzung eines Disziplinarhofes für die obersten Beamten, sondern die Frage, wer sie einsetzt und absetzt. Solange der König allein den Reichskanzler ruft und abwirft, ist er allein sein Herr. Solange tritt die Entpersönlichung der Krone nicht ein. Was hilft es, wenn der vom Kaiser abhängige Reichskanzler verspricht, daß der Kaiser sich künftig mehr zurückhalten wolle? Man denkt dabei an die Rede, die einst Eugen Richter gegenüber dem Herrn von Bötticher hielt: Sie blühen, Herr Staatsminister, wie eine Blume auf dem Felde; wenn der Wind darüber geht, so sind Sie nimmer da und Ihre Stätte kennet Sie nicht mehr! Und in der Tat fiel Herr von Bötticher und „seine Stätte kannte ihn nicht mehr". Wie ging es dem Minister Miquel? Wie ging es Posadowsky? Kein Gesetz über Ministerverantwortlichkeit kann einen Mann gegen den König schützen. Die Nation aber protestiert gegen Einsetzung von Höflingen und gegen Absetzung von verdienstvollen Fachmännern, protestiert solange vergeblich, bis auf diesem Gebiete der Vorschlag der Reichstagsmehrheit geachtet werden muß.

Solange nun der Kaiser sich als fähig erweist, die Riesenaufgabe des modernen Imperialismus persönlich zu erfüllen, wird keine Gewalt ihn nötigen können, von seinem souveränen Ernennungsrecht etwas aufzugeben. Deshalb erschienen bis vor wenigen Jahren alle derartigen Forderungen ganz abenteuerlich, weil die Mehrheit der Nation noch an die Möglichkeit der persönlichen Ausfüllung der obersten Stelle glaubte. Auch wir haben vor zehn Jahren optimistischer über diesen Punkt gedacht als heute. Unter dem Eindruck Bismarcks hielt man eine zweite Cäsarenperson für denkbar. Dieser Irrtum ist heute als solcher eingesehen worden. Die Stelle ist da, die Aufgabe ist gewaltig, die Anforderung ist übermenschlich, aber es geht — über die Kraft. Das ist das Ergebnis der letzten Zeit, daß dieses allgemein und offen anerkannt wird. Jetzt also sind die Tage gekommen, in denen über die Entpersönlichung der Krone verhandelt werden muß, nicht als ob das ein Akt von heute auf morgen sei, aber so wie man schwere geschichtliche Aufgaben mit einem Stoßseufzer, aber doch mit Entschlossenheit aufnimmt.

Es soll im Namen des Königs und Kaisers regiert werden, aber nicht von ihm. Es soll im Auftrage des Kaisers regiert werden, aber vom Vertrauensmann der Parlamentsmehrheit. Das bedeutet für den Kaiser eine große Entsagung, und wir werden uns nicht wundern, wenn er sich wehrt. Noch hat er starke Kräfte in seiner Hand, es fragt sich nur, ob seine Hand noch ruhig und fest genug ist. Er kann den Prozeß der Entpersönlichung hinausschieben bis zur nächsten Generation, wenn er der Mann des Erfolges ist. Aber die ersten zwanzig Jahre seines Regiments sprechen trotz alles ihres persönlichen Glanzes und Schimmers nicht dafür, daß er das können wird. Einst sprach er: ich führe euch glücklichen Tagen entgegen! Wenn dieses sein Ich noch heute wie eine helle Trompete klingen würde, was könnte gegen ihn getan werden? Aber die Trompete klingt matt. Das Drama fängt an zur Tragödie zu werden, so wenigstens scheint es.

Einst schrieb er ins goldene Buch der Stadt München, des Königs Wille sei das oberste Gesetz. Ja, dann aber muß der Wille des Königs von Eisen sein und seine Nerven von Platindraht, seine Augen hell wie Kristalle und seine Gedanken fest wie ein Rädergetriebe von bestem Stahl. Ein solcher Wille findet auch in der heutigen Welt sein Gebiet, aber ein Hin- und Herzucken von Willensansätzen, ein Versuchen und Verlassen, ein Kommen und Gehen, das ist nicht das oberste Gesetz, bei uns nicht und nirgends in der Welt. Noch heute kann es Cäsaren geben, aber es gehört dazu eben Cäsar.

*

Der 10. November 1908, der Tag, an dem der Reichstag über die Regierungsweise des Kaisers verhandelte, war bedeutsam durch die volle Aufrollung dieses monarchischen Problems. Schon das allein ist viel wichtiger, als von den meisten unserer Zeitgenossen heute eingesehen wird. Von diesem Tage an gibt es in Deutschland die monarchische Frage als erste Staatsfrage. Daß dabei der Reichstag sich zu schwach zu entscheidenden Handlungen gezeigt hat, ist wahr, aber wir wiederholen, was wir innerhalb unserer Erörterung schon einmal sagen mußten, daß man von diesem Reichstage nichts anderes erwarten kann, solange er nur ein streitendes Kollegium konkurrierender Parteien ist und solange die organisatorischen Talente sich um Politik nicht kümmern. Nach beiden Richtungen aber kann ein Umschwung sich vorbereiten, wenn die Kaiserfrage sich weiterhin verschärft. Wir brauchen dann feste Mehrheitsbildung und organisatorische Kräfte. Sind diese da, so werden sich die staatsrechtlichen Formen von selbst finden. Carlyle sagt irgendwo, daß jedes Volk die Regierung hat, die es verdient. Das antworten wir allen denen, die jetzt mit einem Male jammern und wehklagen, als sei es etwas ganz Neues, daß die deutsche Politik nicht vom deutschen Volke selber gemacht wird. Ihr Klageweiber, was habt ihr denn bisher getan? Wo wart ihr denn, wenn Volkspolitik gemacht werden sollte? Wo waren eure Gedanken und wohin

118

flossen eure finanziellen Mittel? War euch nicht jede Tänzerin wichtiger als die Ausübung des obersten Regiments? Wo waret ihr bei den Versammlungen der Staatsbürger? Ihr verlangt, daß der Kaiser euch nicht von oben herab behandeln soll? Ihr! Erst soll unsere Bildungsschicht etwas tun, ehe sie ein Recht hat zu räsonnieren. Ihr werft dem Kaiser vor, daß er nicht methodisch politisch arbeitet. Ganz recht. Aber macht ihr es denn anders? Dem „impulsiven Regiment" entspricht eine Bildungsschicht, die ganz ebenso ist. Dieser Kaiser, über den ihr euch aufregt, ist euer Spiegelbild! Ihr werdet in demselben Maße von seinem persönlichen Regiment freiwerden als ihr selbst etwas Politisches tut! Ihr sagt, er redet zuviel! Gewiß! Aber was tun denn die anderen? Wer überlegt gründlich, wer studiert Politik, wer achtet die politische Geistesarbeit der Väter? Das Volk soll sagen: mea culpa, mea maxima culpa, wir selber sind schuld, daß alles so weit gekommen ist! Wir alle müssen den Staat neu begreifen lernen, den neuen Staat mit seinem Großbetriebscharakter, und müssen von vorne an lernen, für den neuen Staat ein neues Regiment zu schaffen, eine Form des Regiments, die den Volksbedürfnissen entspricht in der Art des englischen Systems. Auch das englische System ist nur solange wirksam, als das englische Volk ein politisch tätiges Volk ist. Sobald es erschlafft, kommt entweder der Absolutismus oder die Niederlage, oder beides. In diesem Sinne brauchen wir eine politische Reformation an Haupt und Gliedern. Sie wird den Inhalt der politischen Kämpfe der nächsten Jahrzehnte ausmachen.

Das preußische Herrenhaus

Gegenüber dem wertheimschen Warenhause liegt ein Palast des Friedens mitten im Gewimmel, eine Burg der alten Sitte zwischen allem Getriebe der Neuzeit. Hunderttausende eilen vorüber, ohne überhaupt recht zu wissen, was das ist: ein „Herrenhaus"? Nennt man doch heutzutage jeden einen Herrn! Drüben bei Wertheim wird man als Herr angeredet, wenn man für zehn Pfennige Zahnpulver kauft, hier aber hat das Wort Herr seinen alten Klang: Herr ist Herrscher! Herr ist Patron! Herr ist etwas ganz Besonderes, was angeboren sein muß! Dieses Haus hat seine eigene Sprache schon im Namen. In das Abgeordnetenhaus auf der anderen Seite des Landtagsgrundstückes kommt man hinein als Knecht des Stimmzettels, als Beauftragter der Parteien und Wähler, wer aber in dieses Haus eintritt, der tut es als ein Herr, der keinem verantwortlich ist als sich, es sei denn, er gehöre zu den zehn Universitätsabgeordneten oder zu den neunundvierzig Städtevertretern. Auch diese sind langfristig beauftragt und werden kaum je von jemand verantwortlich gemacht, aber immerhin besteht bei ihnen ein Rest vom Abgeordnetenwesen, die anderen aber — vertreten sich selbst. Ein Abgeordneter ist sozusagen nur auf Zeit aus der Masse der Beherrschten herausgehoben und sinkt wieder in ihr unter, wenn seine Zeit um ist; die „Herren" aber kennen keine Götterdämmerung: wir waren, wir sind, wir werden sein! Die Minister haben ihren Hut stets in der Hand, denn keiner weiß, wann ihm seine Würde und Bürde verloren geht, das Herrenhaus aber hat unseres Wissens bisher nur ein Mitglied ausgeschlossen und dieses war durchaus daran schuld. Selbst der König kann gegen das Herrenhaus nicht viel machen, denn es steht zwar in Artikel 51 der Verfassung der Satz: „Er kann die Kammern entweder beide zugleich oder auch nur eine auflösen", aber dieser Satz ist nichts als ein aus Versehen stehen gebliebenes Stück einer früheren Ordnung, die sechzig Jahre zurückliegt. Auflösen kann man gewählte Parlamente, aber ein Herrenhaus kann höchstens vertagt werden, denn wer will einen Herrn hindern, Herr zu sein? Der König kann neue Männer in dieses Haus hineinschicken, hat er sie aber einmal entsendet, dann entgleiten sie seiner Hand und ihm bleibt nichts übrig, als nochmals andere neben sie zu setzen. Wie viele aber müßte er berufen, wenn er wirklich einmal mit der Mehrheit des Hauses in Streit sein sollte! Jetzt sind von dreihunderteinundsechzig Plätzen etwas über siebzig durch besonderes Allerhöchstes Vertrauen besetzt, also ein Fünftel der Gesamtzahl.

Es ist demnach das Herrenhaus von vornherein ein anderer Körper als alle anderen politischen Versammlungen, eine unauflösliche Standesvertretung inmitten eines sonst auf Wahlhandlungen eingerichteten Volkes. Deshalb steht es so außerhalb der übrigen Welt, wer merkt es, wenn einzelne Mitglieder sterben und durch andere ersetzt werden? Wer hört davon, wenn irgendwo eine Adelsfamilie einen anderen Stimmführer benennt oder wenn ein Provinzialverband des alten und befestigten Grundbesitzes eine Neuwahl vornimmt? Das Haus als Ganzes geht seinen Gang ohne Erschütterungen. Auch sind seine Verhandlungen meist gar nicht dramatisch. Es verlohnt sich nicht, Lärm zu machen oder zum Fenster hinauszureden. Der Zeitungsleser blättert ruhig weiter, wenn er liest: Herrenhaus. Daraus aber folgt, daß dieses Haus unterschätzt wird. Nur von Zeit zu Zeit merkt der gewöhnliche Bürger, daß es noch immer existiert, und wundert sich, daß es etwas zu sagen hat. So geht es jetzt! Die Verhandlungen über das preußische Wahlrecht zeigen, daß Preußen zwei Kammern hat und daß man die zweite nicht ohne die erste reformieren kann. Das Herrenhaus tritt als politischer Faktor in die Erscheinung. Was ist es mit diesem Hause, wie ist es geworden, was kann es tun?

Diese Frage beschäftigt uns umso lebhafter, als eben jetzt in England der Kampf um das Haus der Lords die Gemüter bewegt. Dort kann man sehen, was vielleicht in sechzig Jahren auch unsere Herren sein werden, wenn das Abgeordnetenhaus weiter demokratisiert und das Herrengeschlecht weiter kapitalisiert sein wird. Das, was wir heute erleben, entspricht einem früheren englischen Zustande, denn bei uns ist die erste Kammer noch nicht Vertreterin des großbürgerlichen Besitzes gegenüber dem Liberalismus und Sozialismus der Lohnempfänger, sondern vorläufig noch im wesentlichen Vertretung des Grundadels gegenüber der ganzen modernen Lebensrichtung und Wirtschaft. Wir sind dem Mittelalter noch näher als der englische Staat, und das mittelalterlichste, was wir haben, ist im guten und im bösen Sinne des Wortes das preußische Herrenhaus.

Nicht als ob das Herrenhaus eine ganz besondere preußische Einrichtung wäre wie etwa das Dreiklassenwahlrecht! Es ist eine allgemeine mitteleuropäische Erscheinung. Man soll es zwar nicht mit dem französischen Senat verwechseln, denn dieser entsteht auf andere Weise. Er ist ein Ergebnis des Vertretungsgedankens, da die Revolution die Rechte der Geborenen geopfert hat. Das Eigentümliche des Herrenhauses aber ist nicht die Existenz einer kontrollierenden ersten Kammer an sich, wie sie auch in unseren Hansastädten sich findet, sondern das Charakteristische ist, daß dieses Oberhaus aus den Erbgeschlechtern der alten Kleinherrschaften sich zusammensetzt. Mögen einige Kommerzienräte, Professoren und Bürgermeister mit zugelassen werden, so ist doch der Kern die Kammer der Fürsten, Grafen und Barone, wie sie in Wien besteht, wie sie in München, Stuttgart, Darmstadt, Karlsruhe, Dresden und vor allem auch in Doberan (Mecklenburg) sich erhalten hat. Je kleiner der Staat ist, desto verwaschener ist allerdings im Allgemeinen die Herrenkammer, nur in Mecklenburg bleibt sie in tadelloser Ursprünglichkeit. Die ersten Kammern der süddeutschen Mittelstaaten und des Königreichs Sachsen sind meist zu Vertretungen der sozialen Oberschicht überhaupt geworden, nur Bayern hat in der Kammer seiner Reichsräte den alten Charakter des Adelshauses gewahrt. Da sitzen die Fugger, die Hohenlohe, die Leinigen, Löwenstein, Thurn und Taxis, Waldburg, Arco-Valley und andere mehr. Die schönste Zahl solcher Herren hat aber doch natürlich der größte deutsche Bundesstaat. Hier sind sie im Osten und im Westen zu Hause, und hier hat nie ein großes Hagelwetter ihre Saaten zerschlagen. Die Kleinstaaten sind ihrer Natur nach immer etwas mißtrauisch gegen den Großadel gewesen, aber Preußen konnte es sich leisten, eine Zucht von Rasse-existenzen sich zu erhalten. Der König von Preußen beugte sie unter sich, dann aber stellte er sie zur Erhöhung seines Glanzes neben seinen Thron. Wenn sie vielfach geschichtlich älter sind als die Hohenzollern, so ist das nur ein Grund mehr, sie als Ehrengarde sorgfältig zu pflegen.

Der alte Adel lagert um den König herum wie die gezähmten Lö-wen um ihren Bändiger. Dieser geht an ihnen vorbei und streichelt sie und sagt: Leo, du bist mein Freund! Leo weiß ganz genau, daß er gar nichts anderes mehr sein kann, denn die Zeiten, wo er sein eigenes Gefilde beherrschte, sind vergangen. Er braucht den König, denn er selber ist waffenlos. Seine Burg hat nur noch dekorativen Wert. Er kann keinen Bauern mehr zwingen, ihm den Zehnten zu geben, er darf nicht einmal den Pferdejungen mehr auspeitschen lassen, wenn er ihm wegläuft. Zu Hause in Schlesien oder an der Lahn hängen im Burgsaa-le noch alte Hellebarden, Armbrüste, Schilde und vorn auf der Terrasse stehen zwei kleine nette Kanonen, aber das alles ist doch nur wie eine Sage voll Rost und Schimmer. Er heißt Herzog oder Fürst oder Graf, aber kommandieren darf er doch nur, wenn der König ihn zum Ober-sten macht. Und die gutsherrliche Polizei hat er im Auftrag des Staates, den der König vertritt. Er ist in seinen Wäldern an das Wald- und Jagdgesetz gebunden, überall begegnet auch ihm das öffentliche Recht, und die Einnahmen seines Rentamtes hängen von den Zöllen ab, die vom Staate beschlossen werden. Ja selbst seine Steuerfreiheit und sein Fideikommißrecht ruht auf schwachen Grundlagen, wenn einmal der König über diese Dinge anders denken sollte. Deshalb ist er der Freund des Königs, nicht immer der Herzensfreund, aber der politische Freund auf Tod und Leben, solange der König ihn schützt. Abends am Feuer im Marmorkamin gegenüber dem dunkel gewordenen Ölbilde des Ah-nen, der vielleicht noch selber Burgen berannte, mag er wohl gelegent-lich seine eigenen Gedanken über die Könige haben. Aber was hilft es? Geschichte ist Geschehenes, Geschichte ist Schicksal! Es gibt in diesen Kreisen unter einem leichten Spott oft eine tiefe Resignation, ein Ge-misch von Gottesglaube und Kritik an der Weltregierung, die Stim-mung einer Schicht, deren Würde darin liegt, gewesen zu sein. Dabei sind es Herren, die viel vom Leben gesehen haben, oft international verschwägert, des Auslandes und seiner Sprachen von Jugend an kun-dig, gewöhnt, sich bedienen zu lassen und Angestellte zu besitzen. Wer die Mattigkeit, die aus den Jahrhunderten kommt und die mit dem Reichtum so leicht sich verbindet, überwindet, wer im Kern gesund geblieben ist, bringt alle Eigenschaften mit, um in einem Herrenstaate etwas zu bedeuten. Ein solcher besinnt sich, ob er dem Könige dienen will, dann aber sagt er: es lebe der König!

Die meisten von denen, deren Vorfahren selbst einmal Herrschaftsrechte geübt haben, finden sich im Westen der Monarchie; die Herzöge v. Arenberg und Croy-Dülmen, die Fürsten Salm, Solms, Ysenburg, die Bentheim, Wied, Sayn-Wittgenstein. Dazu kommt das breitverzweigte Geschlecht der Stolberge, Leiningen und andere. Das ist die Klasse der alten Reichsunmittelbaren, die zweiundzwanzig Plätze hinter den Prinzen und Verwandten des königlichen Hauses besetzen. Der Osten aber ist reich an alten und neuen Fideikommißinhabern. Da sind die Fürsten und Grafen Dohna, die Putbus, Lynar, Arnim, Radziwill, Carolath und Schönaich-Carolath, Schulenburg, York v. Wartenburg, Keyserlingk, Lichnowsky, Schaffgottsch. Zweiundfünfzig Fideikommisse haben schon vom Jahre 1847 her ihr Herrenhausrecht, und andere Zweige derselben Familien oder neue Häuser haben es im Laufe der Jahre erhalten (vierzig): Graf Eulenburg, Ballestrem, Stolberg-Wernigerode, Alvensleben, Fink v. Finkenstein usw. Im Ganzen sind es hundertundfünfzehn Herren, die ganz von selber ohne alle Präsentation oder Wahl, ohne neues Königspatent von sich aus ins Herrenhaus gelangen, wenn sie wollen. Dieses „wenn sie wollen" muß allerdings besonders gesagt werden, denn niemand kann gezwungen werden zu erscheinen. Das Verzeichnis des Herrenhauses spricht von ruhenden Stellen teils dann, wenn die Inhaber noch nicht das nötige Alter erreicht haben, teils dann, wenn sie einfach sich noch niemals eingestellt haben. Begreiflich ist das, wenn beispielsweise der König von Württemberg oder der Herzog von Anhalt keine Neigung hat, die Rechte, die auf einer ihrer preußischen Besitzungen ruhen, praktisch auszuüben, oder wenn österreichische Herren wie Liechtenstein oder Haberstein nicht gleichzeitig preußische Politik machen wollen, auch würde das den Vorschriften des Hauses nicht entsprechen, aber auch mancher andere läßt der Welt ihren Lauf. Es kommt ja nicht auf die einzelne Stimme an und die Welt ist sonst so voll von vornehmen Pflichten! Sollte aber einmal in Zukunft der Kampf um das Herrenhaus ernsthaft werden, dann wird man die Säumigen schon heranholen, denn hier sind Rechte, die nicht von Motten und Rost gefressen werden und die mit jeder neuen Generation von neuem entstehen.

Zu den hundertundfünfzehn geborenen Mitgliedern kommen nun aber diejenigen, die von einer dazu berechtigten Stelle aus dem Könige zur lebenslänglichen Ernennung empfohlen werden. Ob der König die ihm Empfohlenen annehmen muß und innerhalb welcher Zeit er sie bestätigt, hat vor langen Zeiten im Anfang der sechziger Jahre einmal

Anlaß zu ziemlich lebhaften Debatten gegeben, als König Wilhelm Monate verstreichen ließ, ehe er seinen Namen unter die ihm vorgelegten Vorschläge setzte. Damals war ja überhaupt eine gewisse Spannung zwischen Herrenhaus und Krone vorhanden, da das Herrenhaus es mehr mit Friedrich Wilhelm IV. gehalten hatte als mit seinem Bruder. Aber eine Entscheidung ist damals nicht gefallen. Der König kann machen, was er will, aber er tut in Wirklichkeit, was von ihm gewünscht wird. Das Recht, ihm Vorschläge zu machen, haben zuerst die drei protestantischen Domstifte zu Brandenburg, Merseburg und Naumburg. Für Naumburg hat jetzt Graf Posadowsky die Vertretung übernommen. Sodann gehören hierher die acht Grafenverbände der älteren preußischen Provinzen und sechzehn besonders bevorzugte weitverzweigte Adelsfamilien wie die Alvensleben, Schwerin, Schulenburg, Bredow, Arnim, Puttkamer, Bülow. Die letztgenannte Familie läßt sich durch den früheren Reichskanzler vertreten, viel wichtiger aber ist, daß die 56 Verbände des „alten und befestigten" Grundbesitzes 90 Herrenhausmitglieder vorschlagen dürfen. Hier tritt der durchschnittliche Kleinadel auf die Bühne, und es verlohnt sich, die Bestimmungen darüber, was alter und befestigter Grundbesitz ist, etwas genauer anzusehen. Es gelten als berechtigt nur Rittergüter, die seit mindestens fünfzig Jahren im Besitze einer und derselben Familie sind, oder solche, die eine besondere Einordnung besitzen (Lehn, Majorat, Minorat, Seniorat, Fideikommiß und dergleichen!). Damit ist der Kauf von Herrenhausrechten durch Rittergutserwerbungen fast völlig ausgeschlossen. Der Adel hat eine Mauer um sich herumgezogen und bleibt unter sich. Mögen einige Rittergüter an bürgerliche Geldmenschen verloren gehen, so müssen diese fünfzig Jahre warten, ehe sie auch nur zur Abstimmung mit zugelassen werden. Natürlich werden von den Verbänden des alten und befestigten Grundbesitzes am ehesten solche Standesgenossen bevorzugt, deren öffentliche Tätigkeit von vornherein bekannt ist, nur dürfen es satzungsgemäß keine Landtagsabgeordneten sein. Reichstagsabgeordnete sind erlaubt. Es genügt aber, wenn der Betreffende nur gut konservativ und agrarisch ist. Diese 90 Mitglieder sind im Allgemeinen die Durchschnittsherren. Die meisten von ihnen stammen aus Ostelbien, dem Lande des Rittergutes, denn während Rheinland nur 5 Männer stellt und Westfalen 4, darf die Provinz Preußen 18 entsenden, Pommern 13, Schlesien 18 und Brandenburg 15. Zu nennen sind aus dieser politisch wichtigsten Gruppe beispielsweise Graf Mirbach-Sorquitten, Freiherr von Manteuffel und der gelegentlich sehr junkerlich hervortretende Dr. von Burgsdorff.

Damit endlich sind wir am Ende der Adelsrechte angelangt. Auch unter den später noch zu nennenden königlichen Berufungen können Adlige sein und sind es ziemlich zahlreich, aber die bisher aufgeführten müssen (vielleicht mit einer denkbaren Ausnahme bei den drei Domstiften, die aber kaum praktisch wird) adlig sein. Das sind 232 von überhaupt 361 Mitgliedern! Damit ist der Adelscharakter mit unverkennbarer Deutlichkeit gegeben. Das Herrenhaus ist auf Grund seiner Zusammensetzung ein Adelshaus und muß es sein, solange es, auf Grund der Verordnung vom 12. Oktober 1854 bestehen wird. Das ist sein schon erwähnter und tiefgreifender Unterschied von den Senaten oder ersten Kammern solcher Länder, in denen politische Adelsvorrechte nicht existieren.

Es kann nicht Aufgabe dieser Arbeit sein, über den Adel im Ganzen in lange Erörterungen einzutreten, wie er geworden ist, worauf seine erworbenen Rechte sich gründen, ob er dem Vaterland in der Vergangenheit mehr genützt oder geschadet hat. Es genügt, darauf hinzuweisen, daß diejenigen Provinzen und Landesteile, in denen es verhältnismäßig wenig Adel gibt, deshalb in ihrer Kultur und staatlichen Leistung keineswegs; zurückgeblieben sind. Die Finanzen des preußischen Staates beruhen nicht auf den Leistungen der Reichsunmittelbaren oder des alten und befestigten Grundbesitzes. Und wenn hervorragende Mitglieder des Adels in Militär und Staatsleitung zweifellos Großes geleistet haben, so würde es doch eine sehr einseitige Geschichtsdarstellung sein, wenn man nicht auch alle Torheiten und Fehler, die von Mitgliedern derselben Schicht geleistet wurden, ebenfalls in Rechnung setzen würde. Mit dem einen Namen Bismarck kann man nicht alles das hinwegblasen, was an Bauernlegen, Tagelöhnerelend, Bürgerverachtung in die preußische Geschichte eingeschrieben ist. Die Herrenkaste hat ihre Vorzüge, die ihr niemand abstreiten wird, aber der Hintergrund ist eben doch, daß eine solche Herrenkaste ohne Erniedrigung der übrigen gar nicht bestehen kann, da sie eben nur durch Schaffung und Erhaltung eines Herrenrechtes ihre Eigenart zu bewahren vermag. Der einzelne Adlige kann tüchtig, human, gebildet und selbst in gewissem Sinne liberal sein, und gerade das preußische Herrenhaus bietet einzelne sehr erfreuliche Beispiele dieser Art, die Schicht als Ganzes aber muß brutal sein oder sich selbst aufgeben, sie muß den tiefen Graben zwischen sich und allem übrigen Volke immer wieder ausheben lassen, wenn er an einer Stelle zu verfallen droht, sie kann nicht zugeben, daß der Adlige auch nur ein Staatsbürger ist wie jeder andere. Das trifft sogar für den Kleinadel in noch stärkerem Maße zu als für den Hochadel. Der letztere vermag, wie die Verhältnisse in Frankreich beweisen, auch eine völlige Beseitigung aller politischen Privilegien auszuhalten, ohne damit einfach in der Masse zu versinken, weil er soviel Besitz, Geschichte und gesellschaftliches Ansehen mitbringt, daß er sich selbst in der demokratischen Republik noch sehen lassen kann. Aber der durchschnittliche kleine Adlige muß auf seinem Schein bestehen, denn was bleibt von ihm, wenn mit der preußischen Verfassung Ernst gemacht wird, deren grundlegender Paragraph lautet: „Alle Preußen sind vor dem Gesetze gleich; Standesvorrechte finden nicht statt"?! Deshalb ist das Herrenhaus sowohl nach seiner Zusammensetzung als nach seinem geistigen Gehalt ein beständiger Protest gegen den Grundgedanken der preußischen Verfassung. Alle Achtung vor den auch von uns freimütig anerkannten hervorragenden Eigenschaften vieler seiner Einzelmitglieder und alle Teilnahme, die wir als Kinder eines historischen Zeitalters für die Erben langer Traditionen besitzen, darf uns nicht abhalten, den prinzipiellen Gegensatz scharf herauszuarbeiten, in dem die Existenz eines Herrenhauses zum Staatsrechte des preußischen Staates steht, zu jenem Staatsrecht das mit dem Jahre 1848 geboren und nach vielem Sträuben und mit allerlei inneren Vorbehalten am 6. Februar 1850 König Friedrich Wilhelm IV. beschworen wurde.

An Friedrich Wilhelm IV. muß man denken, sobald man sich Entstehung und Lebenszweck des Herrenhauses klarmachen will. Kein anderer Preußenkönig würde dieses Haus so konstruiert haben, aber da es nun einmal vorhanden ist, es von seinen Nachfolgern erhalten. Friedrich Wilhelm IV. war Romantiker in dem doppelten Sinne, daß alles Alte und alles Theatralische ihm besonderen Eindruck machte. Er brauchte Adel und Geistlichkeit zur Erhöhung seiner mystischen Würde. Der Adel ist ihm die Unterstufe für die Monarchie. Um den König herum müssen Männer stehen, die auch schon unsichtbare Weihen auf ihrer Stirn tragen. Diese Männer empfing er nach seiner Thronbesteigung am 15. Oktober 1840 im königlichen Schloß, während die Vertreter der Städte und Bauernschaften draußen vor dem Schloß im Regen ausharren mußten. Sie sind seinem landesväterlichen Herzen am nächsten, denn sie gehören zur göttlichen Ordnung, wie er sie sich dachte. Als deshalb von 1844 an über die Vereinigung der acht Provinziallandtage zu einem Hause der preußischen Reichsstände beraten wurde, war es der König, der über die vorhandenen drei Kurien der Ritterschaft, des Bürger- und des Bauernstandes noch eine vierte alleroberste Kurie setzen wollte, die „Herrenkurie", ohne deren Zustimmung kein Beschluß gültig sein sollte. Damit sollte das Unrecht wieder gutgemacht werden, was nach des Königs sentimentaler Meinung Reichsunmittel-

126

baren durch die Beseitigung ihrer einstigen Souveränität geschehen war. Der Minister Arnim-Boitzenburg aber schlug ein Zweikammern-system vor, bei dem Ritterkurie und Herrenkurie die erste Kammer bilden. Damit waren die Grundfragen gestellt. Es begannen bald Kommissionsberatungen, die zunächst alles wieder unsicher machten. Der Prinz von Preußen, der spätere Kaiser Wilhelm, war für ein Ober-haus, vielleicht auch zur Sicherung des Staates gegenüber der allzu lebhaften Phantasie seines königlichen Bruders. Schließlich siegte der König: der Vereinigte Landtag von 1847 brachte einerseits die alte Dreiständekurie der bisherigen Provinzialvertretungen und andererseits eine neue Herrenkurie der Fürsten und Standesherren. Und dieses alt-fränkische System würde wohl eine ganze Zeitlang sich fortgesetzt haben, wenn nicht der Sturm des Jahres 1848 hereingebrochen wäre, das kurze schöne Frühlingsjahr der preußischen Verfassung.

Was vorher unmöglich und unheilig erschien, ging jetzt mit einem Male! Der König, der den Hut vor den Märzgefallenen abnehmen mußte, war auch in Verfassungsfragen zunächst zu allem bereit. Er billigte für das Herrenhaus den Regierungsentwurf vom 20. Mai 1848, der alles umwarf, was er an reichsunmittelbarer Adelsmystik bis dahin vertreten hatte. Es sollten in die erste Kammer gehören: die Prinzen, 60 vom König ernannte Höchstbesteuerte und 180 von den Wahlmännern des Abgeordnetenhauses gewählte Abgeordnete! Man vergesse dabei nicht, daß für diese Wahlmänner damals im Jahre der nationalen Neu-geburt das allgemeine gleiche (indirekte) Wahlrecht bestand! Also auch die erste Kammer sollte in ihrer überwiegenden Mehrheit eine demokratische Wahlkammer sein. Das entsprach der Verfassung, die mit größtem Nachdruck die Gleichheit aller Staatsbürger fordert: alle Preußen sind vor dem Gesetze gleich!

Aber was bedeutete die Verfassung, als der Sturm von 1848 ausge-blasen hatte? Man ließ die Verfassung stehen, aber man beachtete sie nicht. So ragt noch heute die preußische Verfassung zwischen beiden Kammern aufwärts wie eine alte hohe Römersäule inmitten eines rui-nenhaften Dorfes. Ihr prinzipieller Teil hat noch heute nach sechzig Jahren nur einen prophetischen Wert, denn alles, was wirklich in Preu-ßen geschieht, geschieht gegen die Verfassung. „Standesvorrechte finden nicht statt. Die öffentlichen Ämter sind unter Einhaltung der von den Gesetzen festgestellten Bedingungen für alle dazu Befähigten gleich zugänglich. Der Genuß der bürgerlichen und staatsbürgerlichen Rechte ist unabhängig von dem religiösen Bekenntnisse. Über das Kirchenpatronat und die Bedingungen unter welchen dasselbe aufge-hoben werden kann, wird ein besonderes Gesetz ergehen. Die Wissenschaft und ihre Lehre ist frei." Solche Worte enthalten eine Weltanschauung, die erst langsam wiedererobert werden muß. Gegen diese Worte wurde offiziell gesündigt, noch bevor und nachdem sie vorn König beschworen worden waren. Alle Ausführungsbestimmungen der Verfassung wurden soweit umgebogen, daß sie das Gegenteil von dem besagten, was in den grundlegenden Paragraphen gefordert ist. Deshalb bleibt von da an Preußen das Land der moralischen Widersprüche, modern und mittelalterlich zugleich, unwahr in allem offiziellen Handeln, Land Friedrichs II. und Friedrich Wilhelms IV., die Arena neuzeitlicher Entwicklungen und altfränkischer Wunderlichkeiten. Das Wunderlichste vom Wunderbaren aber wurde nun das in die Verfassung eingeschachtelte Herrenhaus, gleichsam ein, altdeutsches Zimmer mit bunten Bogenfenstern im nüchternen, hellen Industriebau. Schon das Abgeordnetenhaus wurde durch das öffentliche Dreiklassenwahlrecht zu einer Art Oberhaus gemacht; das Volkshaus verschwand. Hinter das Dreiklassenhaus aber stellte man das Oberhaus, die Kammer der lebendig gebliebenen Ahnen, in der alle Geister vertreten sind, nur nicht die, welche erst kommen wollen. Dieses Wunderhaus herzustellen, war nicht eines Tages kurze Arbeit. Man hatte ja die erste Kammer vom 20. Mai 1848, von der wir vorhin sprachen. Diese wurde zum ersten Male am 3. Januar 1850 verändert und erhielt folgende Zusammensetzung: Prinzen, Reichsunmittelbare, 90 gewählte Abgeordnete, 30 Stadtvertreter und königliche Ernennungen. Zum zweiten Male und endgültig bis jetzt wurde sie verändert am 12. Oktober 1854. Alle gewählten Abgeordneten verschwinden und es bleiben im Grunde nur zwei Arten: Die Adelsvertretungen, die wir bereits besprochen haben, und die anderen, von denen wir jetzt sprechen wollen. Es sind das die Vertreter der Universitäten, der Städte und die sonstigen freien königlichen Berufungen.

Von den Universitäten können zehn Professoren in Vorschlag gebracht werden. Wir nennen Schmoller, Reinke, Küster, Löning, Rissen und auch den Wahlrechtsfeind Hillebrandt. Von den Städten haben 49 das Recht, ihren Bürgermeister oder sonst einen hervorragenden Bürger zu präsentieren. Die Städte sind einst willkürlich gewählt, und selbst Berlin hat nur einen Sitz. Immerhin ist die Gruppe der Bürgermeister die einzige in Betracht kommende Vertretung des Bürgertums, denn unter den zirka 80 Ernennungen des Königs verschwindet das bürgerliche Element vor lauter hohen Würdenträgern. Hier finden sich die Minister außer Dienst und Hofbeamte, Generalfeldmarschälle und Bischöfe. Hierher gehört der Erzbischof Fischer und der Oberhofprediger Dryander, der Generalsuperintendent Faber und die Generalfeldmarschälle v. Hahnke, von Loë und Graf Häseler, hier sitzen der Präsident der Reichsbank und die juristischen Berater der Krone, der Oberhofmarschall und der Oberburggraf. Dazwischen hat man noch eine Anzahl Kommerzienräte und Industrielle gestreut: Mendelssohn, Metzler, Meyer, Michels, Siemens, Vopelius, Krupp-Halbach, und einige Professoren, wie Adolf Wagner, Riedler, Slaby und Zorn. Vielerlei Köpfe, von denen jeder etwas bedeutet, aber was können sie neben der festen Masse des Adels? Und oft wollen sie gar nichts Besonderes bedeuten, sondern fügen sich willig und gern als dienende Brüder in den Geist des Hauses. Für gewöhnliche Sterbliche ist überhaupt kein Platz. So sammelt sich, wenn man alle zusammenfaßt, die Summe von 361.

An diesem Herrenhause kann man sicherlich ein gewisses ästhetisches Wohlgefallen haben. Hier wird nicht grob gestritten, nicht agitiert und deklamiert. Hier finden sich stets auch einige Redner, die etwas Charakteristisches zu sagen haben, und selbst dann, wenn das Gesagte an sich nicht neu ist, so interessiert es um der Männer willen, die hier reden. Aber dieses ästhetische Wohlgefallen darf uns nicht blind dafür machen, was das Herrenhaus politisch bedeutet. Die entscheidenden Sätze der Verfassung lauten: „Die gesetzgebende Gewalt wird gemeinschaftlich durch den König und durch zwei Kammern ausgeübt. Die Übereinstimmung des Königs und beider Kammern ist zu jedem Gesetze erforderlich. Finanzgesetzentwürfe und Staatshaushaltsetats werden zuerst der zweiten Kammer vorgelegt; letztere werden von der ersten Kammer im Ganzen angenommen oder abgelehnt." Das Herrenhaus unterscheidet sich also vom Abgeordnetenhause nur darin, daß es keinen Einfluß auf finanzielle Einzelfragen hat. Ein Steuergesetz im Ganzen kann am Herrenhause scheitern, wie vorzeiten der Kampf um das Grundsteuergesetz bewiesen hat. Neue Gesetze können ebenso gut vom Herrenhause angeregt werden wie vom Abgeordnetenhause, und jeder Minister muß bei seinen Entwürfen von vornherein die Frage im Auge behalten, ob er das oder jenes dem Herrenhause vorlegen kann. Alles, was nicht durch das Herrenhaus hindurchgebracht werden kann, ist in Preußen unmöglich! Darin liegt sein beständiger Einfluß. Selbst ein König kann nichts durchsetzen, was das Herrenhaus nicht will, es sei denn, er würfe das ganze Haus über den Haufen.

Daß das Herrenhaus unter Umständen auch einmal gegen den König standhaft sein kann, hat sich in der bereits einmal erwähnten Zeit, im Winter 1860 auf 1861, gezeigt. Es ist das aber das einzige Mal, wo Krone und Herrenhaus merkbar auseinandergingen. Damals war es, wo der sogenannte kleine Pairsschub erfolgte, der darin bestand, daß der Prinzregent 18 neue Mitglieder ernannte, von denen die bekanntesten konstitutionelle (liberale) Abgeordnete der zweiten Kammer waren, und gleichzeitig fünf Städte mit Repräsentationsrecht ausstattete, die für freisinnig galten und deshalb früher übergangen worden waren. Daß diese 23 neuen Mitglieder für sich allein die Mehrheitsverhältnisse nicht ändern konnten, verstand sich von selber, aber immerhin wurde der Wink verstanden, und bald war ja auch die Lage so, daß sich König und Abgeordnetenhaus wegen der Militärvorlage entzweiten und er dadurch dem Herrenhaus nähergeführt wurde.

Mit dem Blick auf diese Konfliktszeiten schreibt Bismarck im ersten Bande der Gedanken und Erinnerungen, daß damals das Herrenhaus deshalb dem Könige wenig nützte, weil es in der öffentlichen Meinung nicht dasselbe Schwergewicht besaß, die eine erste Kammer im Sinne des Gesetzes von 1850 gehabt haben würde. In diesem Zusammenhange lesen wir die Worte: „Es verrät einen Fehler in der Konstitution, wenn ein Oberhaus in der Einschätzung der öffentlichen Meinung ein Organ der Regierungspolitik oder selbst der königlichen Politik wird." So urteilt der alte Bismarck, der die Geschäfte aufgegeben hat, solange er aber preußischer Ministerpräsident war, hat er nichts getan, um die Zusammensetzung des Herrenhauses zu ändern oder ihm den Willen größerer Selbständigkeit einzuhauchen. Gerade in den Jahrzehnten der Bismarckischen Herrschaft ist das Herrenhaus nicht aus der Rolle des Jasageinstruments für den Gewaltigen herausgekommen, selbst nicht während des Kulturkampfes und der Zeit der konservativen Deklaration, in der es eine starke antibismarckische Minderheit im Herrenhause gab. Wenn Kaiser Friedrich III. länger gelebt haben würde, so weiß man nicht, ob nicht die alten Kämpfe sich noch einmal erneuert hätten, aber es fehlte die Gelegenheit zum Protestieren. Jetzt ist es in der Tat so, wie Bismarck die Sache beschreibt: es handelt sich um „eine Doublüre der Regierungsgewalt". Nicht zwar, als ob das Herrenhaus alles glatt annimmt, was die Regierung vorlegt. Es wird bei größeren und kleineren Sachen, wie zum Beispiel beim Bürgerlichen Gesetzbuche, hin und her verhandelt, aber schließlich ist doch die Harmonie immer vorhanden, etwa nach der schönen Formel, die Graf Bülow dafür am 28. März 1901 gefunden hat: „Ich bin überzeugt, daß diese Versammlung, wo soviel Erfahrung und Einsicht vertreten ist, mit stets bewährtem Patriotismus in immer gleicher Ergebenheit und Treue für den König die Staatsregierung unterstützen wird in dem Streben, gemeinsam mit der verfassungsmäßigen Landesvertretung das Wohl der Monarchie zu fördern." Man lese diesen kleinen

Satz genau, so wird man finden, daß nur das Abgeordnetenhaus eine „verfassungsmäßige Landesvertretung" genannt wird und daß als Ziel der Arbeit „das Wohl der Monarchie" angegeben ist, ein Ausdruck, der vieldeutig sein kann und dem besonderen Tone des Herrenhauses entspricht. Überhaupt verstand es Bülow gut, sich mit dem Herrenhause zu unterhalten. Er machte Komplimente, schüttelte die Hände, besprach sich mit den einzelnen und überwand auf diese Weise sowohl die Schwierigkeiten des Berggesetzes wie die noch größeren der Enteignungsvorlage. Und wenn jetzt sein Nachfolger, Herr von Bethmann Hollweg, beim Wahlrechtsgesetze das Herrenhaus seinen Wünschen dienstbar fand, so erntete er einesteils die Früchte zehnjähriger Bülowscher Bemühungen, und hatte außerdem von ihm gelernt, wie man die „Herren" vorbereitet. Es handelt sich ja im Herrenhause nicht um feste Parteien, sondern nur um zwei außerordentlich locker gefügte Fraktionen, von denen die eine die Adelspartei als solche ist und die andere aus Bürgermeistern und Professoren und einigen besonders freigerichteten Adligen besteht (Vorsitzender Fürst Hatzfeld). Kein Parteiverband ist stark genug, den Mitgliedern Vorschriften zu machen, denn eigentliche Parteien entstehen nur dort, wo gewählte Abgeordnete in Frage kommen. Jeder ist ein Herr für sich, ein konservativer Individualist, dem es oft schon genügt, wenn nur seine Stimmung einmal zum Ausdruck gekommen ist. In dieser Umgebung ist es gar nicht selten, daß jemand gegen eine Vorlage spricht und dann doch für sie stimmt, weil es — der Wunsch Seiner Majestät ist. Alle Arbeit wird von der Mehrzahl mit einer gewissen vornehmen Tätigkeit betrieben, die es einem nur einigermaßen personalkundigen Ministerpräsidenten leicht macht, diejenigen Herren in den Vordergrund zu schieben, die ihm gerade in seiner Sache behilflich sein wollen. Es ist also das Herrenhaus unter allen Parlamenten das am wenigsten doktrinäre, zugleich dasjenige, das die geringste eigene Stoßkraft besitzt, aber man würde sich sehr täuschen, wenn man glauben wollte, daß es jede Wendung mitmachen würde, die ein Ministerpräsident versucht. Nehmen wir einmal an, Fürst Bülow hätte es im Juli vorigen Jahres von König und Bundesrat erlangt, den Reichstag aufzulösen und antikonservative Wahlen zu machen; nehmen wir an, daß er dann zur Erhaltung seiner Reichstagsmehrheit eine ernsthafte und wirkliche Reform des Landtagswahlrechtes versuchte, so würde nach aller menschlichen Berechnung das Herrenhaus ihm nicht gefolgt sein und würde einfach durch passiven Widerstand seinen Plan ruiniert haben. Hier liegt die tiefste Kraft des Adelshauses. Die Regierenden wissen, daß es von einem gewissen Zeitpunkt an oppositionell sein kann, und vermeiden es, die

Dinge dahin kommen zu lassen. Ein so hilfloses, rhachitisches Reformgesetz, wie es Bethmann Hollweg in seinen langen Armen trägt, läßt sich durch das Herrenhaus durchbringen, aber alles was darüber hinausgeht, prallt ab, denn in Wahlrechtsfragen sind die Geborenen empfindlich. Schon immer wird im Herrenhause gegen das Reichstagswahlrecht deklamiert. Die Forderung des Reichstagswahlrechtes für das preußische Abgeordnetenhaus ist im Herrenhause eine Undenkbarkeit. Schon die Beseitigung der indirekten Wahl und der offenen Stimmabgabe der Wahlmänner wird kaum zu erlangen sein. Über alles andere lassen die Grafen leichter mit sich reden, selbst über Zölle, die sie nichts angehen, weil das Reichspolitik ist. Unerbittlich sind sie in Fideikommiß- und Rittergutsrechten und im Widerstand gegen die Demokratisierung der Staatsgewalt. Auf diesen Gebieten hilft auch ein Pairsschub nach Art dessen vom 29. September 1860 nichts mehr, wenn einmal ein preußischer Ministerpräsident mit dem Unfug des Dreiklassenwahlrechtes für das Abgeordnetenhaus aufräumen will, dann erst beginnt der große Tanz, dann wird es auch vom Herrenhause heißen: biegen oder brechen! Wie schnell oder langsam diese Konflikte heranrücken, kann kein Mensch sagen. Die Geschichte arbeitet oft merkwürdig säumig und dann wieder sprunghaft schnell, sechzig Jahre fast ist das Herrenhaus unverändert geblieben. Die ganze Generation, die an seiner wiege gestanden hat, ist ausgestorben. Wir lesen in den alten Jahrgängen der „Vossischen Zeitung" die flammenden Proteste gegen die rechtswidrige Einführung dieses Zerrbildes einer Volksvertretung. Sicherlich hatten diese Proteste damals, juristisch betrachtet, recht; es war ein Rechtsbruch! Aber was hilft uns das jetzt? Die sechzigjährige Existenz ist stärker als der wohlbegründetste Rechtseinwand. Das Herrenhaus ist da und ist, wie schon dargetan, allein durch sein Dasein ein viel mächtigerer politischer Faktor, als von der Menge der Bevölkerung begriffen wird. Es regiert nicht, aber es verhindert, daß liberal regiert werden kann. Es ist der innerste Turm der junkerlichen Festung, unbezwingbar in ruhigen Zeiten, nur zu werfen, wenn einmal das ganze Volk politisch zittert. Mit bloßem formellen Einspruch ist es nicht vom Platze zu bewegen. Auch die größten Straßendemonstrationen können für sich allein das Herrenhaus nicht stören. Und wie weit entfernt ist heute noch die Masse davon, sich gegen das Herrenhaus zu wenden! Vorläufig wird um die Außenforts gerungen, um das Wahlverfahren für das Abgeordnetenhaus und höchstens um die Wahlkreiseinteilung. Auch dort ist das bisher Erreichte nur gering. Aber soviel ist sicher: Preußen kommt nie wieder zur inneren Ruhe, bis das Dreiklassenwahlrecht gefallen ist, dieses unanständigste aller ausdenkbaren Wahlrechte. Die Demokratisierung des Staates ergibt sich einfach aus dem Bevölkerungswachstum und der Industrialisierung. Zu irgendeiner Zeit muß aus Angst vor der unaufhörlichen öffentlichen Beunruhigung der Minister kommen, der das auszuführen versucht, was Fürst Bülow angekündigt hat. Wieviele Minister vorher aufgebraucht werden, ist geschichtlich gleichgültig. Und wenn dieser Minister kommt, dann erst fängt der erste Akt des Herrenhausdramas an, denn er wird den Herren sagen müssen, daß es schon festere Rechte gab, die doch zerbrachen. Aber wieviel muß gearbeitet werden, bis wir so weit sind!

Das, um was es sich jetzt handelt, ist die Aufzeichnung des inneren Zusammenhanges zwischen dem Herrenhaus und allem Rückständigkeitsjammer der preußisch-deutschen Politik. Unserem Volke fehlt es nicht an wirtschaftlichem Fortschritt, obwohl auch dieser bei anderer Staatsführung noch größer sein könnte, es fehlt vielmehr daran, daß die Bürger in Preußen keinen freien selbstverständlichen allgemeinen Patriotismus finden können, weil die Gespenster Friedrich Wilhelms IV. noch unter uns Umgang halten. Worin besteht dieser Staat? Ist es der Staat der preußischen Verfassung, der Staat aller Bürger? Oder ist es der Dreiklassenstaat des Abgeordnetenhauses? Oder ist es der Adelsstaat des Herrenhauses? Preußen leidet noch immer an den Jahren 1848 bis 1854. Damals wurde aus Angst und Wahn alles überschüttet, was im Jahre 1848 etwas zu plötzlich ans Tageslicht gekommen war. Auch die Reichsgründungszeit hat das Erbe dieser damaligen Reaktion nicht unschädlich machen können: „Es erben sich Gesetz und Rechte wie eine ewige Krankheit fort." Und ganz Deutschland schleppt mit an dieser preußischen Last. Was könnte unser ganzes tüchtiges, arbeitsames, leistungsfrohes Volk, was könnte es in der Welt sein vor allen Völkern und für sie alle, wenn es die Bürgerverachtung, die in den Begriffen Dreiklassenhaus und Herrenhaus liegt, von sich abwerfen könnte! Das würde erst die volle Reichsgründung sein, damit erst würde der Gedanke der deutschen Nation sich vollenden. Nicht um kleiner Häkeleien und um parteilichen Eigensinnes willen soll man eine Einrichtung wie das Herrenhaus bekämpfen. Dazu sind zu viele achtbare Männer darin. Aber bekämpft muß es werden um der gesunden Geistesentwicklung des ganzen Volkes willen, und wenn es das Volk nicht fertigbringt, trotz aller Rechtsverklausulierungen mit dieser Macht des neugeputzten Mittelalters fertig zu werden, dann — wird es wohl wert sein, ewig von den „Herren" beherrscht zu werden. Warum aber reden wir dann vom freien deutschen Volke?

Der Industriestaat

Solange Bismarck die deutschen Geschicke leitete, durfte offiziell nicht zugegeben werden, daß sich Deutschland auf dem Wege zum Industriestaat befand, denn er wollte es nicht. Er wollte in Deutschland etwas schaffen oder erhalten, was dem vielberühmten „europäischen Gleichgewicht" ähnlich war, nämlich einen Ausgleichungszustand zwischen Agrarstaat und Industriestaat. Um bloßer Agrarpolitiker zu sein, dazu war er viel zu klug und zu sehr umgeben von finanziellen und großindustriellen Einflüssen, aber im Grunde seiner Seele blieb er doch der Landedelmann, der sich den Staat, das heißt in diesem Falle zunächst den preußischen Staat, nicht anders denken konnte und wollte als geleitet und getragen von der alten Aristokratie der Rittergüter. Er hatte gar nichts dagegen, wenn durch die Industrie das wachsende Volk beschäftigt und gefüttert wurde und wenn auf Grund industrieller Gewinne die Staatseinkünfte in Berlin und in den westlichen Provinzen sich hoben, auch besaß er, der große Techniker der Politik, eine hohe natürliche Achtung vor aller technischen Leistung, aber der Staat, der Staat ist doch noch etwas anderes als eine Fabrik. Um eine Fabrik zu leiten, braucht man nicht hochgeboren zu sein, aber politische Aristokratie will schon in der Wiege erworben werden. Einige lernen es später, aber diese wenigen mögen dann in die alte geborene Herrenschicht aufgenommen werden! Keinesfalls darf man den Staat den geschichtslosen Geldmächten überlassen.

So etwa war Bismarcks Stimmung, die in seinen zollpolitischen Reden deutlich durchklingt. Und nicht Bismarck allein dachte so, sondern der Gewaltige war auch hierin wie in so vielen Dingen der Ausdruck der Durchschnittsstimmung seiner Epoche. Wer von allen denen, die etwa im Jahre 1880 mit Kenntnis und Verantwortlichkeit über deutsche Politik nachdachten, konnte damals wünschen oder auch nur für möglich halten, daß der Staat vom liberalen Bürgertum geleitet würde? Das Bürgertum selbst hatte nicht das Gefühl in sich, eine zum Herrschen herangereifte Klasse zu sein, und andere, die die Sache von außen her beobachteten, hatten diesen Eindruck noch viel weniger. Dieses Bürgertum von damals würde selbst dann wahrscheinlich nicht herrschaftsfähig geworden sein, wenn ihm durch Kaiser Friedrich III. die Tore des Ministeriums geöffnet worden wären, denn es war eine unpolitische Menge von kaufmännisch denkenden Einzelmenschen, von denen jeder für sich allein gewinnen und reich werden wollte. Dieses Bürgertum vor dreißig Jahren war politisch so haltlos, daß es seine vorhandenen Parteien zerfallen ließ, daß es aus Angst vor den

Sozialdemokraten teilweise konservativ wurde, daß es auf jeden eigenen handelspolitischen Willen verzichtete. Nur wenige tapfere Köpfe blieben in der Politik, aber die Menge der Erwerbenden verlor alle Fühlung mit dem öffentlichen Leben. Von Zeit zu Zeit gab einmal jemand einen Parteibeitrag, die meisten taten nicht einmal das. Mühselig mußten die liberalen Parteiführer ihr Werk weiter betreiben, weil keine wollende Schicht in ihrem Hintergrunde war. Die Sozialdemokraten, die Agrarier, die Priester spotteten über die direktionslosen Liberalen, von denen jeder machte, was er wollte, weil kein Klassengefühl, kein Einheitsgeist vorhanden war. Das war die Zeit, von der wir früher als von der „Leidensgeschichte des deutschen Liberalismus" gesprochen haben.

In dieser Zeit entstand die große deutsche Industrie. Dieselben Männer, die politisch so wenig fertigbrachten, verrichteten wirtschaftliche Wunderwerke. Eines hing wohl mit dem anderen mit zusammen. Solange eine Schicht in technischer und kaufmännischer Hinsicht alle Hände voll zu tun hat, besitzt sie nicht die nötige Zeit und Kraft für regelrechte politische Betätigung. Man kann von manchem erfolgreichen Unternehmer hören: mich bloß halb und gelegentlich mit Politik zu befassen, hat keinen Zweck; wenn ich es einmal tue, dann tue ich es ordentlich; dazu aber habe ich keine Zeit! In dieser Hinsicht steht die Arbeiterschaft anders da als das Unternehmertum. Diejenigen Arbeiter, welche nicht in den Gewerkschafts- und Konsumvereinsverbänden direkt wirtschaftlich tätig sind, haben für Politik mehr Zeit frei als ihre Chefs. Die letzteren tragen, gerade dann, wenn es tüchtige aufstrebende Leute sind, ihre Berechnungen immer mit sich im Kopfe herum. So wenigstens ist es oder war es in der ersten Werdezeit des deutschen Industrialismus. Es ist da vom deutschen Industriellen und Kaufmann gewaltig gearbeitet worden. Ganz Deutschland ist jetzt eine einzige große Urkunde dieser Arbeit. Geht nach Hamburg, geht nach Bremen, fahrt nach Dortmund, Bochum, Essen, Düsseldorf, seht euch das Saargebiet an und die Fabriken am Mittelrhein, seht, wie in ganz Süddeutschland die Technik steigt und die Fabrikationen sich mehren, laßt Sachsen an eurem Auge vorüberziehen und laßt euch erzählen, was aus Oberschlesien geworden ist, werft einen Blick in alle Mittelstädte, wie sie sich recken und strecken, und schließt dann damit, daß ihr die Arbeit von Berlin in ihrer übermächtigen Fülle vor euch hinbreitet! Dieses neue Deutschland ist ein Erzeugnis menschlichen Denkens und Wollens. Es wuchs nicht von selber, sondern überall mußte gedacht, gewagt und gerechnet werden. Sicherlich haben das die Unternehmer und Kaufleute nicht allein getan. Ohne ihre Angestellten und Arbeiter

sind sie nichts, aber wer erzog dieses Heer von Angestellten, wer mußte trotz aller Schwierigkeiten des Klassenkampfes mit der Arbeiterschaft sich einzurichten wissen, wer organisierte das Ganze? Das waren dieselben Leute, über deren politische Mattigkeit und Energielo-
sigkeit wir so oft geklagt haben. Sie haben bis jetzt die Industrie geschaffen und keine Zeit gehabt, zur Industrie den Industriestaat zu
fügen. Es ergab sich auf diese Weise ein wunderliches Staatsgebilde,
das einigermaßen dem Ausgleichungsideal Bismarcks entsprach, das
aber nicht auf die Dauer so bestehen kann, es ergab sich nämlich das
Industrievolk im politischen Kleide des Agrarstaates. Unser politischer
Zustand ist etwa so, wie wenn in alte Landwirtschaftsgebäude eine
täglich sich ausdehnende Fabrik hineingebaut wird. Da steht die mo-
dernste Maschine unter einem alten Dachbalken und eiserne Träger
werden durch Lehmwände hindurchgezogen. Wir haben einen Staat,
der vom Gelde der Industrie ernährt, aber von den Söhnen der Rittergüter und von den Kaplänen regiert wird. Diejenigen, die sich im besonderen Sinne die Staatserhaltenden nennen, sind es nicht, die die
Staatskassen füllen. Man sehe sich die preußischen Verhältnisse an!
Fast die Hälfte der preußischen Einkommensteuer wird von fünf Re-
gierungsbezirken aufgebracht, nämlich von Berlin, Potsdam, Düsseldorf, Köln und Wiesbaden. Diese fünf Regierungsbezirke zahlen 119
Mill. Mark von im ganzen 244 Millionen. Im Landtage jedoch haben
diese fünf Regierungsbezirke nur ein Sechstel der vorhandenen Plätze.
Es zeigt sich aber dieses Verhältnis keineswegs nur bei der Einkommensteuer, sondern im ganzen Staatshaushalt. Der bei weitem größte
Posten aller Staatseinnahmen sind die Eisenbahnerträge. Wer aber
bringt den Nettoertrag der Staatseisenbahnen von 600 Millionen Mark?
Wer zahlt die Stempelsteuern? Welche Bevölkerungteile zahlen die
Verbrauchssteuern, von denen etwa 120 Millionen Mark der preußischen Staatskasse zufließen? Rechnet man Stadt und Land, so ergibt
sich für Preußen folgende kleine Tabelle:

	Stadt	Land
Bevölkerung	7,7 Mill.	20,4 Mill.
Steuerzahler	3,7 Mill.	2,1 Mill.
Einkommenssteuer	183 Mill. Mk.	61 Mill. Mk.

Die Stadtbevölkerung zahlt also dreimal so viel als die Landbevölke-
rung. Was aber bedeutet sie in der preußischen Verwaltung? Welche
Rolle spielt sie in Herrenhaus und Landtag? Nehmt die Städte hinweg
und der Staat ist eine politische Krähwinkelei!

Aber auch militärisch beruht der Staat heute auf der Industriebevölkerung. Selbst wenn offen und gern zugestanden werden muß, daß die bäuerliche Landwirtschaft weit über Durchschnitt Soldaten liefert, so sind doch folgende Tatsachen ebenso sehr zu beachten (Statist. Jahrbuch für den preuß. Staat für 1908, Seite 348): Die unselbständige landwirtschaftliche Bevölkerung leistet unter Durchschnitt ebenso wie die unselbständige Industriebevölkerung. Die bessere Leistung der Landwirtschaft beruht also nicht auf dem Großgütersystem, sondern auf dem Bauerntum. Gerade der Teil der Landwirtschaft, der sich politisch am meisten hervordrängt, ist militärisch gar nicht besser als die Industrie. Es leisten gegenüber dem berechneten Durchschnitt:

die selbständigen Landwirte	+ 66000
die unselbständigen Landwirte	- 27000
die selbständigen Nichtlandwirte	+ 46000
die unselbständigen Nichtlandwirte	- 82000

Prozentual ist also das militärische Verdienst des Bauerntums (nicht des Rittergutes) unbestreitbar, aber in absoluten Ziffern steht natürlich der nichtlandwirtschaftliche Heeresbestand trotzdem über dem landwirtschaftlichen. Es waren Söhne von

selbständigen Landwirten	145000	} 227000
unselbständigen Landwirten	82000	
selbständigen Nichtlandwirten	156000	} 389000
nichtselbständigen Nichtlandwirten	233000	

Und was die Qualität der Soldaten anlangt, so sind die Erhebungen über die Durchschnittsgröße sehr interessant. Die Durchschnittsgröße der Soldaten betrug im Deutschen Reich:

aus Orten unter 2000 Einwohnern	167,68cm
von 2000 bis 5000 Einwohnern	167,58
5000 bis 20000 Einwohnern	167,73
20000 bis 100000 Einwohnern	167,09
über 100000 Einwohnern	168,15

Also die Großstadt liefert den größten Soldatendurchschnitt. Wir brauchen nur noch zehn weitere Jahre Fortwirken von Sozialreform und Schulgesundheitspflege und das Gesamtergebnis des Industriemilitärs wird noch besser sein. Für das aber, was wir jetzt nachweisen wollen, genügen die vorgetragenen Zahlen: auch militärisch sind wir auf dem Wege zum Industriestaat. Die moderne industrielle Entwicklung ist nicht nur finanziell die Grundlage unserer staatlichen Machtpolitik, sondern hat auch schon begonnen, das Heer umzugestalten. Ein besonderes Kennzeichen dafür ist die große Zahl städtisch geborener Unteroffiziere.

Der preußisch-deutsche Staat ist militärisch emporgewachsen als ein Landheerstaat auf Grundlage bäuerlicher Rekruten und adliger Offiziere. Was das alte Heersystem in der Vergangenheit geleistet hat, ist in die Bücher der Geschichte eingeschrieben und bleibt den Beteiligten zur Ehre im Gedächtnis der Nation. Es versteht sich aber nicht etwa von selbst, daß das alte System für alle Zeiten richtig ist. Gerade ein starres Festhalten am Hergebrachten kann zu einem neuen Jena führen.

Wir verzichten an dieser Stelle absichtlich auf jede Erörterung darüber, ob durch Fortschritte der Friedensbewegung in Zukunft der militärische Charakter des Staates überhaupt gemildert werden kann, und stellen uns auf den Standpunkt der Gegenwart, wo alle Staaten rüsten. Diese Rüstungen haben nur dann einen Zweck, wenn sie einen Krieg verhindern oder, falls der Krieg unvermeidlich sein sollte, zum Siege führen. Heeresausgaben, die keine Kriegsbereitschaft garantieren, sind hinausgeworfenes Volksvermögen. Es muß also das ganze Heeresinstrument immer unter Mobilmachungsgesichtspunkten betrachtet werden. Da ergibt sich aber, daß der Krieg von Morgen etwas völlig anderes sein wird als der Krieg von gestern.

Die Unterschiede sind folgende: der Krieg der Zukunft ist ein volkswirtschaftliches Organisationsproblem allerschwerster Art und eine technische Leistung wie noch nie eine erfordert wurde. Die alten militärischen Eigenschaften treten zurück vor den Einrichtungsaufgaben. Nicht als ob Tapferkeit und Ausdauer der Einzelpersonen nicht für alle Zeiten die Grundlage der Heereskraft blieben, aber um Tapferkeit und Ausdauer nicht nutzlos zu verschwenden, muß organisatorische Genialität vorhanden sein. Das ergibt sich schon aus den gewaltigen Heeresziffern. Diese Mengen von Menschen zu transportieren, zu platzieren und zu ernähren, ist der tägliche Gedanke der betreffenden militärischen Oberleitungen. Daß das Problem an sich von ihnen richtig erfaßt wird, steht nicht in Zweifel, wohl aber, ob mit einer Militäroberleitung, deren Hintergrund das Rittergut ist, dieses Problem hinreichend gut gelöst werden kann. Mit bloßer militärischer Tüchtigkeit ist es ja hier nicht getan: daß diese in unserem Offizierkorps auf erster

Höhe steht, wird von Feind und Freund als Tatsache angenommen. Die Sorgen beginnen erst jenseits dieser Frage. Wir wissen, daß unser Volk in seiner Industrie erfolgreiche Organisatoren besitzt, Gehirne, die daran gewöhnt sind, große Quantitäten von Materien und Personen zu dirigieren, Männer, die für ganze Erwerbsgebiete neue Lebensgesetze schaffen, ohne sich auf irgendwelche mystische Autorität berufen zu können. Wir mögen als Sozialpolitiker diesen Industriegeneralen oft scharf entgegentreten müssen, aber wenn wir an einen Krieg denken, dann wollen wir doch von ihnen geleitet sein, weil wir wissen, daß sie etwas können. Natürlich sollen sie nicht in das Handwerk der Kriegstechniker eingreifen, aber die Kriegsverwaltungsaufgaben müssen ihre Domäne werden. Und was die Kriegstechnik anlangt, so wird es auch bei dieser von Jahr zu Jahr fraglicher, ob sie von adligen Offizierkorps besser geleistet wird als von Sprößlingen bürgerlicher Technik. So hoch man die Charaktervorzüge der alten Herrenkaste einschätzen muß, und wir werden trotz allen politischen Gegensatzes diese Vorzüge nie verkennen dürfen, so vollzieht sich doch offenbar eine Umbildung der Angriffs- und Verteidigungsmethoden, bei der neben die alte Charakterfrage der ehernen Manneszucht die moderne Frage tritt, wie man den Menschen im Kampf durch Mechanik ersetzen kann. Daß dieses nie vollständig gelingen wird, ist selbstverständlich, denn es gibt keine Maschine, die nicht der Menschenseele bedarf, aber daß in dieser Richtung noch gewaltige Änderungen bevorstehen, ist zweifellos. Derselbe Vorgang, den wir in fast allen Industrien kennen, wiederholt sich hier: die Rückverlegung der Arbeit in Bergwerke, Maschinenhallen und Transportmittel. Wer heute eine mechanische Weberei besucht, findet dort relativ wenig Menschen, da der ganze Raum schon voll ist von bereits getaner Arbeit eines nicht sichtbaren Hintergrundes. So muß auch im Kriege die Front so knapp wie möglich mit Menschenleibern besetzt sein. Diese Menschen aber müssen Mechanik im Blute haben bis hin zum Tode. Im Seekrieg ist dieser Zustand schon sehr weitgehend erreicht. Die Schiffe werden gebaut und bezahlt und im Vergleich zu ihrer Kriegsstärke mit nicht allzu vielen Menschen besetzt. Diese Menschen aber müssen arbeiten wie beseelte Maschinen. Auch die in nächsten Zeiten uns bevorstehende Luftschiffahrtsverteidigung wird viel Fabrikation und Hilfsapparate, aber wenig Kriegspersonen erfordern. Der Krieg entpersönlicht sich und wird zu einem Wettlauf der Finanzen und Mechanik. Daß darin militärische Mitglieder des Adels das Allerhervorragendste leisten können, zeigt das bewundernswerte Beispiel des Grafen Zeppelin, es bleibt aber der dumpfe Druck übrig, als hätten wir besonders im Landheer noch reichlich viel an vorindustrieller Tradition nicht nur im guten Sinne der Treue und Manneszucht, sondern auch im Sinne des Ausweichens vor der Technisierung. Es lebt noch immer recht viel vom Paradesoldaten, bei dem die Knie wichtiger sind als die Finger und der Kopf. Die Industrialisierung des Heeres kommt, aber schrittweise. Sie beginnt bei der Artillerie und endigt voraussichtlich einmal bei der Kavallerie. Militärautomobile, Militärfahrräder, Eisenbahnbataillon sind vorhandene Ansätze. Die allgemeine Wehrpflicht bekommt einen anderen Sinn, nämlich den, daß ein ganzes Volk zahlt und arbeitet, damit seine Waffen absolut erster Klasse sind. Das Volk, das die beste Technik in den militärischen Dienst stellen kann, wird bei den Kriegsverhältnissen der Neuzeit voraussichtlich den Sieg gewinnen.

Ein Staat aber, der solche Aufgaben vor sich hat, muß reich sein wollen. Das hört sich wie Hohn an jetzt in den traurigen Jahren der deutschen Finanzreform. Was hinter dieser mühseligen Reformiererei liegt, ist der geschichtliche Ruf nach dem Industriestaat, der aber noch nicht verstanden wird, weil die Verhältnisse noch nicht reif genug sind. Vorläufig wird mit Aufwand unendlich vieler Mühe festgestellt, daß es auf die alte Weise nicht weitergehen kann. Auch das ist etwas! Die Reichsfinanzreform stellt uns vor die Entscheidung, ob wir uns modernisieren wollen oder an politischer Kraft zurückgehen.

Nie ist die Altväterlichkeit und Umständlichkeit unseres staatlichen Wesens so handgreiflich geworden wie gerade jetzt. Der Staat bedarf, um leben zu können, der kompliziertesten Saugapparate. Über die Einrichtung dieser Saugapparate entscheiden zahllose Instanzen, wer Historiker ist, kann seine Freude daran haben, die Winkelbauten und Kellergänge des deutschen Staatshauses zu erforschen, wie man alte Burgen achtungsvoll studiert, aber derjenige, dem es gegenwärtig ist, daß von der Kraft und Übersichtlichkeit unserer Staatsfinanzen die Zukunft der nationalen Wirkung auf die Menschheit abhängt, verliert die historische Geduld und hält es für einen alten Trödel, wenn man vor lauter Kompetenzen nicht zu einer einheitlichen deutschen Finanzwirtschaft kommt. Unbeschadet der „Selbständigkeit der Bundesstaaten" brauchen wir einen nationalen Haushaltplan, in dem die Staaten und Gemeinden ihre Stelle und ihre relative Freiheit behalten, bei dem aber ein Generalüberschlag über Bedarf und Deckungsmittel gemacht wird. Die Stelle, von der dieser deutsche Haushaltplan gearbeitet werden muß, ist die Reichsregierung, die eben dadurch erst zur Höhe einer wirklichen Staatsleitung emporgehoben wird. Das heutige Deutsche Reich ist ein Bund von Territorialstaaten mit teilweise noch recht agrarischen Verfassungen. Dieses Reich muß, solange es nicht stärker zentralisiert wird, immer finanziell krank sein. Das wird jeder bestätigen, der den Haushaltplan des Deutschen Reiches kennt. Nur eine zentralisierte Finanzverwaltung kann die Kräfte des kapitalistischen Zeitalters in den Dienst der Gesamtheit stellen.

Diejenigen meiner Leser, die die Broschüre von A. Steinmann-Bucher „350 Milliarden deutsches Volksvermögen" gelesen haben, werden wissen, was mit diesen Sätzen gemeint ist. Es kann uns hier nicht darauf ankommen, die Einzelheiten der Steinmannschen Aufstellungen nachzuprüfen, wir würden einige Posten der Rechnung anders setzen, halten aber das Endergebnis für ungefähr richtig. Das aber bedeutet, daß Deutschland durch seinen Industrialismus bereits jetzt reich genug geworden ist, um einen finanziell wohlgeordneten Staat zu schaffen, falls nur die Methode gefunden wird, wie die nationalen Besitztümer dem Gemeinwohl dienstbar gemacht werden. Diese Methode wird nicht in Finanzkommissionen gefunden, die zu einem großen Teile aus Leuten zusammengesetzt sind, die vom großkapitalistischen Betriebe nur entfernte Vorstellungen besitzen. Diese Kommissionen können als Kontrollapparate nützlich sein, die Erfindung der Methoden aber ist Sache finanzieller Fachleute, deren Leben darin verläuft, Haushaltpläne für Syndikate und Großbanken zu machen. Wo aber hat die Staatsverwaltung solche Leute? An braven tüchtigen Oberbeamten ist kein Mangel, der Industriestaat aber verlangt Finanzköpfe, die mehr sind als das. Als im Juni 1909 die Spitzen von Industrie und Handel in Berlin im Zirkus Schumann versammelt waren, saß zweifellos mancher darunter, der mehr Gabe zur Reichsfinanzreform hat als alle die Leute, die vor unseren Augen Paragraphen hin- und hergeschoben haben. Als einzelner aber kann keiner von ihnen in die Regierung eintreten, weil er dann im Formelkram des herkömmlichen Dienstes versinkt. Eine ganze Schicht muß einrücken, damit ein kühner Finanzrationalismus an Stelle der Finanzgotik treten kann.

Und sollte jemand Sorge haben, daß gerade die industriellen Oberköpfe nicht gewillt sein werden, dem Industriekapitalismus zu Leibe zu gehen, so wird er sich täuschen, denn diejenigen Männer, die gewöhnt sind, in großen Ziffern zu denken, werden sich nicht damit aufhalten, einzelne Pomadenstücke und Streichholzschachteln zu besteuern. Sie wissen, wo die Finanzen liegen, und werden von da an, wo sie einmal den Staat als ihre Gesellschaft betrachten, sicherlich nicht sentimental sein. Sie sind es ja auch sonst nicht. Über die Art der Umlagen aber werden sie sich mit den Erwerbsgruppen verständigen, damit sich nicht ewig das Schauspiel wiederholt, daß von fremden Händen täppisch in den Erwerbsmechanismus eingegriffen wird. Die Agrarier haben auf

141

einem Gebiete gezeigt, wie man arbeiten kann, wenn man Geld in Übereinstimmung mit den Beteiligten erhebt, auf dem Gebiete der Spiritusbesteuerung. Wir bekämpfen diese Steuer, weil sie inmitten einer Welt von lauter Agrarprivilegien ein neues Herrschaftsmittel der alten Aristokratie ist, aber an sich können wir den Grundsatz nicht ganz von der Hand weisen, daß der Industriestaat den Haupterwerbsgruppen die Aufgabe stellt, auf dem Boden einer begrenzten Selbstverwaltung sich zu organisieren und der Staatskasse ihren Anteil zu liefern. Im Zeitalter der Erwerbssyndikate kann der Staat an diesen Finanzmächten nicht vorbeigehen, als wären sie nicht da. Sie sind Realitäten ebenso gut wie Ortsgemeinden und Provinzen. Heute noch tut der Staat so, als hätte er es mit lauter selbständigen Einzelsubjekten zu tun. Das aber ist nur noch juristisch richtig, nicht mehr volkswirtschaftlich. Volkswirtschaftlich sind wir bereits jetzt ein Volk von Wirtschaftsverbänden und werden es in zehn oder zwanzig Jahren in noch viel höherem Grade sein. Diese Tatsache wird der Industriestaat, wenn er kommt, anerkennen und benutzen müssen. Darin liegt sein Unterschied vom alten Liberalismus, denn dieser kennt nur den wirtschaflichen Einzelmenschen. So richtig, Wirtschaftsauffassung für die erste Jugendperiode unseres Industrialismus war, so wenig entspricht sie heute der Auffassung gerade der leitenden industriellen Kreise. Diese sind über den wirtschaftlichen Industrialismus hinausgewachsen und kehren niemals wieder zu ihm zurück. Das macht es für viele Liberale nicht leicht, sich in die Gedanken des kommenden Industriestaates hineinzufinden, aber wer kann es ändern, daß wir eine Volkswirtschaft der Verbände besitzen?

Die Staatsverwaltung ist heute, schon in hohem Grade großindustriell, nur trägt sie dabei die Spuren ihres agrarisch-militärischen Ursprungs noch etwas zu deutlich mit sich herum. Der preußische Staat ist der größte Unternehmer, den es gibt. Allein in der Eisenbahnverwaltung beschäftigt er 170000 Beamte und 280000 Arbeiter, zusammen 450000 Staatslohnempfänger. Dazu kommen die Angestellten und Arbeiter der Staatsbergwerke, Staatsforsten und Domänen. Das Reich beschäftigt allein bei der Post fast 300000 Menschen. Auch die kleineren deutschen Staaten sind starke Arbeitgeber. Dazu kommt die wachsende Zahl von öffentlichen Beamten aller Art. Genaue Zahlen lassen sich aus den bisherigen Ver-öffentlichungen über die letzte Berufszählung noch nicht entnehmen, aber ein gewisser Rückschluß kann aus folgenden preußischen Ziffern gemacht werden (selbständige und Hilfspersonal zusammen):

	1895	1907	
Verwaltung und Rechtspflege	169000	236000	(+ 67000)
Erziehung und Unterricht	135000	176000	(+ 42000)
Gesundheitspflege und Krankendienst	70000	122000	(+ 52000)

Von den hier angegebenen Personen ist zwar nur ein Teil im direkten Staatsdienst, aber die Mehrzahl von ihnen gehört doch irgendwie zum großen System der öffentlichen Verwaltung. Früher galt Frankreich als das Band des Funktionarismus, d. h. des Beamtenwesens, jetzt aber steht offenbar Deutschland darin an der Spitze. Alle politischen Wünsche der Interessenten pflegen in irgendwelche Beamtenforderung zu münden: Aufsichtsbeamte, Strafbeamte oder Zollbeamte! Jede neue Steuer ist ein neuer Beamtentyp. Und wenn nun gar, was nicht außerhalb der Möglichkeiten liegt, neue Staatserwerbszweige aufgegriffen werden (Spiritusmonopol, staatliche Luftschifffahrt), so vermehren sich noch die Staatsdiener. Diese Vermehrung aber wird sich zu einem der ernstesten Probleme der Staatsverwaltung auswachsen.

Der Staat ernährt aus seinen Kassen erstens das Militär mit allem, was zu ihm gehört, und zweitens die Beamtenschaft mit ihren Familien. Das sind unter Einrechnung der von den Staatsverwaltungen beschäftigten nicht pensionsberechtigten Arbeiter und ihrer Angehörigen sicher etwa drei Millionen Menschen. Dieser Teil der Bevölkerung ist dem freien Konkurrenzkampfe insofern entrückt, als er nicht beliebig wechseln kann. Der Staat hat für das Leben dieses Teiles aufzukommen, teils auf Grund seiner Erwerbseinkünfte, teils auf Grund allgemeiner Unkosten. Daß hier eine kaufmännische Aufgabe ersten Grades vorliegt, ist ohne weiteres klar. Die Aufgabe ist eine doppelte, nämlich einerseits die Steigerung der Produktivität der Staatserwerbe und andererseits die Verbilligung der notwendigen Lebenshaltung dieser drei Millionen. Was die Produktivität anlangt, so gehört zu ihr geschäftlicher Erfindungsgeist und nicht bloß dienstliche Korrektheit. Das aber ist bis heute der Mangel der erwerbenden Staatsveranstaltungen, daß in ihnen der am leichtesten aufsteigt, der die Eigenschaften der Korrektheit hat. Die Folge ist, daß alles glatt, sauber, ehrlich und richtig zugeht, was an sich eine große Sache ist, daß aber auch alles mit mehr Umständlichkeit, Zeitverbrauch und Kraftvergeudung betrieben wird als nötig. Die Gefahren, die in jedem Großbetriebe vorhanden sind, steigern sich durch die militärdienstliche Auffassung. Das ist eine Quelle zukünftiger Leiden für den Staat, falls es nicht gelingt, innerhalb der erwerbenden Staatsbetriebe das Selbstinteresse des einzelnen stärker anzuregen und den beweglicheren Talenten freiere Bahn zu machen. Das aber geschieht niemals mit bloßen Instruktionen und Verordnungen, so gut gemeint sie sein mögen, sondern nur durch Einführung neuen Blutes aus den erwerbenden Kreisen, die von Hause aus eine größere Elastizität der Betriebsführung kennen. So nützlich und gewinnbringend es für den privaten Großbetrieb oft sein mag, Staatsbeamte in ihren Dienst zu übernehmen, um an der Erziehung zur dienstlichen Korrektheit teilzuhaben (gelegentlich gibt es auch andere Grunde), so vorteilhaft wird es für den Staatsbetrieb sein, wenn er sich außeramtlich rekrutieren kann. Das aber setzt frei gewachsene Oberleitungen voraus, etwa so wie es in England ist, wo beim Ministerwechsel die Köpfe aller höheren Staatsämter mit wechseln. Mag dabei nicht immer der rechte Mann an seine Stelle kommen, so ist doch die Möglichkeit größer, daß Genialität und Stelle sich finden. Das aber ist die Voraussetzung einer Leistungssteigerung des erwerbenden Industriestaates. Mit bloßem Sparsystem ist nichts gemacht. Sparen heißt oft nur ein Herausdrängen der besten Köpfe, eine Vermehrung der Monotonie und Mittelmäßigkeit. In dieser Hinsicht arbeitet im Allgemeinen die freie Großindustrie rationeller als der Staat. Sie läßt denen, die etwas Besonderes schaffen, auch besondere materielle Hoffnungen offen. Wir reden deshalb in keiner Weise einer Herabdrückung der Lebenslage der Staatsangestellten das Wort. Im Gegenteil: Man bezahle sie gut und verlange dafür die bestmögliche Leistung: Auch Staatsstellen müssen Erwerbsstellen sein, nicht Versorgungsstellen. Will man sich aber auf diesen Standpunkt stellen, so wird man an der Frage anlangen, ob eine solche Beamtenpolitik mit der Handelspolitik des Agrarstaates auf die Dauer verträglich ist. Wir leugnen das auf Grund der Erfahrungen der letzten Jahre.

Die Handelspolitik des Agrarstaates besteht wesentlich in der Preisverteuerung durch Erschwerung der ausländischen Einfuhr. Der ganze Zolltarif beruht auf diesem Gedankengange, der vom Standpunkte des Getreideverkaufenden Rittergutes auch vieles für sich hat, der aber für den Staatsbetrieb täglich verhängnisvoller wird. Man bedenke allein den Einfluß der jetzigen Getreidepreise auf Heer, Beamte und Staatsarbeiter! Die Beamtenbesoldungsvorlagen im Reich und in den Einzelstaaten werden ausnahmslos mit Preissteigerungen begründet, und es handelt sich dabei im Ganzen um Hunderte von Millionen. Die Ausgaben aller militärischen Proviantämter steigen infolge der agrarischen Wirtschaftspolitik ins Unglaubliche. Alle regelmäßigen Staatsausgaben leiden unter den handelspolitischen Staatsgesetzen. Was der Staat dafür an Zöllen oder verkauften Domänenprodukten mehr einnimmt, ist gering gegenüber dieser wachsenden Mehrbela-stung. Wir würden die Reichsfinanznot wahrscheinlich nur in halber Schärfe haben, wenn wir die neuesten Tarife vom Dezember 1902 nicht hätten. Das wissen alle Finanzminister und alle ihre Geheimräte, können es wegen der gegenwärtigen politischen Machtverhältnisse nur halblaut und zwischen den Zeilen sagen, haben aber einen heimlichen, wachsenden Groll gegen die Verderber des Staatshaushaltes. Diese Stimmung tritt noch nicht ganz deutlich zutage, aber sie gehört zu den Vorboten des Industriestaates.

Ob freilich der Industriestaat, wenn er kommt, grund-sätzlich frei-händlerisch sein wird, ist nicht mit Sicherheit zu sagen. Das Vorbild der englischen Vorgänge zwischen 1840 und 1850 spricht dafür, aber Deutschlands Lage ist in vieler Hinsicht anders als die damalige engli-sche Lage. wir unsererseits zwar halten nicht aus Doktrinarismus, son-dern auf Grund langjährigen Durchdenkens der nationalen Handels-probleme den Freihandel gerade für die kommende deutsche Periode für die beste Lösung unserer Landwirtschafts- und Industriefragen, da durch ihn die deutsche Viehzucht auf die Höhe der dänischen und hol-ländischen gehoben und gleichzeitig die exportierende Fertigfabrikati-on außerordentlich befördert werden würde, aber es kommt in diesem Zusammenhange weniger auf diese unsere persönliche volkswirtschaft-liche Ansicht an, als auf den wahrscheinlichen Verlauf der Handelspo-litik im Industriestaate. Dieser wird nicht von Wirtschaftstheoretikern gemacht, sondern von Interessenten. Da nun aber ein Teil der Indus-triellen, und zwar der kräftigste, tief im Schutzzollsystem versunken ist, so ist nicht zu erwarten, daß wir in der nächsten Zeit die reine Trompete des Freihandels hören werden. Sicher ist nur, daß der Indu-striestaat keine weiteren Zollerhöhungen bringen und daß er die Ge-treidezölle erniedrigen wird, um besser für den Weltmarkt produzieren zu können. Diese Frage hat sehr viele Unterfragen und enthält recht schwierige Geheimnisse. Sicher ist soviel, daß weder billige noch teure Preise an sich die nationale Produktivität garantieren. Ein Volk mit hohen Löhnen und Gehältern kann gleichzeitig hohe Dividenden zah-len, wenn es jeden technischen Fortschritt bis auf das äußerste aus-nutzt, es kann aber auch an seinen hohen Arbeitspreisen zugrunde ge-hen, wenn ihnen die Leistungen nicht entsprechen. Ein Volk kann sich von billigen Preisen aller Waren zu Verteuerungspreisen wenden, wenn es durch ausländische Kapitalanlagen und einen Handel erster Güte teure Waren zu verkaufen imstande ist, aber auch hierbei muß die Qualitätssteigerung der Arbeit und damit der Ware vorausgehen. Alle Sätze aber, die man auf diesem Gebiet aufstellen kann, behalten etwas

Dehnbares und Unsicheres. Ebenso wie ein an sich gesunder Menschenleib zahllose törichte Prozeduren verträgt, viel falsche Ernährung aushält und vielen Medizinen gegenüber eine erhabene Gleichgültigkeit an den Tag legt, so ist auch eine Volkswirtschaft wie die deutsche nicht so matt und zimperlich, daß sie an jeder agrarischen Dummheit stirbt. Sonst müßte sie längst eingegangen sein. Sie verträgt ziemlich viel und wird noch manche Gelegenheit haben, dieses zu beweisen. Diese erfreuliche Gesundheit aber ist oder war gleichzeitig die Ursache der prinzipiellen Mattigkeit in der Bekämpfung von Schädigungen gewesen. Man hatte selbst dem Zolltarif von 1902 gegenüber in den früheren Industriekreisen meist das Gefühl, daß er zwar Idealwerk sei, aber ertragbar. Und dieses Gefühl ist nicht völlig unrichtig gewesen, wir haben nicht jenen Sturz aller Geschäfte erlebt, den einige eifrige Bekämpfer dieser Tarife vorausgesagt haben. Auch die Arbeitskrisis der letzten Jahre ist nicht so groß gewesen, daß sie zum entscheidenden Kampf gegen den Zolltarif ausgereicht hätte. Man kann also, wie es beispielsweise unser Fall ist, überzeugt sein, daß uns in den letzten sechs Jahren viele volkswirtschaftliche Vorteile entgangen sind, aber man kann bis jetzt nicht in die Lüfte hineinschreien, daß wir durch die Zölle an sich ruiniert sind. Dem würden zu viele Ziffern und Tatsachen widersprechen. Endlich aber kommt doch einmal ein Zeitpunkt, wo auch der gesundeste Körper sich gegen Mißhandlung wehrt, einfach weil er sonst nicht mehr gesund bleibt. Daß dieser Zeitpunkt kommt, dafür sorgt schon die weitere agrarische Gesetzgebung. Durch Zölle und Finanzgesetze zusammen wird eine Erwerbsbeschwerung geschaffen, die auf die industriellen Unternehmer ebenso wirkt wie die Zollverteuerungen auf die Finanzministerien. Langsam, aber sicher sammelt sich der Unmut und führt zur Politisierung der Industrie- und Handelskreise, das heißt zur ernsthafte eindringlichen Beschäftigung mit den wirtschaftlichen Wirkungen des Staates. Die Gründung des Hansabundes ist das erste große Anzeichen dieses Vorganges, wenn die Finanzreform im Sinne der Reichsregierung erledigt worden wäre, würde diese Bewegung zunächst wohl noch einmal einschlafen, aber da die agrarische Mehrheit in vielen wichtigen Punkten ihren Willen rücksichtslos durchgesetzt hat, erhöht sich die Spannung. Es bleiben offene Wunden, und überall, wo Handelskammern oder Unternehmervereine tagen, haben sie Anlaß zum Protest. Jetzt erst fängt der Industrielle an, zu merken, daß er von einer fremden Macht beherrscht wird. Er hört auf, an die Bismarckische Harmonie von Agrarstaat und Industriestaat zu glauben.

Es ist das ein folgenschwerer Umschwung, wenn die Unternehmer zu Politikern werden oder doch wenigstens politische Führer aus sich heraus in den Kampf der Öffentlichkeit entsenden. Diese neuen Politiker werden nicht gleich mit einem Male die ganze Politik in ihren Gedankenkreis hineinziehen, sondern zunächst alles andere ruhig belassen wollen und nur wirtschaftspolitische Fragen behandeln wollen. Das entspricht der Art einer vielbeschäftigten kaufmännischen Klasse. Sie theoretisieren nicht über die Grundsätze des Güteraustausches an sich, sondern verlangen nur Ruhe und Freiheit für ihren Austausch, sie denken nicht an Staatsbürgerrechte im Allgemeinen, sondern an ihre Rechte im Staat, sie haben kein fertiges Programm, sondern nur Tagesforderungen. Aber sobald sie sich mit diesen Tagesforderungen beschäftigen, desto mehr werden sie zu Kritikern des ganzen Agrarstaates werden, da alle politischen Einzelfragen untereinander zusammenhängen. Sie werden sich mit der Zollhandhabung befassen, weil diese von ihnen direkt gefühlt wird, aber diejenigen, die dieses tun, werden zu Zollumgestaltern im Ganzen werden wollen, da die Unbequemlichkeiten im System liegen. Sie kritisieren falsche Erwerbssteuern und müssen dabei einen ganzen Finanzplan suchen, weil eine Klasse, die herrschen will, sich nicht auf bloße Negation beschränken kann. Die Frage: wie würden wir es machen müssen, wenn wir die Macht hätten? steigt bei jeder Spezialuntersuchung eines Mißstandes in die Höhe. Man wird Eisenbahngütertarife kritisieren und dabei ein System der Frachtberechnung finden, das nicht von agrarischen Vetternschaften beeinflußt ist. Man wird sich mit der wasserwirtschaftlichen Vorlage beschäftigen und dabei Verkehrspolitik im Großen treiben wollen. Gerade die Denkweise der Industrieköpfe nötigt zu einer gewissen Großzügigkeit. Wo eine formale Bureaukratie sich an einem geheimnisvollen Winkelbau von Ausnahmebestimmungen erfreut hat, fordert der Mann der Praxis übersichtliche Geradlinigkeit. Er verlangt Lesbarkeit des Reichshaushaltes. So wie heute dieser Haushalt beschaffen ist, kann er auch von sehr geschäftskundigen Leuten nicht glatt gelesen werden, da er voll ist von versteckten Rückzahlungen und Nebenbewilligungen. Ist etwa heute eine einfache Rentabilitätsberechnung der Reichspost oder des preußischen Eisenbahnwesens möglich? Wer ist heute für die Reichsschulden haftbar? Sind es die Einzelstaaten mit ihren Bergwerken und Domänen und ihrer Steuerkraft oder ist es nur der direkte Reichsbesitz an Reichseisenbahn, Post und Reichsinventar? Die Regelung der Finanzen führt mitten in das Staatsrecht hinein und die Regelung der Handelspolitik führt zur Kontrolle über unsere auswärtige Politik. Bisher hat sich das Parlament mit Auslandspolitik nur scheinbar befaßt und nur als Chor für die Schauspieler des Auswärtigen Amtes gedient. Je öfter aber unsere Kaufleute Lasten tragen müssen, die ihnen durch politische Auslandsverstimmungen aufgebürdet werden, desto sorgfältiger werden sie auch unseren politischen Auslandsvertretern auf die Finger sehen. Ist einmal der politische Trieb in dieser Schicht erwacht, so findet dieser Trieb auf allen Seiten neue Aufgaben, und erst in der Mitarbeit am Staat vollendet sich das Ideal der Industrialisierung. Es entsteht eine volkswirtschaftlich-politische Generalidee, von der aus alle Einzelfragen beurteilt werden.

Die Idee des Industriestaates ist nichts, was man in alten Büchern lesen kann, selbst nicht in den Geschichtsbüchern Englands. Zwar in vieler Hinsicht entspricht das, was uns bevorsteht, dem schon kurz erwähnten Umschwunge der englischen Politik in der Mitte des verflossenen Jahrhunderts. Die Ähnlichkeit liegt darin, daß eine alte Agrararistokratie aus Selbsterhaltungstrieb den Staat als Hemmungsmittel gegen Industrie und Handel benutzte und von den neuen Kräften entthront werden mußte, um der neuen Volkswirtschaft freie Bahn zu schaffen. Der Unterschied aber liegt darin, daß damals in England die neue Industrie noch durchaus individualistisch war und aus lauter Privatunternehmern bestand, die für sich nichts anderes verlangten als Freiheit des Wettbewerbes. Es gab noch keine Unternehmerverbände, Syndikate oder sonst welche starken Organisationen der aufsteigenden Erwerbsschicht. Diese aber verändern die Sachlage sehr beträchtlich, denn bei uns rückt jetzt nicht der Einzelunternehmer vor, sondern der Verband, es rückt ein organisiertes Interesse vor, das sich nicht mit den Grundsätzen von Adam Smith deckt, so sehr Drange nach möglichster Ausnutzung aller wirtschaftlichen Kräfte einig ist. Die Volkswirtschaftslehre des kommenden Industriestaates wird sicherlich keine einfache Abschreibung der Theorien sein, die bei uns in der ersten Blütezeit des deutschen Liberalismus von England herübergenommen wurden. Das Wirtschaftssubjekt wird, um es grob zu sagen, nicht der Einzelmensch sein, sondern der Verband, und die Konkurrenz wird sich nicht als Wettkampf der Vereinzelten abspielen, sondern als Ringen fest geschlossener Erwerbskoporationen. Da es aber für diese veränderte Sachlage bis heute noch keine fertigen Formeln gibt, so fehlt dem Industriestaat sein lehrhaftes Programm. Er ist nicht einfach Liberalismus, er ist noch weniger gewollter Sozialismus, aber sein Drängen verbindet liberale und sozialistische Elemente: Wirtschaftsfortschritt und Produktionssteigerung durch Assoziation, durch Organisation der Arbeit!

Weil der Industriestaat in Deutschland später kommt als der freie Handelsstaat in England kam, findet er die Industrie in einem anderen Entwicklungsstadium. Damals in England wuchs die Zahl der Unternehmungen, bei uns aber nimmt sie ab, indem nicht die Zahl, sondern der Umfang der Unternehmungen wächst. In dieser Hinsicht sind die Ergebnisse der Berufszählung von 1907 von größter Wichtigkeit. In der Abteilung „Industrie, Bergbau und Baugewerbe" wurden als „Eigentümer, Miteigentümer, Pächter, leitende Beamte und sonstige Betriebsleiter" gezählt:

1882:	1862000	
1895:	1774000	- 88000
1907:	1729000	- 45000

Dieses Ergebnis kommt auf doppelte Weise zustande, einmal durch wegfallen kleinster Zwergbetriebe und sodann, und das ist politisch das wichtigere, durch Zusammenschluß großer Unternehmungen. Man kann heute im Allgemeinen sagen, daß die Großindustrie keine neuen Betriebe mehr ansetzt. Was an Neugründungen gemeldet wird, deckt den Ausfall nicht, der durch das Verschwinden schwächerer Elemente entsteht. Während die Industrie in Zahl der Angestellten und Arbeiter gewaltig wächst, wird sie in Zahl der Oberleitungen stationär, d. h. das Ideal des alten Liberalismus, daß jeder Unternehmer werden kann, ist durch die Tatsachen überwunden. Auch wenn man jenes alte Ideal für vorzüglich hält, so muß man sich dieser Tatsache gegenüber bescheiden und zugeben, daß eine Gesellschaft mit sinkender Unternehmerziffer etwas andere Ideen im Kopfe haben wird als eine solche, bei der Neugründungen den Charakter der Epoche ausmachen.

Es kann zugegeben werden, daß die Verlangsamung der Tendenz auf wirtschaftliche Selbständigkeit weniger zutage getreten sein würde, wenn wir nicht seit dreißig Jahren unter Bismarckischen Zollideen gelebt hätten. Das freihändlerische England ist auch heute noch individualistischer in seinem Gewerbe als die Zollstaaten Nordamerika und Deutschland. Doch diese sicherlich richtige geschichtliche Anmerkung ändert daran nichts, daß nun tatsächlich der Organisationstrieb gesiegt hat und seinerseits bemüht sein wird, die Voraussetzungen zu erhalten, auf Grund deren er entstanden ist. Die Seele der ausschlaggebenden großen Industrien ist syndikalistisch geworden. Bei den Halbfabrikatsindustrien ist das am handgreiflichsten, aber auch die Fertigindustrien stehen unter demselben Zuge der Zeit. Man hat keinen Sinn mehr für „den Einzigen und sein Eigentum." Man verhandelt an allen Ecken über „Regelung der Produktion", das heißt über Herstellung von Zwangsverbänden.

Bis jetzt trägt die Verbandsgesinnung innerhalb der Industrie einen unpolitischen Charakter. Das ist nicht naturnotwendig, denn sowohl die Arbeitergewerkschaften wie der Bund der Landwirte zeigen, wie leicht und vollständig sich Erwerbsverband und Politik verbinden können. Der unpolitische Charakter der bisherigen Industrieverbände hängt mit der ganzen bisherigen Gleichgültigkeit gegen politische Probleme zusammen. Sobald diese schwindet (und der Hansabund ist, wie schon gesagt, ein Zeichen dafür, daß sich die Zeiten ändern), wird ganz von selber jeder Unternehmerverband ein politischer Körper werden etwa in demselben Sinne wie es heute Arbeite- oder Bauernverbände sind. Die Unternehmer werden dann eine eigene politische Klasse, was sie nach der Theorie des englischen Liberalismus nicht sind, da nach dieser das Unternehmersein eine ganz allgemeine menschliche Eigenschaft ist. In England wurde der Umschwung der Theorie nach getragen vom freien Bürgertum, nicht vom Unternehmertum. Daß im freien Bürgertum das Unternehmertum die Hauptarbeit leistete, war nicht unbekannt, aber es wurde dieses nicht als wesentlich betrachtet. Bei uns geht es voraussichtlich anders: die Unternehmer werden das „wir" stark hervorheben und müssen es, wenn sie für den Kampf gegen den Adel gewappnet sein wollen.

Der Agrarstaat bat sich nämlich in Deutschland und vor allem in Preußen in der Klasse des Grundadels eine Aristokratie geschaffen, die solange auf die industrielle Oberschicht magnetisch wirkt, als kein fester Klassengegensatz empfunden wird. Durch „Erhebung in den Adelsstand" vollzieht sich beständig eine Angliederung, die dem Bürgertum Kräfte nimmt. Heirat, Offiziersstand, gesellschaftlicher Verkehr dienen demselben Zwecke. Die oberste Industrie ist in diesem gesellschaftlichen Sinne konservativ geworden und glitt damit, oft ohne es selbst recht zu wissen, auch in den politischen Konservatismus hinüber. Diese Aufsaugung der Oberschicht hatte und hat ihre Folgen für die industrielle Mittelschicht. Wie soll sie politische Selbstachtung haben, wenn sie bei ihrer Oberschicht keine findet? Solange nun das Unternehmertum individualistisch war, fand es den weg nicht, sich vom Magnetismus der alten Aristokratie freizumachen. Jetzt erst, wo Organisation des Unternehmertums begonnen hat, entsteht ein Klassengeist der industriellen Aristokratie, der sich Klassengeist der Agrararistokratie gegenüberstellt. Es heiß nicht mehr mit euch herrschen! sondern: wir wollen an eurer Stelle herrschen! Der Wille zur Macht steht vor der Tür. Und erst aus dem Willen heraus vollendet sich das Programm.

Bezeichnen wir also als Industriestaat einen künftigen Zustand, bei welchem die industrielle Oberschicht kraft ihre Organisation und ihres Willens zur Macht sowohl den Regierungsapparat als auch die parlamentarische Führung in die Hand nimmt, so bleibt dabei die Hauptfrage, wie sich dazu die industriellen Mittel- und Unterschichten verhalten; oder um mit festeren Begriffen zu rechnen: werden sich Hansabund und Sozialdemokratie vertragen oder schlagen? Soviel ist sicher, daß sie beide vorläufig Luft haben werden, sich zu schlagen. Bei der Sozialdemokratie versteht sich das von selber. Sie ist so sehr auf den Kampf gegen das Unternehmertum eingestellt, daß sie den Gedanken der industriellen Unternehmerherrschaft nur mit tiefem Unwillen aufnehmen kann. Das ist auch gar nicht wunderbar. Der einzelne Arbeiter sieht nur die Welt seiner industriellen Abhängigkeit und hat von ihr viel deutlichere Eindrücke vom Kampfe zwischen Industriestaat und Agrarstaat. Aber auch bei vielen Unternehmervereinen versteht es sich von selber, daß sie sich als Kampfesorganisationen gegen die Sozialdemokratie auffassen, weil das überhaupt erst den Anlaß zur Verbandsbildung gegeben hat. Am liebsten möchten diese Unternehmer gegen alle übrige Welt zugleich kämpfen, gegen Agrarier, Bureaukraten und Arbeiter. Bei dieser beiderseitigen psychologischen Disposition ist an einen glatten und ungetrübten politischen Verkehr schwerlich zu denken, und selbst wenn beide Teile gemeinsam gegen die alte Herrschaft vorgehen, hören sie nicht auf, sich gegenseitig Vorwürfe zu machen. Das muß bei allen diesen Erwägungen von vornherein in Kauf genommen werden. Die Agrararistokratie hat es leichter mit ihrer Unterschicht, denn – die Landarbeiter sind konservativ. Wie man es macht, daß sie konservativ bleiben, ist Geschäftsgeheimnis, aber sie sind es. Die meisten konservativen Wähler sind arme Schlucker, viel ärmer als die sozialdemokratischen Wähler, denn die agrarische Unterschicht lebt dürftiger als die industrielle, und zwar gerade wegen der Herrschaft der Agraristokraten. Diese Herrschaft ist systematisch zur geistigen und moralischen Niederhaltung der Landarbeiter benutzt worden. Man denke nur an folgende Dinge: preußische Gesindeordnung, gutsherrliche Polizei, gutsherrliches Schulpatronat und Kirchenpatronat! Diesen Zustand einer beherrschten Unterschicht sehen die Sozialdemokraten und sagen: nur keine Herrschaft unserer Unternehmer! Und in der Tat gibt es industrielle Unternehmer, vor denen diese Furcht völlig berechtigt ist. Man darf bei Besprechung des Industriestaates an der traurigen Tatsache nicht vorübergehen, daß wir in

Deutschland gewisse Industrielle haben, die in keiner Weise besser sind als die hartgesottensten Junker. Ein Beweis dafür sind die gelben Gewerkschaften, welche den Versuch darstellen, die Industriearbeiterschaft geradeso zu versklaven wie es mit der Landarbeiterschaft der altpreußischen Provinzen der Fall ist. Diese Industriellen haben keine Spur vom Liberalismus, und wenn wir die Wahl haben, ob wir von ihnen oder von den Ostelbiern regiert werden wollen, sind uns die letzteren immer noch lieber.

Wer sich aber den Industriestaat nach Art des bisherigen Vorgehens der bayrischen Metallindustriellen oder der rheinisch-westfälischen Zechenbesitzer vorstellt, der kann ihn überhaupt nicht ausdenken, denn auf wen soll sich denn diese brutale Industrieherrschaft stützen? Die Arbeiter werden ihr gegenüber alles tun, was politischer Grimm ersinnen kann, die Gebildeten werden für diese Art Herrschaft keinen Finger rühren, und auch der Mittelstand hat bei aller seiner Abneigung gegen die Sozialdemokratie keine Spur von Vorliebe Kirdorf und Genossen. Die Industrieherrschaft muß liberal sein oder sie wird überhaupt nicht sein. Das ist die erste Wahrheit, die vom neuen Willen zur Macht begriffen werden muß. Der protzenhafte Unternehmer, der sich im modernsten Gewerbe aufführt wie der älteste Krautjunker, gehört in die Rumpelkammer, und zwar werden ihn seine eigenen Klassengenossen dahin verweisen müssen, wenn sie vorwärtskommen wollen. Eine der dringendsten Aufgaben der Führer Industriestaat ist die Erziehung ihrer eigenen Leute zur Achtung vor den Menschenrechten. Erst in dem Maße, als diese Erziehung gelingt, können Erfolge in Aussicht gestellt werden.

An sich ist es für die Sozialdemokratie nicht unmöglich, sich gegenüber den Agrarherren für die Industrieherren zu entscheiden, wenn ihr nur Garantie geboten wird, daß die letzteren in ihrer Gesamtwirkung besser sind als die ersteren. Mit der Parole: billiges Brot und freies Koalitionsrecht! läßt sich derselbe zeitweilige Bund von industrieller Oberschicht und Unterschicht herbeiführen, der in England etwa sechzig Jahre hindurch gedauert hat. Der Sozialdemokrat wird seine Mitwirkung nicht umsonst geben. Er kann und wird den Industriestaat ermöglichen, wenn dieser Staat folgendes bietet: vermehrte und in ihrem Werte steigende Arbeitsgelegenheit, vermehrte und freie Bildungsgelegenheit, vermehrte politische Mitverantwortlichkeit, und damit erhöhte gesellschaftliche Wertschätzung. Das ist bei weitem nicht alles, was der Sozialdemokrat fordert, aber da er das Ganze seiner Wünsche doch nicht haben kann, wird er einer Regierungsform zustimmen, bei der er täglich etwas zu gewinnen hat. Auch das vollzieht sich nicht von heute auf morgen und ist abhängig von der oben beschriebenen Wandlung im Unternehmertum.

Vor einem Irrtum wird sich dabei die neue Herrschaft hüten müssen. Sie wird geneigt sein, das Geld sehr hoch und die geistigen Strömungen gering einzuschätzen. Mit Geld allein aber wird keine Politik gemacht. Mit Geld kann man vieles tun: Zeitungen kaufen, Literatur auswerfen, Redner bezahlen, Vereine unterstützen, aber wir haben schon genügend erlebt, wie leicht sich große Summen vergeblich verpulvern lassen, wenn keine uneigennützige Begeisterung mithilft. Mit einer Papierüberschwemmung erzwingt man keine Siege des Willens. Der Industriestaat muß reellen Idealismus besitzen und darf sich nicht bloß mit einer Phrasenbrühe begnügen wollen. Das war das Große und Sieghafte am englischen Liberalismus, daß er voll war von Menschheitsideen und seelischen Hoffnungen. Es wurde ihm geglaubt, weil er selber glaubte. Ob das in Deutschland sich einstellen wird, bleibt abzuwarten. An sich liegt es in der deutschen Natur, die Dinge tief und ernsthaft zu nehmen, und es ist wohl möglich, daß der Wille zur Macht sein geistiges Kleid findet, in dem er ehrlich und frei vor alles Volk treten kann, aber vorhanden ist die neue liberale Lebensstimmung bei uns noch nicht. Sie muß erst werden. Die philosophischen Elemente dazu find reichlich vorhanden im alten und neuen Kantianimus und in allen sozialphilosophischen Arbeiten unserer Theologen und Philosophen, aber der Übergang aus den Büchern in die Gemüter ist noch nicht vollzogen. Eine Weltanschauung des Willens und der Menschenachtung liegt bereit, aber vorläufig ist sie Geheimlehre der Ethiker. Noch fehlt das, was Carlyle und Ringsley in England fertiggebracht haben: die Füllung der öffentlichen Luft mit großen und freien Ideen. Kommt das nicht, so sind das Zentrum mit seiner Mystik und der Konservatismus mit seiner Romantik stärker ein bloß materialistischer Liberalismus. Die Politik des Industriestaates wird Interessenpolitik einer Klasse sein, aber zugleich von selbst allgemeine Politik, weil mit dieser einen Klasse der Aufstieg der übrigen verbunden ist. Wenn das letztere nicht der Fall wäre, und soweit es nicht der Fall ist, hat es für idealistische Elemente keinen Sinn, dieser Gestaltung ein mithelfendes Interesse entgegenzubringen. Das ist der Unterschied zwischen sinkenden und steigenden Aristokratien: die sinkende Aristokratie zieht mit sich das ganze Volk abwärts, weil sie eine Politik der Angst treiben muß. Aus lauter Angst vor dem Auslande müssen wir uns auf Befehl dieser alten Aristokratie einkapseln, müssen tun, als vertrügen wir keine freie Geistesluft, und müssen unsere Volksmassen behandeln, als seien es Horden von Staatsfeinden. Eine sinkende Aristokratie gleicht einer alten Dame, bei der es nobel, aber höchst unpraktisch zugeht. Je älter sie wird, desto wackliger wird ihr Hausrat und desto ängstlicher fürchtet sie sich vor offenen Fenstern und neuen Grundsätzen. Auch wird sie im Alter so fromm, daß der Kaplan jeden Tag zu ihr kommen muß. Dieser redet von ihrer Seele und läßt sich gelegentlich etwas für seine frommen Anstalten in die Tasche stecken. Man kann eine derartige alte Dame vielleicht gern haben, aber ein Element des Fortschritts ist sie sicherlich nicht. Der Fortschritt wird von anderen Leuten gemacht, welche selber vorwärts wollen und eben dadurch die übrigen mit vorwärts schieben. Die industrielle Aristokratie denkt zuerst an ihre eigenen Geschäfte, aber da sie große Geschäfte machen will, so kann sie nicht an sich allein denken, denn man kann nicht Handel treiben wollen ohne Produzenten und Käufer, man kann keine großen Umsätze erzielen, wenn man nicht für allgemeine Kaufkräftigkeit sorgt, man kann als Händler nicht reich werden wollen auf Grund allgemeiner Verarmung. Sicherlich will die neue Oberschicht kapitalistisch sein und nicht sozialistisch, aber es liegt in der Ironie der Welteinrichtung, daß ein großgewordener Kapitalismus von selbst sozialistische Züge aufweist, indem er Betriebe herstellt, die nur zum Schein noch Privatbetriebe sind. Je vollendeter das Prinzip des Verbandsunternehmens sich auslebt, desto schneller wird der Klassenegoismus durch gemeinsame Verwaltung in feste Grenzen gebracht. Der Einzelne Unternehmer kann ein „Ausbeuter" sein wollen, das Syndikat wird natürlich auch gewinnen wollen, aber es kann nicht kurzsichtigen Raubbau treiben, wenn es sich nicht selbst ruinieren will. Die Volkswirtschaft gewinnt somit an Solidarität und Stetigkeit, wird berechenbarer in ihrem Verlauf und sucht auch gegenüber der Arbeiterschaft Streitigkeiten, Stockungen und Krisen nach Möglichkeit auszuschalten. Das Wahrzeichen des Industriestaates wird der Tarifvertrag sein, welcher wohl nicht die letzte Lösung der sozialen Fragen ist, aber eine höchst entwicklungsfähige Form der beiderseitigen Verständigung. Dasselbe gilt von dem Verhältnis der Landwirtschaft. Auch hier trägt die Industrialisierung, ohne es direkt zu wollen, zur Hebung mehr bei als je durch agrarische Agitation und Gesetzgebung erreicht werden kann. Da das Industrievolk seine Ernährungsansprüche quantitativ und qualitativ steigert, so stärkt es die Position derer, die Fleisch, Milch, Gemüse und Obst frisch zu Markte bringen. Schon allein die Steigerung des Milchverbrauchs und der Milchpreise ist wichtiger als der Getreidezoll. Jedes Stück fruchtbaren Landes erhöht seine Möglichkeiten bei Erhöhung der gewerblichen Umsätze. Es ist eine durchaus nicht zu rechtfertigende Sorge, als ob der Industriestaat landwirtschaftsfeindlich sein könnte. Er kann es nicht, selbst wenn er will, weil er Hunger hat und gern etwas Gutes verzehren mag. Ähnliches gilt vom Handwerk. Die gute Kleinarbeit findet überall dort ihre Abnehmer, wo überhaupt Geld in Bewegung gebracht wird. Seit wann haben wir denn Handwerkskunst? Seit wann legen wir wieder Gewicht auf persönlich gearbeitete Gebrauchsgegenstände? Das haben nicht die konservativen Gesetze getan, sondern die Vermehrung der Einnahmen und Ansprüche. Ob in allen späteren Zeiten die industrielle Leitung dasselbe leisten wird, bleibt der Zukunft vorbehalten, zunächst wird sie als eine gewaltige Förderung aller schaffenden Arbeit auftreten und damit einen Kulturgewinn im Ganzen darstellen. Sollte sie später verknöchern oder in Egoismus versinken, so wird es dann an Zeit sein, sie von neuem demokratisch zu reformieren. Zunächst gilt es die neue deutsche Volkswirtschaft von den Fesseln des Altertums freizumachen, damit sie sich emporheben kann, wie die englische Volkswirtschaft von 1850 an fabelhaft gestiegen ist.

Niemand kann natürlich in Ziffern ausdrücken, welchen Gewinn der Übergang zum Industriestaat allen Beteiligten bringt. Das hängt eben von dem Glück und Geschick ab, mit dem der politische Umschwung sich vollzieht, und von dem gleichzeitigen Gang der Weltwirtschaft.

Das einzige, was wir an geschichtlichem Vorbild besitzen, ist der schon wiederholt erwähnte Umschwung in England beim dortigen Übergang zum Freihandel. Nie ist der Menschheit eine Nation in so kurzer Zeit so aufwärts gestiegen wie damals die englische. Erst mit dem Bruch der konservativen Regierung beginnt das neue wohlhabende, glückliche England. Vorher waren drüben die Notstände der Landleute und der städtischen Arbeiter viel größer gewesen als jemals bei uns. Wir haben nie solche Hungerzeiten gehabt wie in England vor achtzig Jahren, und bei uns hat das soziale Elend nie so hoffnungslos ausgesehen, wie es in der älteren englischen Literatur geschildert wird. Auch die Arbeiterbewegung der Chartisten war wilder und ungebildeter als bei uns die der Sozialdemokratie. Aus diesen Notzuständen heraus erhob sich das moderne England, welches keineswegs nur ein Eldorado der reichen Leute ist, sondern ein Land gesteigerten Volksverbrauches überhaupt. Eine Zukunft nach Art der englischen Entwicklung ist das praktische Ziel des Industriestaates in Deutschland. Die Vorbedingungen dazu sind vorhanden, es fehlt nur der Kampf um die Macht.

In dem politischen Streite der letzten Jahre hat nicht der Industriestaat gesiegt, sondern der Agrarstaat. Das aber wird wohl sein letzter großer Sieg gewesen sein. Die größere Menge der Wähler steht längst auf der Seite des Industriestaates und die öffentliche Meinung, bereitet sich bemerkbar auf ihn vor. Jetzt hat das Volk das Entweder – Oder begriffen. Der Block des Fürsten Bülow war ein letzter Versuch Bismarckischer Harmoniepolitik. Daß dieser Versuch gemacht wurde, ist außerordentlich lehrreich gewesen, weil er nun nicht wieder gemacht werden kann. Das Zweiparteiensystem kommt und in ihm ringt sich die Neuzeit in die Höhe. Agrarpolitik und Industriepolitik kämpfen miteinander, und eines Tages wird der Industrie die Führung zufallen und die alten Aristokraten werden sich an neue Rechte gewöhnen müssen, weil die Geschichte des ganzen Volkes stärker ist als sie.

lll. Zur politischen Seelenlehre

Im deutschen Reichstag

Es ist Abend geworden im Reichstagsgebäude. Drüben im großen Sitzungssaal sind die Lichter verloschen, die Redeflut ist wieder einmal vorübergerauscht ... Worte, endlos viele Worte! ..., und nun arbeiten noch die Vereinzelten in den Schreib- und Lesezimmern, ich aber sitze allein im dämmernden Halblicht des Kronleuchters auf einem der schönen schwarzen Stühle und lasse die Augen an den hohen Säulen auf und ab gehen. So schön ist das Reichstagshaus nur in dieser abendlichen Stille. Solange hier gearbeitet wird, liegt ein Druck auf dem Ganzen, denn diese Arbeit hat in sich selbst etwas Dumpfes, Ermattendes, weil alles, was hier fertig gestellt wird, Kompromißarbeit ist. Es gibt nichts Freies, einheitlich Gedachtes; alles heißt Kommission, Konzession!

Da gehen sie einzeln über den Teppich! Erst ein alter Führer von irgendeiner Gegenpartei. Obwohl er Gegner ist, hat man doch Mitleid mit ihm, denn auch er leidet an der Krankheit dieses Hauses, am Druck eines sich in kleiner Fraktionsmühsal aufzehrenden Wollens. Wo sind die Alten hin, die vor ihm diese Mühsal trugen? Wann wird er desselben Weges gehen und wann werden wir anderen ihm folgen? Die Geschlechter der Parlamentarier lösen sich ab, aber die Arbeit bleibt, eine Arbeit, die nie fertig wird. Und da gehen zwei junge Leute und ich höre nur die Worte: Man denkt sich das vorher so anders!

Gehört es zum Wesen des Parlamentarismus, daß er so müde macht? Ist es vielleicht doch wahr, was ein bedeutender Geschichtsschreiber gesagt hat, daß die Neuzeit über den Parlamentarismus schon hinweggeschritten sei, daß wir also hier eine Art rückständigen Betrieb vor uns haben, der eben deshalb nicht befriedigen kann, weil er hinter der Zeit herläuft? Gewöhnlich werfe ich solche Gedanken weit von mir, wenn sie aufsteigen wollen, denn es würde dem Parteiprogramm absolut widersprechen, am Wesen des Parlamentarismus zu zweifeln, aber abends nach Tagesschluß, wenn man sonst redlich und vergeblich seine Pflicht getan hat, darf man schon einmal Mensch sein und sich ohne alle Nebenrücksichten fragen: welchen Zweck hat nun eigentlich dieser ganze Mechanismus?

Vor kurzem habe ich gegenüber einem Angriff die politische Agitation verteidigt. Das ist viel leichter, denn Agitation ist Lebendigkeit und macht Freude. Jetzt soll ich aber mit mir selber darüber ins reine kommen, ob die Gemeinschaft der Erwählten ein zweckmäßig angelegter Körper sei. Das ist schwer, so schwer, daß alte erfahrene Parlamentarier über nichts so resigniert zu reden pflegen als über die Methode der parlamentarischen Arbeit. Es liegt ja doch auf der Hand, daß hier viele Zeit unnütz verbracht wird und daß sich die wirkliche Arbeit viel leichter würde erledigen lassen, wenn sie als stille Kommissionsarbeit ohne alle Rücksicht auf die Außenwelt vor sich gehen würde. Dann würde nicht mehr zum Fenster hinausgesprochen werden, aber — dann würde auch das Volk nicht mehr hineinsehen können und würde keinerlei Zutrauen zu den Machenschaften haben, die im Dunklen vor sich gehen. Der Parlamentarismus muß öffentlich sein oder er wird nichts sein. Schon in diesem unwiderleglichen Satze liegen Schwierigkeiten ohne Ende ... das öffentliche Parlament wird zu einer Art Zeitung. Hier werden Leitartikel geredet, als ob es keine Presse gäbe, welche Menschenkraft aber reicht aus, das alles anzuhören? Läßt sich nicht das mündliche Verfahren durch eine modernere Art des Verhandelns ersetzen? Da aber endigt das Nachdenken in stiller Ergebung: Parlamentarismus ist mündliche Rede. Man kann keinen bloß gedruckten Parlamentarismus haben. Also es bleibt, wie es ist!

Die Mündlichkeit des Verfahrens allein ist es aber nicht, die den Parlamentarismus so umständlich macht. Diese Mündlichkeit würde sogar sehr gut zu tragen sein, wenn es weniger Parteien gäbe. Vielleicht sollte ich das nicht sagen, weil ich ja selbst zu einer der kleineren Parteien gehöre, aber wahr ist es doch. Jetzt muß in jeder Sache der Chor von mindestens zehn Parteirednern angehört werden, auch in Sachen, bei denen man von vornherein weiß, wie sie erledigt werden. Das fordert die Öffentlichkeit des Verfahrens. Die bessere Arbeit des englischen Parlaments beruht eben darin, daß es weniger Parteien aufweist, weniger Parteien bedeutet Vermehrung der Konzentration der Arbeit, ja am Ende aller parlamentarischen Wünsche steht das Zweiparteiensystem. Ein Parlament, das nur aus zwei großen Parteien besteht, hat ganz von selbst die Regierung in seiner Hand, denn in diesem Falle muß der führende Minister die Mehrheitspartei hinter sich haben, wenn er nicht morgen schon ein Mann sein soll, dem nichts mehr glückt und der deshalb gehen muß. Damit vermindert sich die Freiheit des Wählers, erhöht sich aber die Macht des Gewählten. Der Wähler hat nämlich beim Zweiparteiensystem in Wirklichkeit nur noch das Recht, zwischen zwei Regierungsgruppen zu entscheiden. Er geht zu der Gruppe, die ihm das meiste verspricht oder leistet. Im Versprechen ist naturgemäß die jedesmalige Opposition stärker als die Regierungsmehrheit, sobald aber auf diesem Wege ihre Kraft gewachsen ist, findet sie eines Tages sich als Siegerin und muß zur Ableistung ihrer Versprechungen übergehen. Darin also liegt die Grenze ihres agitatorischen Eifers. Parteien, welche in absehbarer Zeit zur Herrschaft kommen können, treiben eine reellere Agitation als Parteien, die grundsätzlich von der Herrschaft ausgeschlossen bleiben. Wenn einmal ein Sozialdemokrat bei uns Minister werden müßte! O das würde ihm und seinen Genossen gesund sein! Unsere Vielheit der Parteien hindert aber die Verantwortlichkeit. Verantwortlich ist bei uns nur die Regierung, die Parteien aber reden, versprechen, verlangen, schachern, deklamieren, formulieren und debattieren — das ist in trüber Abendbeleuchtung unser Parlamentarismus.

*

Und während ich so denke, sehe ich immerfort das tiefe Rot des Teppichs vor mir, das den ganzen Fußboden der Mittelhalle bedeckt, unvermittelt aber inmitten der roten Fläche erhebt sich das weiße Marmorbild Wilhelms I. So steht der Monarch hell leuchtend auf einem Untergrund von Blut oder von Demokratie. Die Masse hat in den Schlachten ihr Blut vergossen; diese Masse hat das Stimmrecht erhalten, um mit ihm reden zu können. Hier ist das Haus, wo sie zu ihm reden soll, hier allein, denn drüben im Abgeordnetenhause kann sie nicht sprechen und im Herrenhause wird sie am äußersten Gitter schon zurückgewiesen. Hier allein in der Reichshauptstadt gibt es eine volkstümliche Grundlage des Parlamentarismus, mag auch die vermoderte Wahlkreiseinteilung das Ergebnis fälschen. Also hier soll der Volkswille sich bilden, der neben den Fürstenwillen tritt und mit ihm auf der Höhe der Gleichberechtigung verhandelt. Das ist der Sinn unserer Verfassung. Ja, so ist der Sinn der Verfassung! Das Deutsche Reich hat zwei politische Gewalten: den Bundesrat und den Reichstag, von diesen Gewalten aber ist die eine unbeschreiblich viel stärker als die andere, denn … der Bundesrat kann den Reichstag auflösen, aber nicht umgekehrt der Reichstag den Bundesrat. Der Bundesrat spielt Fangeball mit dem Reichstag. Dort hinten irgendwo in diesem Hause sitzen sie heimlich beieinander und werfen unsere Resolutionen in den Papierkorb, verlangen aber von uns, daß wir ihre Entwürfe annehmen. Wenn der Reichstag nicht tut, was der Bundesrat will, dann gibt es einen großen Krach, dann wird ans Nationalgefühl appelliert und die Sünder müssen Buße tun, wenn aber der Bundesrat nicht tut, was die Reichstagsmehrheit beschlossen hat, dann geschieht deshalb nichts, rein gar nichts. So sieht der Zustand aus, den man in Deutschland Parlamentarismus nennt. Aus diesem Zustand muß sich der Reichstag entweder retten oder er sinkt noch tiefer, so tief wie der römische Senat in den Zeiten der Kaiser.

Armer guter Reichstag! Du tust mir leid, obwohl ich selbst zu dir gehöre. Dir werden die Minister gesetzt und du kannst gar nichts dazu sagen. Irgendeines Tages ist ein Staatssekretär oder ein Reichskanzler in Verlust geraten. Das wird uns kaum angezeigt. Der Reichstag erfährt es aus den Zeitungen. Wie war es mit dem Grafen von Posadowsky? Dieser Mann hatte seine Majorität, nicht etwa für sein Programm, aber für seine Person. Er genoß das Vertrauen der Mehrheit des Hauses. Das aber hat ihm gar nichts geholfen, gar nichts!

Armer guter Reichstag! Welcher Gedanke der neueren deutschen Politik stammt denn nun eigentlich von dir? Alles Wesentliche ist von den Verbündeten Regierungen ausgegangen, mochte es gut sein oder schlecht: Zollpolitik, Versicherungsgesetze, Arbeiterschutz, Flottenvermehrung, Finanzpolitik, alles wurde erst an dem Tage lebendig, als die stille Kammer des Bundesrates es in die Hand nahm. Der Reichstag hat das Recht der Initiative gerade so wie die Verbündeten Regierungen, aber es liegt in seiner Konstruktion, daß er mit diesem Rechte nichts anzufangen weiß. Er hat noch nicht die Mittel gefunden, den Bundesrat zu etwas zu zwingen, weil er ohne feste führende Mehrheit ist. Das Volk aber fühlt instinktiv, daß der Reichstag nur eine Art Kontrollinstanz ist, ein großes schwerfälliges Redaktionsbureau für Regierungsvorlagen. Wenn einmal der Reichstag etwas Großes von sich aus durchführen könnte! Wenn ...! Ich sehe sie zu den Staatssekretären laufen. Dort wird gehandelt wie an der Börse, aber jede Gruppe handelt für sich. Bismarck aber lacht noch im Grabe, daß er das alles so eingefädelt hat. Nichts ist schlauer als seine Bestimmungen über Bundesrat und Reichstag, denn diese Bestimmungen sind das größte Hindernis eines parlamentarischen Regiments in Deutschland. Es gab Volksrechte und sorgte dabei dafür, daß der Volkswille nicht zur Entstehung gelange. Er schuf ein unauflösliches heimliches Kollegium und ein auflösbares öffentliches Parlament. Welches von beiden stärker sein würde, war ihm sicherlich von vornherein nicht verborgen, wir aber erfahren es täglich, wie sehr er die Demokratie gebunden hat, indem er ihr zu Hilfe kam.

*

Wenn es im Reichstage eine feste Mehrheit geben würde, so könnte sie einfach durch ihre Existenz die Verhältnisse umkehren, denn sie würde den Verbündeten Regierungen Gelder sperren können, ohne die sie nicht zu regieren vermögen, und zwar würde das eine Mehrheit um so leichter können, je mehr das Finanzsystem auf Steuern aufgebaut ist, die der beständig erneuten Bewilligung bedürfen. Aber freilich die Mehrheit, die ihr Übergewicht ausnützen könnte, ist nicht da. Die Blockmehrheit tut es nicht und die Antiblockmehrheit tut es auch nicht. Es ist denkbar, daß im einzelnen Falle etwas verweigert wird, aber eine Mehrheit, die um eine Mehrung der Reichstagsrechte willen grundsätzlich einen Finanzkampf gegen die Regierung führte, die gibt es nicht. Kaum verläßt der Freisinn den Sitz am warmen Ofen, da reckt schon das Zentrum seinen Hals und will aufstehen, um sich in die Regierungswärme zu legen. Und die Sozialdemokratie verhöhnt und verhetzt sie alle, die etwa mit ihr eine Majorität des Reichstagswillens gegenüber der Regierung bilden könnten und zerstört damit die letzten Möglichkeiten eines deutschen Parlamentarismus.

Es war einmal — ja es war wie ein Märchen, vor etwa fünfundvierzig Jahren, da wollte in Preußen ein Parlament seinen Willen durchsetzen. Damals stand König Wilhelm noch nicht so ruhig über dem roten Teppich. Damals gab es noch Menschen, die für Verfassungsprobleme und innerstaatliche Machtfragen Sinn hatten. Wo sind sie hin? Das Zeitalter Bismarcks hat sie hinweggeschwemmt. Damals war es stärker als der preußische Landtag, und von da an hat sich das parlamentarische Wesen noch immer nicht erholen können. Allem Berliner Parlamentarismus liegt die Schlacht von Königgrätz noch immer in den Knochen. Sollen wir deshalb wünschen, daß sie anders ausgefallen wäre? Was würde dann gekommen sein? Was gekommen ist, mußte kommen, wir aber haben die militärische Aufrichtung des Deutschen Reiches mit einer halbhundertjährigen Hilflosigkeit des parlamentarischen Volkswillens bezahlt. Bismarck war zu stark, um wirklichen Parlamentarismus neben sich dulden zu können. Er brauchte ein Parlament von Dienern, und seine heroische Größe ist des Deutschen Reichstages erste Schädigung gewesen. Da draußen steht sein Standbild vor dem Hause in der kalten Nacht. Er war doch ein ganzer Kerl, aber wehe dem, was zwischen seine Finger kam! Das Menschengeschlecht, das mit ihm gleichzeitig lebte, kommt nicht über die Nachwirkungen des preußischen Konflikts im Anfang der sechziger Jahre hinaus. Aber irgendeinmal muß doch das Vergangene vergangen sein, irgendeinmal muß eine Jugend herangereift sein, die wieder Politik machen will und auch diesem Hause einen noch stärkeren Inhalt gibt, als es ihn heute hat. Schon sehen wir sie aufsteigen, die neue Jugend, der wenig am alten Fraktionsgezänk liegt, aber viel am Vaterland und seiner Selbständigkeit. Diese Jugend wird zum Mannesalter steigen, und dann wird jemand hier sitzen und sprechen: die Geister wachen auf und es ist eine Lust zu leben!

Optimist! Schwärmer! Illusionär! So ruft es aus der dunklen Halle und die Lichter da oben scheinen zu lachen: Jugend? Reserveleutnant, Theater, Sport! — Aber Politik?? Lacht nur weiter! Die Dinge selbst werden sich so entwickeln, daß der Schlaf der Menschen überwunden wird. Vielleicht muß erst die Not noch größer werden, die Not der Reichsfinanzen und die Unsicherheit der Regierenden. Heute ist noch immer ein gutes Stück von dem Vertrauen übrig, das Bismarck für die Regierung gesammelt hat, aber die Hohenlohe und Bülow haben nicht bloß von den Zinsen dieses Vertrauens gelebt, sondern vom Kapital. Die gebildeten Teile des deutschen Volkes werden zweifelhaft, ob die deutsche Zukunft in der Wilhelmstraße richtig verwaltet wird. Unsere auswärtige Politik zeigt Tücken und unsere innere Politik ist Flickwerk. Das läßt sich noch eine Weile verkleistern, aber die Mißerfolge treten zutage als Defizit, Schuldenvermehrung, Isolierung, Unzufriedenheit. Die Mißstimmung wächst von Jahr zu Jahr, und aus ihr heraus schwillt die Frage an: Kann nicht der Deutsche Reichstag zu einer wirklichen politischen Macht emporgehoben werden?

Ja, er kann es! Das Menschenmaterial dazu wächst herauf und es wird schon heute in den Kreisen der tüchtigsten Männer des Volkes gesagt: unsere Söhne müssen sich wieder mehr um den Staat kümmern, als wir es getan haben, wenn der Staat nicht verderben soll! Mit bloßer Bureaukratie und Adelspolitik kann ein Volk von sechzig Millionen nicht auf die Dauer regiert werden.

Die neue Generation aber bringt von Hause aus eine realpolitische Grundstimmung mit. Sie sieht den Reichstag nicht bloß als Deklamationshaus an, sondern als deutsche Mitregierung. Deshalb wird es ihr gelingen, die Schwierigkeiten einer festen Mehrheitsbildung nach dem Zweiparteiensystem zu überwinden, so groß sie sein mögen. Das Ziel ist die Bildung einer deutschen Rechten aus Konservativen und Zentrum und einer deutschen Linken aus Liberalen und Sozialdemokraten. Wem dieses Ziel zu fern scheint, der soll sich ruhig an den Zwischenkombinationen erfreuen, wie sie der Mondwechsel mit sich bringt! Es wird aber immer Leute geben, die über die Zwischenformen, über Block und Antiblock hinaus bis zum Wesen der Dinge vordringen wollen, und diese sind, ob von rechts oder von links her, derselben Meinung, daß die tiefste Parteischeidung im Unterschiede konservativer und liberaler Welt- und Wirtschaftsanschauung liegt. Dieser grundlegende Unterschied muß stärker als bisher zum Bewußtsein gebracht werden. Das ist die beste Vorarbeit für die Gesundung des deutschen Parlaments.

Von wem werden wir regiert?

Wenn man sich die Kräfte zu verdeutlichen sucht, von denen der Staat regiert wird, so kann man bei der Verfassung anfangen und nach ihr den Umfang der Rechte des Monarchen, der Minister und der Volksvertreter bestimmen. So machen es selbstverständlich die Lehrbücher des Staatsrechtes, und wer eben nur das Recht darstellen will, hat gar keinen anderen weg. Da aber anerkanntermaßen die Verfassungsrechte ebenso wie alle anderen Rechte nur ein Ausdruck sind für dasjenige, was formulierbar ist, und da gerade bei der Staatsregierung sehr vieles niemals in Paragraphen gebracht werden kann, so haben die bloßen verfassungsrechtlichen Darlegungen für sich allein einen begrenzten Wert, etwa so, wie wenn man einen Verein nur auf Grund seiner Statuten beurteilen würde. In jedem Vereine gibt es neben der geschriebenen Verfassung einen wirklichen Verfassungszustand, der oft sehr anders aussieht. Beispielsweise besagt das Statut, daß alle Macht bei der Generalversammlung liegt, die Wirklichkeit aber zeigt, daß die Generalversammlung nur eine Komödie ist. Oder es steht im Statut, daß der Sekretär vom Vorsitzenden seine Anweisungen empfängt, in Wirklichkeit aber verläuft die Sache gerade umgekehrt. Man kann getrost sagen, daß nie eine Verfassung ganz genau gehalten wird, weil sie schon in dem Augenblick, wo sie eingeführt wurde, ein Kompromiß war oder ein Gewaltakt, oder im besseren Falle eine Abmachung, bei der sich die verschiedenen Beteiligten etwas Verschiedenes dachten. Schon Lassalle hat vor mehr als vierzig Jahren darauf hingewiesen, daß beispielsweise das Königtum nicht deshalb existiert, weil es in der Verfassung steht, sondern, daß die Verfassung nur ein Friedensschluß ist, der so lange dauert, als er den vorhandenen Machtverhältnissen entspricht. Es gibt Herrscher, die viel stärker sind als sie es nach der Verfassung sein dürfen. Wer wird sie hindern? Nur wieder eine Gegenmacht, die ihnen gewachsen ist. Diese Gegenmacht wird dann die Verfassung als wirksames Kampfmittel benutzen, aber das bloße Papier für sich allein ist tot. Wenn deshalb das Musterland des modernen Parlamentarismus, wenn England keine eigentliche Verfassung besitzt, so ist das kein großer Schaden. Man weiß trotzdem sehr genau, was als staatsrechtlich erlaubt gilt, und es wird kein erworbenes Recht kampflos verloren.

Nehmen wir die preußische Verfassung zur Hand, so ist sie voll von Sätzen, die nicht zur Verwirklichung gelangen können, weil die Kräfte fehlen, sie durchzudrücken. Wir lesen da die berühmten Worte: „Alle Preußen sind vor dem Gesetze gleich; Standesvorrechte finden nicht statt. Die öffentlichen Ämter sind, unter Einhaltung der von den Gesetzen festgestellten Bedingungen, für alle dazu Befähigten gleich zugänglich." Trotzdem gibt es Standesvorrechte schon bei der Besetzung des Herrenhauses, bei der Steuerfreiheit der alten Reichsunmittelbaren und bei der tatsächlichen Auswahl der höheren Offiziere und Zivilbeamten. Wir lesen: „Der Genuß der bürgerlichen und staatsbürgerlichen Rechte ist unabhängig von dem religiösen Bekenntnisse". Sobald sich aber jemand nicht taufen läßt, kann er kein Verwaltungsbeamter werden. Und so läßt sich noch vielerlei anführen. Es heißt: „Die Wissenschaft und ihre Lehre ist frei"; wer aber etwas lehrt, was von dem Ministerialdirektor nicht gewünscht wird, der bleibt Privatdozent sein Leben lang. Auch Versprechungen sind in der Verfassung gegeben, an deren Erfüllung man in sechzig langen Jahren nicht ernstlich gedacht hat: ein Gesetz über die Aufhebung der Kirchenpatronate und eins über Ministerverantwortlichkeit! Wer also Preußen kennen lernen will, wird gut tun, sich nicht einseitig nur mit dem geschriebenen Worte des Staatsrechtes zu befassen. Er muß beobachten, wer die Entscheidungen herbeiführt, von wem die Gedanken ausgehen, wer die tatsächliche Macht besitzt. Es ist gar kein seltener Fall, daß auf genau derselben Rechtsgrundlage sich die tatsächliche Regierung und Verwaltung sehr verschieden abspielt. Dafür finden sich in der Stadtverwaltung lehrreiche Beispiele. Es gibt Städte unter derselben Städteordnung, die wesentlich vom Bürgermeister, und solche, die wesentlich von der Stadtvertretung regiert werden. Die Städteordnung bietet in beiden Fällen nur das allgemeine Schema, der Inhalt aber verändert sich nach den lebendigen Personen. Auch im Staate verschieben sich je nach dem Wechsel der leitenden Männer die Befugnisse. Es gibt Regierungspräsidenten und Oberpräsidenten, die aus ihrer Stelle etwas zu machen wissen. Wenn sie ihren Posten verlassen, so ist das gleichzeitig eine Änderung im Regierungssystem der betreffenden Provinz. Es gibt starke und schwache Ministerpräsidenten, und unter jedem neuen Reichskanzler sieht das Reich etwas anders aus. Wer also die Frage, von wem wir regiert werden, gründlich nimmt, darf sie nicht bloß formal und staatsrechtlich behandeln.

Vielleicht ist es nicht ganz unrichtig, die Erörterung über die politischen Kräfte mit einer Überlegung über die Macht der unpolitischen Menschen zu beginnen. Unter den unpolitischen Menschen verstehen wir dabei diejenigen, welche zwar das Wahlrecht besitzen, aber sich um Politik nicht kümmern. Das ist eine sehr bunte Gesellschaft: Schöngeister, Faulpelze, Sportsleute, Arbeitsfanatiker, Wirtschaftsschwache, Geistesschwache, Arme. Diese Menschen werden regiert, ihnen werden nach Möglichkeit Steuern abgenommen, sie werden bestraft, wenn sie auf dem Fußweg reiten oder wenn sie ihre Kinder nicht impfen lassen, aber daß sie eine politische Macht sind, fällt ihnen selbst am wenigsten ein. Und doch gibt es Stunden, in denen sie die Weltgeschichte machen. Das ist immer dann, wenn zwischen zwei gleichstarken Parteien der letzte Mann entscheidet.

Von einer größeren Zeitung wurde einmal das Scherzwort gesprochen, daß sie „von der letzten Postkarte regiert" werde. Das will besagen, daß in allen den Fällen, wo die Redaktion unsicher ist, ob sie für oder gegen einen Streik oder ein Nebengesetz oder eine Festlichkeit oder einen Bauplatz Stellung nehmen soll, derjenige, der zuletzt an den Verleger schreibt, er werde das Blatt abbestellen, wenn es …, daß dieser in seiner Spezialfrage zum tatsächlichen Leiter wird. In ähnlicher Weise kann man sagen, daß viele Wahlkreise „vom letzten Wähler regiert" werden. Man denke nur an alle die Fälle, wo sich Sozialdemokraten und Bürgerliche unvermittelt gegenüberstehen. Es kommt auf jeden Mann an. Wer ist der Sieger? Der letzte Mensch, der die Mehrheit herbeiführt! Dieser letzte ist sicher kein politisch Interessierter, denn die Interessierten stehen von vornherein in Reih und Glied. Der letzte wurde aus der Wirtschaft vom Kartenspiel geholt, und er und seinesgleichen sind dann diejenigen, von denen die Vertretung abhängt.

Alle großen Wahlkämpfe werden, genau genommen, von den unpolitischen Menschen entschieden. Das liegt im System des Wählens. Es fragt sich nur, wer die Unpolitischen an der Hand hat. Im Januar 1907 gingen sie mit Bülow und Dernburg, und es siegte der Bund des Reichskanzlers mit dem letzten Mann. Derselbe Vorgang aber wiederholt sich beständig in allen Parteien. Wenn hier von zwei grundsätzlich verschiedenen Meinungen nur eine vertreten werden kann, so sind es die in der Mitte befindlichen Unentschiedenen, die die Entscheidung in der Hand haben. Wer sie für sich gewinnt, der gibt den Ausschlag. Und ebenso ist es bei den parlamentarischen Abstimmungen. Auch bei ihnen hängt Gelingen oder Mißlingen oft von kleinen Gruppen ab, die gerade an der betreffenden Frage sehr wenig interessiert sind. Weil sie die Uninteressierten sind, sind sie nicht festgelegt, können rechts oder links gehen, können erscheinen oder wegbleiben. Es spricht aber alle Wahrscheinlichkeit dafür, daß auch innerhalb der Ministersitzungen häufig dieselbe Situation eintritt. Dann entscheidet — der Unbeteiligte.

Diese Macht der Uninteressierten ist eines der merkwürdigsten Geheimnisse im politischen Spiel der Kräfte. Wenn in England ein Ministerium fällt, so wird es gestürzt von jenem Teile der Bevölkerung, der von Wahl zu Wahl wechselt. Es gibt eine politische Schuttmasse, die bald einmal auf diese Seite rutscht und bald einmal auf jene, und deren bloßes Quantitätsgewicht dann dafür sorgt, daß vorwärts oder rückwärts gefahren wird. Diese Mechanik der Machtverteilung erscheint äußerst bedenklich und gegen sie lassen sich theoretisch viele Gründe vorbringen, und doch beweist gerade die englische Geschichte, daß der Staat im Ganzen sich bei dieser wunderlichen Mechanik wohlbefindet. Man kann sagen, daß auf diese Weise eine gewisse Selbstregulierung innerhalb des politischen Körpers hergestellt ist, die nur in besonderen Fällen eintritt und nicht willkürlich hervorgerufen werden kann. Niemand kann die Unpolitischen in Bewegung bringen, so lange alles glatt und gut geht. Es gehört viel dazu, daß sie ins Rollen kommen, wenn sie aber einmal rutschen, dann ändert sich etwas im Staate. Man setze bei uns den Fall, daß bei einer nächsten Reichstagswahl die Unpolitischen zu Hause bleiben oder gegen den Kanzler stimmen, so wird es heißen: die Volksstimmung hat sich gewandelt! Schon eine Verminderung der allgemeinen Wahlbeteiligung um die letzten fünf Prozent würde wahrscheinlich das Angesicht der Regierung verändern.

Alle politischen Gruppen arbeiten daran, die Zahl der Unpolitischen zu vermindern und aus ihnen Parteigänger zu machen. Ein Parteigänger ist ein Mann, von dem man weiß, für welche Herrschaftsgruppierung er eintreten wird. Überall dort, wo eine Gruppe oder eine Gruppenverbindung mehr als fünfzig Prozent der Wähler umfaßt, ist die Macht der Unpolitischen zu Ende. Dieser Fall tritt umso leichter ein, je weniger Parteien miteinander kämpfen. Überall dort, wo nur zwei Parteien sich gegenüberstehen, gibt es eine ganze Anzahl fester Wahlkreise. Das sind die Kreise, in denen ein Wahlausschuß oder ein Parteivorstand die politische Macht in Händen hat. Damit kommen wir zum zweiten politischen Faktor, den politischen Organisationen. Daß in ihnen unter Umständen der letzte Mann entscheiden kann, haben wir schon vorhin erwähnt. Für gewöhnlich aber entscheidet der erste Mann oder vielmehr die kleine Gemeinschaft der Führers. Diese sind Organe des Parteiwillens und als solche darauf angewiesen, sich in guter Verbindung mit ihrem Parteikörper zu erhalten. Sie werden regiert und sie regieren, und zwar läßt sich beides nicht genau voneinander scheiden. Sie geben Gedanken und müssen sich dann vor der Weiterwirkung derselben Gedanken beugen. Sie bringen unter Umständen ihre Anhänger in Zwangslagen hinein, kommen aber selbst ebenso leicht in den Zustand, eine gebundene Marschroute innehalten zu müssen. Beständig verschiebt sich ihr Personalbestand durch, Tod, Aufsteigen neuer Elemente, Abtrennung bisher verbundener Gruppen und durch den Wechsel der auf der Tagesordnung stehenden politischen Fragen. Sie sind scheinbar die unsichersten Regenten, da jede Generalversammlung sie stürzen kann, und doch im Ganzen sicherer als Minister und Kanzler, weil sie die Maschinenmeister ihrer Organisationen sind.

Innerhalb der politischen Organisationen aber ist der mächtigste Bestandteil im Allgemeinen der Stand der Unterführer, mögen es nun Parteisekretäre sein oder Männer in bürgerlicher Stellung. Diese Männer gleichen dem Unteroffiziersbestande in der Armee und ohne sie kann der stärkste Oberführer nichts machen. Sie haben die Mitgliederlisten, sammeln die Beiträge, heizen den Dampfkessel. Die Kunst, Unterführer zu besitzen, ist für die Existenz aller Parteiorganisationen entscheidend. Gerade der deutsche Liberalismus gibt Beispiele genug, wie wenig die geistvollsten Oberführer ausrichten, wenn sie keine Organisationsverwalter besitzen. Das Zentrum hat den Klerus, Sozialdemokratie und der Bund der Landwirte haben ein Heer von Parteiangestellten, alle anderen Parteien versuchen, dasselbe für sich zu erreichen, denn Macht ist Organisation. Organisation aber setzt eine gewisse Stetigkeit voraus. Deshalb sind die Organisationsverwalter innerhalb der Parteikörper das Element des Beharrens, sei es nun des Beharrens in der Opposition oder in der Zustimmung. Sie wehren sich gegen jede allzu schnelle Wendung und regieren auf diese Weise oft im Sinne der Hinderung von taktischen Operationen, die gewagt und ungewohnt sind. Auf solche Weise sind sie die unentbehrlichen Mitregenten ihrer Oberführer.

Was nun diese eigentlichen Parteiführer anlangt, so ist es zweifellos, daß sie in ihrer Gesamtheit einen wesentlichen Teil der Regierung ausmachen, nur ist jeder einzelne von ihnen nur ein Rädchen in einem sehr komplizierten Uhrwerke. Ihre Arbeitssphäre ist die Formulierung der Staatsgesetze. Damit sind sie der Gegensatz zu jenen Unpolitischen, von denen wir vorher sprachen. Während die Unpolitischen nur allgemeine Gemütsentscheidungen in besonderen Fällen liefern, so bieten die Köpfe der Politischen gerade die besonderen Entscheidungen in allen den Fällen, wo mit bloßem Instinkt gar nichts zu machen ist. Die Unpolitischen können nur darüber sich äußern, von welcher Gruppe der Politischen sie beherrscht sein wollen, die Politischen aber arbeiten an der Methode des Herrschens selbst und ihren Führern wird beinahe alles zur Frage der Methode, zur Taktik, zur Formulierung, zur Geschäftsordnung, zum Paragraphen und zur Abstimmung.

Die Willensbildung des Volkes vollzieht sich demnach zunächst in zwei Akten. Es bilden sich Parteien und es wird zwischen Parteien entschieden. Der Vorgang der Parteibildung ist aber sehr verschieden in verschiedenen Zeiten und bei verschiedenen Völkern. Unser Volk bildet noch zu viele und deshalb mangelhafte Parteien. Es bildet mitregierende Körper von unzureichender Größe, die eben deshalb für sich allein nur Regierungsversuche darstellen. Jede dieser Parteien weiß, daß sie Mehrheit sein müßte, um selber regieren zu können, jede aber weiß zugleich, daß sie in absehbarer Zeit nicht Mehrheit werden wird. Das gibt ihnen allen etwas Deklamatorisches, denn sie müssen erst sagen, was sie machen würden, wenn sie allein regieren könnten, um dann auszuführen, was sie mitmachen, da sie eben nur Teile einer Mehrheit oder einer Opposition sind. Oft klafft deshalb ein Zwiespalt zwischen prinzipieller Agitation und parlamentarischer Praxis, und die an sich schon nicht übermäßiges Macht der Parteiführer wird dadurch gelähmt, daß sie den Unterschied von wollen und Können beständig zu verteidigen haben. Das aber liegt im geschichtlichen Zustande des Volkes im Ganzen. Noch ist unser Volk nicht so weit, politische Parteien zu schaffen, die groß genug sind, um einheitlich zu wirken. Daher wird vielfach auch das nicht anerkannt, was die Parteien tatsächlich leisten. Jeder Fortschritt erscheint bei diesem Zustande als magere Abzahlung. Die Parteien regieren, soweit sie es tun, ohne alle Majestät, ohne Glanz und Schimmer, mühsam wie Handwerker, die froh sind, wenn nur die Kunden einigermaßen befriedigt sind. Erst der Geschichtsbetrachter stellt fest, was sie dennoch getan haben.

Den Glanz des Regierens haben die Monarchen, manche von ihnen fast nur den Glanz. Der Monarch im deutschen Einzelstaat bedeutet je nach Anlage und Tradition mehr oder weniger. Seine politische Tätigkeit ist die Auswahl der Minister und die Entscheidung über Ministerkonflikte und schwere Neuerungen, vom gewöhnlichen Gange der Staatsgeschäfte wissen manche von ihnen kaum mehr als andere gut unterrichtete Staatsbürger. Eine unvergleichlich viel stärkere politische Kraft hat der Kaiser. Da wir aber über ihn vor Kurzem ausführlich geschrieben haben, genügt es hier, das monarchische System im Ganzen dem Parteisystem gegenüberzustellen. Auch dabei beginnen wir von unten.

Wir werden regiert vom letzten Mann des Souveränitätssystems, das heißt, von derjenigen Unterbehörde, die unsere Polizeiübertretungen notiert, unsere Geburten und Sterbefälle einträgt, unsere Impfungen kontrolliert, unsere Kessel revidiert, unsere Steuern uns abnimmt und unsere Kinder zwingt, in die Schule zu gehen. Wenn alles gut geht, haben wir mit den höheren Beamten überhaupt nichts zu tun. Auch von der Verwaltung gut wie vom Parteibetriebe, daß sie von den Unteroffizieren aufrecht erhalten wird. Die Staatsautorität wird sozusagen in kleiner Münze verausgabt. Der Schutzmann, der Bezirksassessor, der Gewerbeinspektionsassistent sind die Fingerspitzen der Macht. Sie regieren aber nur als beauftragte Organe. Über ihnen stehen Stufen von Übergeordneten, deren Aufgabe es ist, die Unterbeamten in Ordnung zu halten, hinter ihnen stehen Polizeipräsidenten, Landräte, Gewerbeinspektoren, Regierungspräsidenten, Geheimräte, Finanzräte, Staatsanwälte, Richter, Landgerichtsräte, ein fast unzählbares Heer von Staatsvertretern für Verwaltung und Recht. Diese Leute regieren uns mit Hilfe jener Unterkräfte und auf Grund einer Legion von Gesetzen, Gerichtsentscheidungen, Verordnungen und Strafmöglichkeiten. Ihr Regieren ist aber immer nur Ausführung. Kein einzelner von ihnen hat einen weiten Spielraum, jeder einzelne hat im Großen und Ganzen ein Amt, aber nur selten das Recht einer Meinung. Wir werden von Menschen regiert, aber durch sie von einem System, das viel stärker ist als alle Einzelmenschen. Dieses System ist das Erbe langer Vergangenheiten und kann von niemandem im Ganzen umgestoßen werden. Man hat mit Hinblick auf Frankreich oft darauf hingewiesen, daß dort der Unterbau des Staatsverwaltungssystems alle Revolutionen überdauert hat. Oben gingen die Wogen hoch, Paris glich einer brandenden Flut, unten aber führten die kleinen Funktionäre ihre Bücher weiter, quittierten die Steuern und fingen die kleinen Diebe. Und ganz dasselbe würde sich in Deutschland zeigen, wenn hier einmal ein großes politisches Gewitter auftreten sollte, was wir nicht erwarten. Am System der Staatstätigkeiten kann niemals alles zugleich geändert werden, wenn die Gesellschaft sich nicht selbst ruinieren will. Schritt für Schritt wird Neues hinzugesetzt und Altes fallengelassen. Jeder Tag verschiebt irgend etwas, so wie jeder Tag überhaupt die Volkszusammensetzung ändert, jeder Tag verbessert oder verschlechtert an irgendeiner Stelle den Staat, aber das, was dabei mit Willen und Bewußtsein gemacht werden kann, ist begrenzt. Alles Regieren ist ein Gestalten innerhalb eines gegebenen Raumes mit gegebenem Material.

So wenigstens stellt sich die Sache vom geschichtlichen Standpunkte aus dar. Für den einzelnen Verwaltungszweig kann es starke Umschiebungen geben, die auf diesem begrenzten Gebiete die Beamten zwingen, von einem gewissen Monate an fast völlig umzulernen. Wir erinnern an die Einführung des Bürgerlichen Gesetzbuches und an das Inkrafttreten der neuen Handelsverträge. Das sind die zwei stärksten Vorkommnisse unseres inneren Staatslebens im letzten Jahrzehnt gewesen. Sie stellten große Anforderungen an alle Nächstbeteiligten, aber selbst diese Änderungen haben am Bilde der Staatsverfassung, am Staatswirken nicht soviel verschoben, daß etwa von da an mit einem

Male alles anders geworden wäre. Wenn man deshalb die Frage auf-
wirft, von wem wir regiert werden, so ist es nötig, sich keine übertrie-
benen Vorstellungen davon zu machen, was überhaupt geschehen
könnte. Auch die Sozialisten haben sich daran gewöhnen müssen, zu
bekennen, daß der Zukunftsstaat das legitime Kind des Gegenwarts-
staates sein werde, und verwerfen die „Revolutionsromantik", das
heißt jene Phantasie, als könne man eine Staatsverwaltung eines Mor-
gens in den Schmelzofen werfen und einen völlig neuen Staatsguß
herstellen. Je verwickelter, schwerer und unregierbarer eine Regie-
rungsmaschinerie wird, desto weniger ist sie durch Gewaltkuren zu
reformieren. Das aber ist unser Fall. Wir besitzen den ausgedehntesten
Regierungsapparat, den es in der Welt gibt. In alle Lebensverhältnisse
greift das Beamtentum herein. Diese Macht ist unser Nationalschicksal
im Bösen wie im Guten. Wir können daran arbeiten, sie zu lockern,
aber wegblasen, — das geht nicht.

Die meisten politischen Entscheidungen liegen dort, wo die obersten Spitzen des Regierungsapparats mit den Vertretern der Parteien
über Gesetzgebung und Finanzbewilligung zu beraten haben. Hier wird
tatsächlich regiert, soweit es sich um die inneren Angelegenheiten der
Nation handelt. Von hier aus vollziehen sich die meisten jener schritt-
weisen Änderungen der Staatsverwaltung, die wir soeben besprochen
haben. Behält man die übrigen bereits erwähnten Faktoren, den Hintergrund der Unpolitischen und den doppelten Unterbau des Parteiwe-
sens für die Parlamentarier und des Beamtenkörpers für die Regie-
rungsvertreter im Auge, so kann man sagen, daß in den Sitzungen und
Kommissionen der Ministerien und Parlamente die Staatsumwandlung
am bewußtesten geschieht. In einer Menge von Verhandlungen, deren
Reihenfolge und Bedeutung ein Studium für sich ist, entsteht ein Gesetz. Das Gesetz aber ist der formulierte Ausdruck eines zwischen den
Faktoren der Gesetzgebung vereinbarten Regierungswillens. Erst als
Gesetz werden politische Ideen zu Staatsbestandteilen.

Wie also wird ein Gesetz? Der gewöhnliche Gang der Dinge ist fol-
gender: Irgendeine Berufsgruppe hat einen Wunsch, entweder von
bisherigen Staatsbevormundungen befreit oder durch neue Bevormun-
dungen besser geschützt zu werden. Sie will entweder Erweiterung
oder Verengung des geltenden Rechtes oder der vorhandenen Praxis.
Diesen Wunsch trägt sie mit lauter Stimme vor, als ob an dieser Sache
allein Leben und Sterben hinge. Die Wortführer der ersten Notschreie
brauchen noch gar nicht selber im politischen Getriebe zu stehen, sind
aber, wenn es ihnen gelingt, sich überall Gehör zu verschaffen, ohne
Zweifel auf ihrem Spezialgebiete Mitregenten. Große Berufsverbände,

die beständig Wünsche haben, wie etwa der Bund der Landwirte, halten sich zu diesem Zwecke ihre besonderen Rufer. Alle aber, die etwas wünschen, pflegen sowohl die Parteien wie die Ministerien zu bedrängen, damit endlich etwas geschehe. Auf diese Weise wird der Regierungsakt vorbereitet. Nun entstehen Anfragen, es werden Resolutionen eingebracht und bei fortschreitender Agitation angenommen; eine parlamentarische Mehrheit ist vorhanden. Diese Mehrheit ist die Vorbedingung für ein entsprechendes Handeln der Ministerien. Der Minister läßt sich von seinem Beamtenapparat Auskünfte geben, veranstaltet Erhebungen, teils um sein Wissen zu vermehren, teils um Zeit zu gewinnen. Schließlich kommt es zu einem Entwurf. Der Entwurf wird von den Verbündeten Regierungen oder vom Staatsminister eingebracht, gearbeitet aber wurde er von einem Oberbeamten, den nur wenige kennen. Dieser Mann ist nächst den ersten Rufern der wichtigste Hersteller des Gesetzes. Ein Agitator und ein Geheimrat, die sich oft kaum kennen und die sich selten lieben, sind die zwei Väter eines Paragraphengebäudes, bei dem jeder Satz von anderen Leuten mitredigiert und durchkorrigiert wird. Niemand kann für alles verantwortlich gemacht werden, weil alles schon im Entstehen Kompromiß ist. Und wie viele Bäder und Brennverfahren muß nun erst das Halbfabrikat der Gesetzgebung durchmachen! Dieser Satz wird auf Grund eines sozialdemokratischen Einwandes geändert und jener auf Grund eines konservativen Antrages. Oft entscheiden auch hierbei, wie schon hervorgehoben, gerade die Uninteressierten. Zwischen Kommissionsmehrheit und Regierungsvertretung wird hin und her gehandelt. Dieses ist unannehmbar, jenes aber kann angenommen werden, obwohl oder weil es keinen ganz befriedigt. Es erfolgt die zweite Lesung im Plenum, der letzte Kampf. Die öffentliche Meinung kritisiert oder lobt oder tut beides je nach Laune, Verständnis und Interessiertheit. Der Abschluß ist eine Abstimmung in dritter Lesung. Das Gesetz ist entstanden. Nach diesem Gesetz wird nun von der Beamtenschaft und von den Gerichten verfahren. Wir werden regiert. Von wem?

Wir werden regiert von denen, die dieses Gesetz zuerst gewollt haben, von denen, die es ausgearbeitet haben, und von der Mehrheit, die es dem vorhandenen Gesetzesbestande einverleibt hat. Sie alle sind unsere Regenten. Da nun aber in jedem Jahre mindestens ein Dutzend neuer Gesetze gemacht werden und da fast jedes Gesetz von anderen Menschen gewollt, ausgearbeitet und schließlich angenommen wird, so ergibt sich die Tatsache, daß wir von stets wechselnden Kräften regiert werden. Wir haben viele Herren, die wir nicht kennen, tote und lebendige, befreundete und gegnerische. Was feststeht, ist das formale Verfahren, wie ein Gesetz zustande kommt, was aber beständig fließt, ist Zweck und Subjekt der Gesetzgebung und damit sein Inhalt.

Nicht sehr viele, aber gerade die wichtigsten und kostspieligsten Gesetze entstammen zunächst keinen Wünschen von Interessentengruppen, sondern sind Staatsbedarf selbst: Heeresvorlagen, Flottenvorlagen, Finanzvorlagen. Gewisse Produzenteninteressen können im Hintergrunde liegen, aber im Ganzen ist die Regierung der fordernde Teil. Meist setzt sie ihren Willen durch. Dann werden wir von ihr regiert, und die Volksvertretung hat nur die Rolle der beiden gegeneinander singenden Chöre. Immerhin ist es nie ganz sicher, ob die Regierung siegt, und deshalb pflegt sie besonders in neuerer Zeit ihre Gesetze ebenso populär vorzubereiten wie es von Seiten agitierender Interessengruppen geschieht. Wir haben die Agitation für die Flotte, für den Zolltarif und für die Finanzreform vor Augen. Auch die Regierung hält sich ihre Rufer und füttert ihre Zeitungen mit Nachrichten und Liebenswürdigkeiten. Darin liegt eine Anpassung an das demokratische Verfahren, die etwas Wunderliches hat: über den Kopf der Volksvertreter hinweg setzt sich die Regierung mit den Wählern in Beziehung, um durch sie die Vertreter gefügig zu machen. Es ist aber die Anstellung von Regierungsprofessoren und Reichskanzlerjournalisten keineswegs das einzige Mittel, mit dem die Regierung für ihre Pläne Stimmung macht. Sie hat noch ganz andere Trümpfe in der Hand, nämlich die Ertragsbeteiligung. Das Musterbeispiel hierfür sind die Zollerhöhungen. Die Regierung sagt zu den stärksten Interessentengruppen: Sie, meine Herren, wünschen höhere Preise, wir wünschen höhere Einnahmen; verbünden wir uns und erhöhen den Grenzzoll! Auf diese Weise wird ein Erwerbsbund zwischen Staatsverwaltung und Rohstoffproduzenten geschlossen, der nun eine fast unüberwindliche Regierungsgewalt darstellt. Der Minister, der Eisengießer, der Getreideverkäufer und der Garnproduzent setzen sich zusammen und sagen: wir vereinbaren zwischen uns die Grundzüge der Handelspolitik auf Kosten aller Übrigen; sobald wir unter uns einig sind, so arbeitet jeder für sich, aber mit dem Blick auf das gemeinsame Ziel! Ja, es ist gar nicht einmal nötig, daß diese vier jemals zusammengesessen haben. Es gibt Berührungen genug, um eine Koalition herzustellen, die auf keinem geschriebenen Vertrage beruht und welche doch stark genug ist, alle übrigen Kräfte entweder zur Dienstbarkeit zu nötigen oder an die Wand zu drücken. Wer nur die Verfassung liest, merkt von einer derartigen Herrschaftsbildung überhaupt nichts. In der Verfassung erscheint die Staatsregierung als absolut isolierte Macht für sich allein. Das aber ist sie längst nicht mehr. Ihre Stärke ist, daß sie sich auch hinter die

Interessenten stellt und mit ihnen die öffentliche Meinung macht, wer aber dabei mehr gewinnt, die Staatsregierung oder ihre Tischgenossen, das ist sehr die Frage. Bisher scheint es, daß die Regierungen formale Siege gewinnen und materielle Niederlagen. Ihre Entwürfe gehen durch, aber die Folge dieser Entwürfe ist nicht das erhoffte Wohlbefinden der Staatskasse, sondern ein immer erneuter Hunger, weil der Staat ja selber Getreide, Eisen und Garn und viele andere verteuerte Dinge kaufen muß. Doch interessiert uns ja hier weniger die Frage, ob das Verfahren gut oder schlecht ist, als vielmehr der Vorgang selber, wie tatsächlich regiert wird.

Man kann ganz allgemein sagen, daß wir regiert werden durch heimliche Einverständnisse zwischen den Spitzen des Beamtenkörpers und den Spitzen starker Interessenten. In der Zeit, als das Zentrum im Deutschen Reiche auf der ersten Violine spielte, bestand die stille Fühlung zwischen Reichskanzlei und Rom. Wirkliche Abmachungen sind dabei gar nicht nötig, denn zwei alte politische Mächte verstehen sich auch ohne Kontrakt, so lange sie sich verstehen wollen, und lassen sich durch kein geschriebenes Wort binden, sobald der Wille zur gemeinsamen Macht aufhört. Das gleiche gilt vom Verhältnis der preußischen Regierung zum preußischen Rittergutsbesitzer — hier besteht der festeste politische Geheimvertrag, den es überhaupt gibt, aber etwas Geschriebenes kann niemand aufweisen. Wozu auch? Es ist viel einfacher, wenn der Schein gewahrt wird, als stünde die Regierung über den Parteien. In Wirklichkeit haben wir im Reiche wie in Preußen Parteiregierung, aber im Stillen und nur in Bezug auf die großen Wirtschaftsfragen. In kleinen Dingen wechseln die Herrscher.

Die Verbindungen zwischen Staatsregierung und Interessenvertretern hängen infolge ihres unformulierbaren Wesens sehr von den Persönlichkeiten der Minister ab. Sie sind Vertrauenssache. Daher bekommt alle Politik auf den obersten Stufen der Herrschaftsbildung einen so überaus persönlichen Charakter. Der Bund der Landwirte ist beständig damit beschäftigt, ob der jetzige Landwirtschaftsminister ebenso gut ist wie sein Vorgänger und ob der Kanzler wirklich agrarisch ist oder nicht. Sie erörtern, ob man Minister stürzen solle oder erhalten. Ebenso ist es beim Zentralverbande der Industriellen und bei andern Wirtschaftskörperschaften. Immer gibt es da Strebungen für oder gegen gewisse Personen, während, wie wir schon sagten, die Politik der Parteiführer in die Kunst der Gesetzesformulierungen einmündet, sind die Führer der materiellen Mächte darauf aus, Menschen persönlich an sich zu ketten. Auch das gehört zur Frage, von wem wir regiert werden. Oft stürzt ein Minister über Nacht, obwohl er eine parlamentarische Mehrheit besitzt, wie Graf Posadowsky. Sie kommen und gehen, die Volksvertretung aber liest es in den Zeitungen, denn dieser Teil des Regierens spielt sich noch völlig ohne sie ab. Absetzung und Einsetzung der Minister und überhaupt des höheren Regierungspersonals liegt in der Hand des Monarchen. Formell ist dagegen gar nichts einzuwenden, ebenso wenig wie dagegen, daß ordnungsmäßig zustande gekommene Gesetze im Namen des Königs erlassen werden. Sachlich aber liegt es doch so, daß auch der König nicht irgendwo auf einer heiligen Insel lebt, sondern inmitten gerade der Menschen, die beständig auf Personalfragen gerichtet sind. Diejenigen Volksteile, die am besten in der Lage sind, das Ohr des Königs zu erreichen, sind eben dadurch am stärksten in allen Personalangelegenheiten. Deshalb sind sie so grundsätzlich für das Königsrecht. Deshalb stemmen sie sich mit Hand und Fuß dagegen, daß der König auf die parlamentarische Mehrheit hören müsse. Es fällt ihnen nicht ein, einen mißliebigen Minister etwa deshalb zu unterstützen, weil er vom Könige berufen ist. Sie denken nicht daran! Er wird von allen Seilten angegriffen, verdächtigt, zerrieben. Aber das Königsrecht wird hochgehalten, denn es bietet einen andern Weg zur Macht als die Volksvertretung. Das ist der Unterschied zwischen der tatsächlichen Verfassung in England und Deutschland, daß in England auch Personalfragen von der parlamentarischen Mehrheit gelöst werden, bei uns aber von der jeweilig stärksten Gruppe der Hofgesellschaft.

Hier ist die Stelle, an der unsere Verfassungskämpfe einsetzen werden. Die Forderung der Ministerverantwortlichkeit ist nur ein Versuch, das fast Unformulierbare in Paragraphen zu bringen, was wir dabei wollen, ist trotzdem klar, nämlich die Personalpolitik an die Volksvertretung zu binden. Unser Muster dabei ist England, ohne daß wir an genau gleiches Wachstum auf zwei so verschiedenen Böden glauben. Die Volksvertretung bemüht sich, den Teil wirklichen Regiments, der sich heute zwischen Ministerien und Interessenten unter dem Schutze des Königsrechtes vollzieht, vor ihr Forum zu bringen. Daß starke Interessenten mitregieren wollen, ist unvermeidlich. Sie sollen es aber offen tun, in sichtbarer Mitbeteiligung an den Volksvertretungskörpern. Dann erst wird der jetzige Eindruck schwinden, als hätten wir vielerlei Geheimkabinette.

Von der Beobachtung ausgehend, daß am Regieren in verschiedener Weise und zu verschiedenen Zeiten sowohl Parteipolitiker wie Parteilose, sowohl Minister wie Interessenvertreter ihren Anteil haben, könnte man zu dem Schlusse kommen, es sei ziemlich gleichgültig, wem in der Verfassung Regierungsrechte erteilt worden sind oder wem nicht, da ja doch die wirkliche Stärke sich bei jeder Verfassungsform irgendwie zur Geltung bringe. Darin liegt aber ein Trugschluß. Richtig ist, wie wir von Anfang an gesagt haben, daß nie eine geschriebene Verfassung alle politischen Wirklichkeiten vollkommen ausdrückt, aber es ist eine gewaltige Überschreitung der Wahrheit, wenn man nun daraus folgern will, daß Verfassungen an sich gleichgültig sind. Sie haben den Wert, den alles geschriebene Recht hat, in Streit und Zweifelsfällen einen Anhalt und beim regelmäßigen Gang der Dinge eine Norm zu bieten. Sie sind geschichtliche Dokumente innerpolitischer Siege und Niederlagen, und erst im Kampfe um die Verfassung erreichen politische Aufwärtsbewegungen ihr Ziel. Gerade um verfassungslose Kräfte zu hindern, wird nach Paragraphen gerufen. So auch erklärt sich der Ruf nach dem allgemeinen Wahlrechte in Preußen.

Das bisherige preußische Wahlrecht bedeutet die fast vollständige Ausschließung der unteren Volksschichten vom Regieren. Neuerdings zwar sitzen sieben Sozialdemokraten im Landtag, aber was ist das für eine Vertretung der zahlreichsten Partei? Deshalb kann die Masse selbst als Entscheidungsfaktor zwischen zwei Regierungsmöglichkeiten nicht in Betracht kommen. Ja, es ist fast ausgeschlossen, daß sich zwei Regierungsmöglichkeiten gegenüberstehen. Alles ist in festen Händen. Das Wahlgesetz, die Wahlkreiseinteilung, das Herrenhaus, die Minister, alles arbeitet zusammen. Hier ist die Frage, von wem wir regiert werden, höchst einfach zu beantworten: vom Großgrund besitzenden Adel! Er besitzt diesen Staat, und weil er Preußen besitzt, beherrscht er den Bundesrat und damit in vielen Fragen das Reich. Der Kampf um die Verfassung ist hier die Form, in der die vorhandenen Kräfte miteinander ringen. Kann Arbeiterschaft und Bürgertum noch einmal den Grundadel aus der Macht werfen? Das Schachspiel des preußischen Grundadels ist gut aufgestellt, es hat in der Mitte den König, der der größte Grundbesitzer ist und der es gewöhnt ist, seine Springer, Läufer und Türme um sich zu sehen. Auch die Bauern werden mit unleugbarem Geschicke vorgeschoben. Alles, was nicht konservativ ist, fühlt sich als kaum geduldet. Der Liberalismus zahlt die meisten Steuern, aber zu sagen hat er wenig. Die Sozialdemokratie stellt die meisten Soldaten von allen Parteien, aber mitzureden hat sie noch weniger. Die „geborene Herrschaft" hat so viele politische Kastelle und Mauern gebaut, daß eine lange, schwere Belagerung nötig sein wird, um sie Schritt für Schritt zurückzudrängen. Hier hilft nichts als eine neue politische Leidenschaft, die zu neuen Rechten führt.

Das nämlich ist das letzte, was wir ausführen wollen, daß das Verhältnis der Kräfte, von dem wir reden, nichts Gleichbleibendes ist. Alle politischen Kräfte sind beständigen Zustandsveränderungen unterworfen. Die einen steigen, die andern sinken, bei den einen stärkt sich der Wille und bei den andern wird er matt und locker. Das hängt mit wirtschaftlichen Dingen einerseits und mit allgemeinen geistigen Strömungen andererseits zusammen. Die letzte große Welle war konservativagrarisch, die nächste wird voraussichtlich liberal-sozialistisch sein. Aber noch ist es nicht so weit. Noch herrscht die Macht, die seit 1876 aufstieg. Sie herrscht nicht allein, aber sie herrscht in den Hauptfragen. Ihr gegenüber ist es zunächst notwendig, daß überhaupt wieder eifrig und von allen Seiten die Frage aufgeworfen wird: von wem werden wir regiert? Von wem wollen wir uns regieren lassen?

Die Entstehung des politischen Willens

Das alte Problem der Theologen und Philosophen ist gleichzeitig auch das Problem der Soziologen und Politiker, nämlich die Frage nach dem freien Willen oder, besser gesagt, nach dem Wesen der menschliche Willenbildung überhaupt. Während der Theologe und Philosoph im Allgemeinen sich bemüht, die Entstehung des Willens im einzelnen Menschen zu ergründen, ist der Politiker mehr darauf angewiesen, die Entstehung des Gesamtwillens im Staat zu beobachten. Der Politiker nimmt den Willen des Einzelmenschen als eine fertige Tatsache hin. Ob dabei der einzelne Mensch unter dem Zwange von Umständen handelt, die mächtiger sind als er, berührt den politischen Beobachter nur wenig. Für ihn kommen Willensbewegungen erst dann in Betracht, wenn sie als Gruppenerscheinung auftreten. Aber es ist nicht zu verkennen, daß zwischen der Entstehung des Willens im Einzelmenschen und der Entstehung des Willens innerhalb einer größeren Gemeinschaft eine gewisse Ähnlichkeit des Vorganges vorhanden ist. In beiden Fällen stehen wir dem alten und immer neuen Geheimnis gegenüber: Was ist es, das die Menschen veranlaßt, in einem gewissen Zeitpunkt sich selbst oder andern ein Gesetz zu geben?

Jeder Willensakt beginnt mit dunklen Stimmungen und Erwägungen. Es gibt zahllose Wünsche und Pläne, die niemals bis zum Willen ausreifen. Erst dann reden wir vom Willen, wenn dem Wollenden der Weg einigermaßen klar geworden ist, auf dem er seinen Wunsch zur Verwirklichung bringen kann. Ein Wunsch ohne Erkenntnis des Weges ist noch kein Wille, sondern nur eine Phantasie. Während es aber bei der Entstehung des Einzelwillens oft sehr unsicher ist, ob der Weg der Verwirklichung klar erkannt ist, so gibt es für den politischen Willen einen bestimmten Zeitpunkt, in welchem sich das bloße Wünschen in bestimmtes Wollen verwandelt. Das ist der Zeitpunkt, in welchem die gesetzliche Formulierung eines Wunsches gefunden und für diese Formulierung die letztwillige Zusage der maßgebenden Körperschaften und Personen erreicht wird. Diejenigen Vorgänge, welche zwischen der ersten literarischen und agitatorischen Verkündigung eines Wunsches und der endgültigen Beschließung eines Gesetzes liegen, sind das eigentliche Gebiet der Entstehung des politischen Willens. Und es ist wohl möglich, daß eine eingehendere Betrachtung dieser Vorgänge auch gewisse Rückschlüsse auf die Entstehung des persönlichen Einzelwillens ermöglicht. Während wir nämlich die Vorgänge bei der Entstehung des Einzelwillens nur ungenau beobachten können, da sie sich im Dunkel der menschlichen Einzelseele vollziehen, sind wir in der Lage, die Entstehung des gemeinsamen Willens in einer gewissen Urkundlichkeit zu verfolgen, da alles, was zwischen Agitation und Gesetzgebung liegt, als gesprochenes oder gedrucktes Material in unsere Hände kommt.

Immerhin ist auch die Beobachtung der Entstehung eines politischen gemeinsamen Willensaktes methodisch nicht ganz leicht. Wir wagen die Behauptung, daß noch kein einziger Gesetzgebungsakt mit naturwissenschaftlicher Treue dargestellt worden ist; auch sind wir weit entfernt zu glauben, dieses unsererseits ohne Weiteres leisten zu können. Was wir im gegenwärtigen Augenblick beabsichtigen, ist nur, die Fragestellung selbst genauer zu verdeutlichen.

Wir erleben in jedem Jahre in der deutschen Reichspolitik und ebenso in der Politik der deutschen Einzelstaaten mehrere derartige Vorgänge. Der allgemeine Verlauf ist uns gewohnheitsmäßig bekannt, aber jeder dieser Vorgänge hat seine Besonderheit und wird beeinflußt durch eine Menge von einzelnen Willensakten, die sich zum schließlichen Gesamtwillen verhalten wie Teile zum Ganzen. Ehe ein neues Gesetz entstehen kann, müssen zahlreiche Beschlüsse von Einzelpersonen und beratenden Kollegien hergestellt sein. Es ist also niemals ein politischer Wille ein unmittelbarer Akt, der gleichsam unvorbereitet aus der Tiefe des nationalen Bewußtseins hervorbrechen kann, wenigstens in ruhigen Zeiten. Bei großen weltgeschichtlichen Vorkommnissen ist es möglich, daß sich die vorbereitenden Stadien der Willensbildung sehr schnell und mit starken Verkürzungen vollziehen. Beispielsweise wird die Bewilligung der Kredite für einen Krieg im Laufe von wenigen Tagen erledigt, während sonst die Bewilligung derselben Summe an eine fast unabsehbare Fülle vorbereitender Erwägungen und Beschlüsse geknüpft ist. Es entsprechen diese beschleunigten Vorgänge denjenigen Willenshandlungen des Einzelmenschen, bei denen er unter dem unmittelbaren Zwang der Umstände in lebendiger Erregung, ohne vieles Fragen, dasjenige tut, was er nach seinem innersten Gefühl überhaupt nicht vermeiden kann. In gewissem Sinne sind diese beschleunigten Vorgänge die Höhepunkte der Willensbildung überhaupt, denn bei ihnen liegt Zwang und Freiheit unmittelbar ineinander, und das Handwerksmäßige und Unsichere der Willensentstehung ist fast völlig ausgeschaltet. Aber gerade deshalb sind diese besonderen Vorgänge wenig geeignet, die genauere Einsicht in das Wesen der politischen Willensbildung zu vermehren. Man vergißt bei ihnen, daß jeder neue Willensentschluß im Grunde aus einer langen Addition besteht. Je ruhiger und normaler ein Staatsgesetz entsteht, desto mehr wird sich seine Entstehung zur Grundlage psychologischer Betrachtungen eignen.

Bei jedem ruhigen Entschluß des Einzelmenschen in wichtigeren Dingen läßt sich vor Fertigstellung des Willens eine Zeitperiode erkennen, in der sich die Gedanken untereinander streiten und von der unbekannten Zentralstelle, die wir das „Ich" nennen, in ihrer gegenseitigen Mächtigkeit und Wichtigkeit abgewogen werden. Dieser innere Streit der Gedanken untereinander entspricht in hohem Grade den Erörterungen der Parteien erst in den Volksversammlungen und dann im Parlament. Anfangs ist der Streit lebhaft und formlos und trägt insofern mehr die Züge der Volksversammlung an sich, später wird er maßvoller und matter in seiner Leidenschaft. Es werden Nebengedanken und Nebenwünsche ausgeschieden; die Versuche der Durchführbarkeit treten in den Vordergrund des Bewußtseins, bis schließlich ein Augenblick erscheint, in welchem von unsichtbarer Stelle her das letzte Wort gesprochen wird. Das Geheimnis der Psychologie ist aber eben diese unerkennbare Zentralstelle, die bei gesunden Naturen stark genug ist, dem Streit der Gedanken ein Ende zu machen und der weiteren Tätigkeit eine bestimmte Aufgabe zu stellen. Ein solches Ich existiert aber auch bei der Bildung des politischen Willens und ist in ihr im Grunde nicht weniger geheimnisvoll als in der Hervorbringung des Willens einer einzelnen Person. Der Unterschied ist nur, daß man das Ich beim Gesamtsubjekt um etliche Grade schärfer kontrollieren kann als beim Einzelmenschen. Das ist es, was wir vorhin als die genauere Verdeutlichung der Fragestellung in Aussicht gestellt haben.

Es dürfte als anerkannt gelten, daß die Willensbildung im einzelnen Menschen sich irgendwie innerhalb des menschlichen Gehirnes vollzieht. Ob aber im menschlichen Gehirn eine bestimmte einzelne Zelle ein für allemal das letzte Wort in den Streitfragen des Gehirnparlaments hat, ist keineswegs ausgemacht. Es gibt die Möglichkeit, sich die Sache rein monarchisch vorzustellen, etwa in Anschluß an die Leibnizsche Lehre von der Monade, aber es ist mindestens ebenso gut möglich, sich die Sache viel beweglicher zu denken, nämlich so, daß durch die wechselnden Kombinationen der streitenden Gedanken im Laufe der Zeit verschiedene Gehirnbestandteile an die ausschlaggebende Stelle geraten. Will man es politisch ausdrücken, so kann man sagen, es sei denkbar, daß das Gehirn nach demokratisch-parlamentarischer Methode verfaßt sei und daß bei verändertem Kräfteverhältnis der streitenden Einzelteile eine Art Ministerwechsel (Subjektsverschiebung) stattfindet. Bei den geringen Ergebnissen, die bis jetzt die exakte Untersuchung der Gehirnvorgänge zutage gefördert hat, wird es aber selbst für einen naturwissenschaftlichen und psychologischen Fachmann nicht leicht sein, über die Verfassung der Seele des Einzelmenschen etwas Bestimmtes zu sagen. Wieviel weniger aber ist derjenige, dem die naturwissenschaftlichen Einzelkenntnisse fehlen, imstande, etwas anderes zu bieten, als unsichere und lockere Andeutungen? Aber gerade die Unsicherheit aller Aussagen über die Verfassungsverhältnisse des menschlichen Einzelbewußtseins geben uns ein gewisses Recht, den Rückschluß vom Gesamtsubjekt nicht als unnützlich völlig von der Hand zu weisen.

Die politischen Gemeinschaften besitzen, wie wir wissen, keine unveränderlichen Verfassungen. Es kann sein, daß sie monarchisch regiert werden, es kann aber auch sein, daß die monarchische Regierung nur scheinbar vorhanden ist, aber bei vielen Einzelfragen nicht in Kraft tritt, es kann aber ebenso gut sein, daß eine beständige (erbliche) monarchische Stelle überhaupt nicht besteht und von Fall zu Fall der Platz wechselt, von dem aus das letzte Wort Willensbildung gesprochen wird. Man kann versuchen, dieses alles an einzelnen Beispielen nachzuprüfen, wir nehmen mit Absicht ein sehr einfaches Beispiel, das sich eben jetzt vor unsern Augen vollzieht. Der deutsche Reichstag hat auf Antrag der Regierung den Beschluß gefaßt, den Plan eines Vertiefungsbaues des Nordostseekanals an eine parlamentarische Kommission zu verweisen, und alle Parteien, auch die Sozialdemokratie, haben dem Plan gegenüber ihre wohlwollenden Absichten geäußert. Es liegt also einer der Fälle vor, wo die politische Willensbildung so einfach und glatt von statten geht, wie kaum jemals sonst, und zwar ohne jenen unmittelbaren Zwang, der, wie wir vorhin sagten, bei einer Kriegserklärung die Gemüter in einen Zustand der Leidenschaftlichkeit versetzt. Dabei ist die Frage des Kanals von größter Bedeutung sowohl für die Geldverwaltung des Deutschen Reiches, als für die nationale Sicherheit in einem etwaigen zukünftigen Kriege. Die Vertiefung des Kanals soll ungefähr 220000000 Mk. kosten. Man braucht nur diese Summe mit der Ziffer der Bevölkerung und mit den übrigen gewohnheitsmäßigen Ausgaben des Reiches zu vergleichen, um zu wissen, daß die Willensentscheidung, vor der wir stehen, keine kleine ist. Auch liegt es nicht so, als ob unter allen Umständen nur dieses eine Projekt der Kanalvertiefung möglich wäre. Es gibt ein zweites Projekt, das neben dem bisherigen einen neuen andern tieferen Kanal zu bauen vorschlägt. Es gibt aber auch Gedankengänge, die die Nützlichkeit des vertieften Kanals überhaupt in Zweifel ziehen und der Meinung sind, daß auch der tiefste Kanal durch die Steigerung des Umfanges und Tiefganges der großen Kriegsschiffe im Laufe verhältnismäßig kurzer Zeit zu einer veralteten Einrichtung herabsinken wird, wie wir es leider bei dem bisherigen Nordostseekanal erlebt haben, wenn trotzdem eine ruhige und einheitliche Willensbildung sich einstellt, so ist von vornherein klar, daß die Addition der vorbereitenden Willensakte viele Rebengedanken ausschaltet und ein äußerst starkes und einheitliches Ergebnis hervorgebracht haben muß. Die Vorberatungen innerhalb der technischen Abteilung des Marineamtes, in der strategischen Abteilung desselben Amtes und innerhalb des Reichsschatzamtes sind schließlich nach längeren Zweifeln zu einem einheitlichen Ergebnis addiert worden. Es ist nicht wahrscheinlich, daß gerade in diesem Falle die monarchische Stelle von vornherein einen starken Druck auf ihre Umgebung ausgeübt hat, denn es würde dein bisherigen Verhalten dieser Stelle viel mehr entsprechen, die 220 Millionen für ein neues Geschwader von Linienschiffen zu verwenden, als sie für eine Kanalvertiefung in Ansatz zu bringen. Wenn also trotzdem zwischen den beteiligten Regierungsstellen eine Einheitlichkeit des Planes entstanden ist, so zeigt dieses dem Psychologen, daß auf dem Wege des methodischen Streites der Gedanken untereinander durch Addition von Einzelentschließungen ein brauchbares Teilresultat erreicht werden kann. Dieses Teilresultat, welches als das Halbfabrikat des zu erzielenden Willens angesehen werden kann, wird nun von der Hand des Reichskanzlers übernommen und zum Zwecke der weiteren Fertigfabrikation des Willens an den Bundesrat gebracht. Hier wiederholt sich das Spiel der untereinander streitenden Erwägungen und Gedanken. Da sich die Verhandlungen des Bundesrates in geschlossenen Räumen vollziehen, so ist es für die Außenstehenden nicht möglich, den Vorgang der Willensvervollkommnung durch einen Bundesratsbeschluß in seinen Einzelheiten zu verfolgen. Es ist aber im vorliegenden Falle wahrscheinlich, daß besondere Schwierigkeiten nicht zu überwinden gewesen sind. Immerhin mußte sich jede einzelne Bundesregierung mit derselben Frage beschäftigen, mit der sich vorher die von uns genannten Reichsämter zu befassen hatten. Wenn wir das etwas materialistisch ausdrücken dürfen, so möchten wir sagen, daß das Quantum der Gehirnzellen, die für einen Willensakt unter sich in Verbindung gebracht werden müssen, wesentlich erweitert wird, und zwar ist diese Erweiterung der Zellenbeteiligung um so leichter, je öfter schon in ähnlichen Fällen derselbe Vorgang sich abgespielt hat. Eine Willensbildung ist im Allgemeinen umso bequemer, je gangbarer die Bahnen sind, auf denen die Einzelwillen zum Gesamtwillen gesammelt werden. In der Gangbarkeit dieser fertigen Bahnen ruht das Übergewicht der mächtigen Zentralstelle, die in vergangenen Willensentscheidungen sich als ausschlaggebend erwiesen hat.

Nun erst, nachdem das Halbfabrikat der Reichsämter durch die Gießereiabteilung des Bundesrates hindurchgegangen ist, wird die verarbeitete Materie zur letzten Fertigstellung und Montierung an den Reichstag weitergegeben. Es ist durchaus möglich, daß die ganze Herstellung des Produkts an dieser Stelle noch scheitert. Schon häufig sind Willensakte, die ziemlich glatt bis in dieses Stadium der Vollendung vorgedrungen waren, als unfertig versunken, denn wenn auch im Bundesrat die Grundformen des Willens schon erkennbar zutage treten, so sind Bohrer, Felle und Hobel des Parlaments sehr oft mit oder ohne Absicht die Ursache der Zerstörung der scheinbar fertigen vorgelegten Arbeit geworden. Wie kompliziert aber ist nun wiederum dieser letzte Teil der Verarbeitung des politischen Willens! Es ist nicht nötig, von den privaten Überlegungen der einzelnen Abgeordneten und insbesondere der Parteiführer ausführlich zu reden. Es genügt, darauf hinzuweisen, daß jede einzelne Fraktion für sich einen Willensakt zu vollziehen hat. Auch hier hilft die Gewohnheit, den Vorgang zu erleichtern. Aber überall dort, wo die Gewohnheit entweder nicht vorhanden oder unsicher ist, bleibt ein zweifelhaftes Gebiet zunächst für die Entstehung eines Unterbestandteils, damit aber zugleich auch des Willens im Ganzen.

Es kann unter Umständen ein persönlicher Einzelwille innerhalb einer Fraktion auf dem Wege über die Fraktionssitzung und über die Abstimmung der Kommission und des Plenums zu demjenigen Element werden, an dem ein mühsam vorbereiteter schwieriger Willensvorgang schließlich in letzter Stunde scheitert. In diesem Falle ist der betreffende Einzelne einer kleinen, aber starken Chemikalie oder einer Blase im Eisenguß vergleichbar, die von ihrer kleinen Ecke aus eine sonst fertige komplizierte Maschine zur Untätigkeit verurteilen kann.

Wer ist es nun, der in einem solchen Falle die Entscheidung über den Willen der Nation hat? Ist es wirklich dieser letzte zufällige Einzelne, an dem die Willensaddition zugrunde geht? Damit sind wir bis an die Grenze der Erkennbarkeit des Problems der politischen Willensentstehung gelangt. Es gibt Gewichtsverhältnisse in aller Willensbildung, so daß unter Umständen ein sehr kleines Gewicht die Entscheidung herbeiführen kann. Nicht als ob in bloßer Mechanik die ganze Erklärung des Willensvorganges enthalten wäre! So liegt es keineswegs. Die Willensherstellung ist aber beständig von einer Mechanik begleitet und durchdrungen, ohne deren Verständnis man nie wissen wird, was der Wille an sich ist. Wenn nun ein Gesetz fertig fabriziert ist, dann heißt es: die Nation hat diesen oder jenen Entschluß gefaßt! Die Nation will einen tieferen Kanal bauen! Das ist etwa ebenso richtig oder unrichtig, wie wenn wir sagen: Der Mensch will ein Buch lesen! Daß der ganze Mensch ein Buch lesen will, kommt gar nicht vor. Man kann höchstens sagen: Das Gehirnbewußtsein will ein Buch lesen! Sobald aber dieser Wille des Gehirnbewußtseins fertig geworden ist, müssen alle anderen Teile des Menschen, Augen, Hände, Füße sich irgendwie an der nun beschlossenen Handlung beteiligen. Auch bei der demokratischsten Verfassung liegt die Entscheidung im Gehirn der Nation, das heißt in jener besonderen Abteilung des Volkskörpers, die sich berufsmäßig mit Nachdenken befaßt. Ob sie richtig denkt, das heißt, ob in ihr die Additionen des Willens ein verständiges und nützliches Resultat ergeben, ist nie vorher zu wissen. Ein Volk ist ebenso dunkel in seinem innersten Wesen wie ein einzelner Mensch und allem Irrtum unterworfen, denn beide haben einen „freien Willen", das heißt, es gibt zahllose unberechenbare Faktoren in der Entstehung ihrer Entschlüsse.

Die Illusion in der Politik

Auch der größte Philosoph kann nicht genau sagen, was Illusion ist, da alles Irdische in dem beständigen verdacht steht, unwirklich zu sein. Es gibt wenig Wahrheiten, die nicht, ehe sie Wahrheit wurden, Illusionen genannt worden wären, und die nicht, nachdem sie Wahrheit gewesen sind, sich wieder in den Illusionsbereich hinein verflüchtigen, wenigstens gilt das sicher von den politischen Ideen. Irgendwann tauchen sie als ferne, phantastische Zaubergewalten auf, kommen näher, werden menschlicher, wirklicher, wahrer, werden geglaubt und befolgt, bis ihr Glanz zur Erinnerung verbleicht und nur noch die Romantik oder die berufsmäßige Heuchelei sich mit ihnen befaßt.

Man denke an das Naturrecht von Rousseau! Oder an den Traum der deutschen Republik! Oder an den Gedanken des ewigen Friedens! Oder an den Gottesstaat der protestantischen oder katholischen Reaktion! Oder an das Legitimitätsprinzip der Herrscher von Gottes Gnaden! Die politische Luft war voll von Wolken, die sich bildeten und die sich zerstreuten. Hundert kleine Wolken werden oft von einer großen verschlungen; die große Wolke bedeckt den Himmel, es blitzt, es donnert, es regnet, und die Atmosphäre wird wieder frei für neue Bildungen.

Ganz falsch ist es, zu sagen, daß Wolken nichts sind, Sie sind nur nicht das, was sie in ihrer stolzen Pracht zu sein scheinen. Der Regen, der von ihnen kommt, beweist, was und wieviel sie sind. Sie sind keine ganz neue Welt, sondern nur eine Befruchtung der alten, aufgestiegen aus den alten Bergen und Tälern, die dann wieder nach ihnen dürsten. Ohne sie wird das Land zur Wüste, vertrocknet, schattenlos und tot. Mit nüchternen Worten: wir können ohne politische Generalideen nicht leben, obwohl wir den nur relativen Charakter dieser Ideen erkannt haben. Jede Zeit hat ihre eigenen Generalideen, da aber jede Zeit gleichzeitig Vergangenheit, Gegenwart und Zukunft in sich trägt, so hat sie auch gleichzeitig Ideen, die erst noch Illusionen, die eben Wahrheit geworden und die schon wieder verblaßt sind. Ein gewisses Stadium in der erst werdenden Idee heißt Utopie.

Was ist Utopie? Wenn hohe Wolken sich hoch über der Erde türmen und wenn die Sonnenstrahlen diese Wolken mit seligem Lichte bewerfen.

*

Es war einmal, da glaubten die Fürsten, sie feien dazu da, die Völker von oben her glücklich zu machen, und die Völker nahmen vielfach an diesem Glauben teil, wir reden dabei von der Zeit des wohlwollenden Absolutismus.

Es war ein anderes Mal, da glaubten die Völker, sie könnten nur von unten her glücklich werden, wenn sie alle Fürsten zu Privatleuten machten und durch Majoritäten und Autoritäten erdrückten. Wir reden von der Zeit, in der der Sturmgeselle Sokrates jung war.

Und heute sind beide Glaubensarten noch vorhanden, aber der Sonnenschein ist hier und dort von den Wolken hinweg. Man gesteht, daß es schwer ist, immer gute Fürsten und immer verständige Majoritäten zu haben, und weiß, daß keine Regierungsform für sich allein das Glück verbürgt. Ohne Zweifel waren aber doch beide Illusionen heilsam, denn ohne sie würden erst die Fürsten und dann die Völker weit weniger geleistet haben. Der große Fortschritt der Staatsverwaltung zwischen 1750 und 1850 und der große Fortschritt des Staatsbürgertums zwischen 1800 und 1900 ist ohne lebhafte Illusionen gar nicht denkbar. Wir danken den Illusionen vieles, was die nüchterne Wahrheit nie erreicht haben würde, und freuen uns, daß es in der Vergangenheit Utopisten gegeben hat, ja, wir fühlen, daß es immer welche geben muß, wenn man Fortschritt haben will.

War denn nicht auch in der nationalen Idee, aus der heraus das Deutsche Reich entstand, etwas von Utopie? Gerade der deutsche Süden hat sich die Sache doch noch anders gedacht, als sie gekommen ist. Das Nationale wurde viel breiter, weiter, freier, lustiger und luftiger gefaßt. Es war so unendlich viel Jugendpoesie in den Hoffnungen der ersten Zeit der nationalen Idee. Das war die Zeit, wo die Sonne an die Wolken schien, dann kam das Gewitter und der Regen, und nun wächst es nüchtern und brav, wie eben das Ackerkraut zu wachsen pflegt, wenn das Wetter gut war. Bedauern wir die, die einst noch anderes hofften? Gewiß nicht! Bedauern wir uns? Nur dann, wenn wir innerlich ärmer sind als jene, das heißt, wenn wir nichts mehr hoffen.

*

Es gibt Illusionen der Wachsenden und Illusionen der Sterbenden. Die Sterbenden bilden sich ein, noch immer jung, noch immer welterobernd, noch voll von Herz und Feuer zu sein. In ihrem Gehirn sind noch Reflexe von Dingen, die längst verkalkt, vermorscht und verloren sind. So sieht der Stolz der Spanier aus, so arbeitet noch immer die Seele des Mohammedanismus, so bleiben die Formen der Souveränität auch da, wo längst alle wirkliche Souveränität zum Fenster hinausgeflogen ist, so werden alte Parteiformen erhalten, wenn niemand mehr recht weiß, was sie bedeuten. So redet ein Handwerksmeister davon, daß es verboten sein soll, Schuhe fabrikmäßig herzustellen, ein Priester, daß es strafbar sein soll, sich nicht kirchlich trauen zu lassen, ein Bauer, daß München ohne Gerste aus Österreich und ohne Vieh aus Tirol existieren soll. Sie alle haben ihre einstige Jugend wie einen Schatten im alternden Kopf.

Die Wachsenden aber bilden sich ein, daß sie schon morgen die Herrschenden sein werden. Alles, was vor ihnen getan und gedacht worden ist, ist nichts; der Weltentag beginnt mit ihnen. So schrieb Bebel sein Buch von der Frau, so gebärden sich die kleinen Nationen in Österreich, so verachtet die neue Aristokratie die alte. Der Unterschied ist nur, daß die Wachsenden eine viel reellere Grundlage ihrer

Träume haben als die Sinkenden, weil eben das Wachsen selbst ihnen zu Hilfe kommt. In allen ihren Übertreibungen liegt kommende Wirklichkeit verborgen, wer also Illusionen beurteilen will, muß nicht die Illusion an sich beurteilen, sondern die Menschenschicht, aus der sie aufsteigt. Nicht das entscheidet, ob die Gedanken „an sich" klug oder dumm sind, sondern das, ob die Träger dieser Gedanken gesund sind oder krank. Damit erspart man sich unendlich viel unnütze Theoretisiererei.

Es gibt aber auch sehr merkwürdige Zwischenformen zwischen sinkenden und steigenden Illusionen. Als Beispiel diene die polnische Politik. Die Idee des polnischen Staates ist die Illusion eines Sterbenden, und die Idee der Selbsterhaltung des Polentums ist der Gedanke eines Wachsenden. Altes und Neues aber ist unentwirrbar verschlungen. Solche Fälle sind das dunkelste, was es in der politischen Seelenlehre gibt. Es kommt vor, daß eine sachlich neue Bewegung, wie einst der Liberalismus in Württemberg, als Kampf für „das alte Recht" auftritt. Die Arbeiterbewegung in England trug in ihren Anfängen ähnliche Formen. Auch die agrarische Bewegung im konservativen Mantel kann hierher gerechnet werden. Deshalb ist es oft peinlich schwer, zu wissen, ob eine Strömung reaktionär ist oder nicht.

Man kann noch einen Schritt weitergehen und sagen: alle großen Illusionen bestehen in der Mischung untergehender und neu auftauchender Denkweisen. Die nationale Idee des vorigen Jahrhunderts hatte ebenso viel deutschen Weltgeist wie Kantönligeist in sich. Auch die Sozialdemokratie von heute entgeht demselben Schicksal nicht. Auch sie umkleidet die Kinder ihrer Prophetie mit Kostümen, mit denen schon früher in älteren Stücken Theater gespielt wurde.

Ist es aber eigentlich richtig, die Gedanken der Wachsenden, mögen sie auch noch so nebelhafte oder veraltete Elemente enthalten, als Illusionen zu bezeichnen, sobald man von ihnen eine merkbare Einwirkung auf die Gestaltung der Dinge erwartet? Kann etwas Illusion heißen, das Gestaltungen aus sich gebiert?

Wie ist es eigentlich beim Einzelwesen? Jeder von uns hat Illusionen gehabt, die für sein privates Schicksal von durchschlagender Bedeutung geworden sind, die er nie aus seinem Leben streichen möchte, da sie der Inhalt seiner Jugend waren, und die er doch heute vor sich ausgebreitet sieht wie einen orientalischen Teppich. Wir alle wissen, daß die Natur die „Illusion" braucht, um die Art zu erhalten. In diesem Sinn ist das Wort Illusion nichts einfach Törichtes oder gar etwas Krankes. Im Gegenteil: Jugend ohne Illusion ist krank! Das Wesen der Illusion besteht nicht darin, daß nichts durch sie geschaffen wird, sondern nur darin, daß die vorausschaffende Phantasie sich freie Träume gestattet und in diesen Träumen glücklich ist. Niemand soll sich schämen, politisch jung zu sein oder jungen Ideen zu huldigen, wenn ihn das Schicksal in die Mitte oder an die Seite einer wachsenden Schichtung warf. Und es schadet gar nichts, wenn man dem Feinde das Wort „Illusion" aus seinen Fingern windet, und es selbst im eigenen Schild mit anbringt. Früher nannte man dieselbe Sache „Idealismus". Das Wort Idealismus hat aber Schiffbruch gelitten, denn in ihm fehlte eben das, was in dem Wort Illusion vielleicht etwas zu stark ausgesprochen ist, das Zugeständnis von der Relativität alles Erhofften und Erdachten. Es liegt im Wort Idealismus eine alt gewordene Weltanschauung, nämlich der Glaube, als seien die Ideen selbst die lebendigen Wesen. Sie sind es aber nicht. Das Lebendige sind diejenigen, die die Ideen haben, und die Ideen sind nichts als Symptome, sei es des Sterbens, sei es des Wachsens.

*

Es wird von Weltpolitik geredet. Schon das Wort „Welt"politik ist nicht ohne Illusion. Damit aber ist die Sache selbst in keiner Weise verurteilt. Es ist nötig, zu sehen, welche positiven Kräfte hinter diesem Worte stehen. Man sieht unseren Handel, unsere Fabrikation, begleitet im Geist unsere waren über die Erdkugel, sieht deutsche Ansiedlungen in allen Zonen, fühlt den Pulsschlag, der durch Hamburg geht, fängt an, Kiel und Wilhelmshaven als Ergänzungsbestandteile von Hamburg und Bremen zu erfassen, vergleicht den Expansionstrieb anderer Völker und gewinnt dem vorher kritisch verdächtigten Worte großen Inhalt ab. Das Wort ist eine flatternde Fahne, ein Symbol, ein Willensbekenntnis, ein Gelöbnis von Unermüdlichkeit und Opferbereitschaft. Es mag Übertreibungen in sich bergen, ja es muß sie in sich enthalten, denn es ist Pflicht, neue Gedanken größer zu denken, als die Geschichte sie später herausarbeiten wird.

Dort steht der Künstler vor dem Rohstoff. Er weiß, daß zwischen ihm und seinem Stoff viel verloren geht. Weil er das weiß, muß er seine Idee so scharf, hell, farbig im Gehirn konzentrieren, wie nur immer möglich. Er darf nicht bloß das denken, was dann wirklich fertig wird, er muß mehr tun. Tut er es nicht, so leistet er weniger. In diesem Sinne gönnen wir der Weltpolitik ihren Schimmer. Es muß Musik dabei sein, wenn in den Kampf marschiert wird, helle todesfrohe, lebenslustige Musik!

*

Und nochmals die Sozialdemokratie! Hier ist an Illusion das Menschenmögliche gesammelt. Alle alten Träume, die jeden Abend in dunklen Hütten beseligten, sind hier gesammelt. Eine Welt ohne Herren und Knechte, ohne Fronvögte und Liktoren, ohne Armenhäuser und Gefängnisse, ohne Hunger und Krieg! Wer das will, der soll sich anschließen! Willst du es denn nicht? Ja, ich würde es wohl wollen, wenn es nicht — eine grenzenlose Illusion wäre! Es ist aber Mißbrauch des Wortes „ich will", wenn es vor Dinge gesetzt wird, die nicht sein können. Wir sind also einig, daß die Sozialdemokratie voll von Illusion ist. Daraus folgert nun der gebildete Unverstand, daß sie nichts ist. Die Wolke ist nichts! Graf Bülow schlägt den Zukunftsstaat tot, und seine Rede wird so eifrig verbreitet, daß die Flüsse voll weißen Papieres sind. Es hilft aber nichts, denn nicht so steht es, daß die Illusion aus sich heraus die Arbeiterbewegung geschaffen hat, sondern die Arbeiterbewegung entstand und aus ihr wuchs die Illusion. Illusionen sind, wie wir sagten, so viel wert wie die Schichten, von denen sie getragen werden. Die Schicht aber, die diese Illusion trägt, wird durch Bülows nette Rede nicht um einen Mann verringert. Die Massenverbreitung dieser Rede ist darum eine Illusion im kleinen und gewöhnlichen Sinne des Wortes. Die große Illusion aber will ihren natürlichen Gang gehen, das heißt, sie will langsam verblassen, indem sie Wirkungen schafft. Kein Bebel wird sie ewig frisch und jung erhalten, und kein Bülow wird sie von heute auf morgen nach Sibirien blasen.

Die Arbeiterbewegung selbst ist eine reale Größe. Daß sie wächst, braucht niemandem erst bewiesen zu werden. Man wird sich also darauf einrichten müssen, daß sie merkbare politische Veränderungen herbeiführt. Diesen realen Kern aber sehen viele Leute heute noch nicht, weil sie sich nur mit der Illusion herumschlagen, die sein Wachstum begleitet. Als einst Israel durch die wüste Zog, da ging, wie die Bibel erzählt, tags eine Wolkensäule und nachts eine Feuersäule vor dem Volke her. So wandert die Illusion vor dem neuen Volke des Industriezeitalters. Wenn der Kampf um den Jordan wirklich beginnt, verschwindet die Säule.

*

Irgendwo in einer Ecke sitzt die Weltgeschichte. Ihr Gesicht ist das wunderlichste Gemisch eines Gesichtes, das es geben kann. Man weiß nicht einmal, ob sie alt ist oder jung, ob gut oder böse, ob eine Mutter oder eine Hexe. Wenn sie lacht, da glauben die einen, daß alle Glocken läuten und die anderen, daß Erdteile von Würmern zerfressen werden. Nie ist das Wort, das sie spricht, nur einer Deutung fähig. Im Streit um ihre Worte aber ist es, wo die einen den andern vorwerfen: Illusion! Das ist der Streit, der auch uns alle umflutet.

Der ästhetische Mensch und die Politik

Die Politik erscheint dem ästhetischen Menschen als etwas zwar Notwendiges, aber Uninteressantes, als eine Tätigkeit, die man geschehen läßt, ohne sich an ihr persönlich zu beteiligen. Wozu soll ich mich mit Politik befassen, wenn sie doch auch ohne mich ihren Gang geht und wenn ich Dinge gefunden habe, die meiner Seele behaglicher sind als die Fragen des Staatslebens? Es steht nicht so, als ob der ästhetische Mensch den vernünftigen Zweck der Politik überhaupt in Abrede stellt. So blind ist er gewöhnlich nicht: Er weiß, daß die Menschheit eine Herde von Räubern sein würde, wenn es keine Herrscher, Gesetze und Gefängnisse gäbe, und hat eine Ahnung davon, daß Herrschaft und Gesetz wandelbare Dinge sind, die in jedem Menschenalter neu erobert werden müssen, aber in ihm spricht nichts dafür, sich selber an der Umwandlung von Herrschaft und Gesetz zu beteiligen. Das ist für ihn eine „technische Frage", etwa so wie er auch die Kanalisation oder die Gasversorgung für nötig hält, ohne sich in ihre Einzelheiten zu vertiefen. Er zahlt seine Steuern und erwartet dafür, regiert zu werden. Dafür aber wird er ohne besondere Absicht von selbst ein Helfer der Macht von gestern und ein Hemmnis der Macht von morgen, denn jeder, der den Staat grundsätzlich anerkennt, seiner Gestaltung aber interesselos gegenübersteht, ist ein Hilfsmittel derer, die von sich sagen: wir sind jetzt der Staat! In diesem Sinne ist die bloß ästhetische Grundstimmung des Lebens ein politischer Faktor zugunsten überlebter Einrichtungen.

Der ästhetische Mensch weiß, daß es politische Beamte gibt, und auch sonst noch Leute, denen es Vergnügen macht, sich mit Gesetzgebung und Verwaltung zu befassen. Mögen diese ihre Sache gut oder schlecht machen, er lebt in anderen Welten! Für ihn ist es gleichgültig, ob der Reichskanzler eine Krisis gut übersteht oder nicht, denn irgendein Kanzler wird sich schließlich immer finden, und der ästhetische Mensch verzichtet von vornherein darauf, den neuen Kanzler für besser zu halten als den alten. Er wacht einen Augenblick auf, wenn Staatsgelder für Kunstzwecke falsch oder richtig verwendet werden, aber selbst dieses Erwachen ist nur vorübergehend, da er nicht fühlt, daß er selbst ein Stück des größten Auftraggebers, des Staates, sein kann, wenn er will.

Wißt ihr, was ein Pietist ist? Es ist ein Mensch von religiöser Begabung, der für die Organisation des Volkes im Ganzen keinen Sinn hat, dafür aber desto mehr Sinn für den Inhalt der einzelnen Seelen. Er beobachtet sich und seine Empfindungen und bessert sich und seine Mitmenschen rein individualistisch. In gewissem Sinne ist seine Religion viel verfeinerter als die Religion der Kirche oder als der Glaube der Masse, und wer nur auf Verfeinerungserscheinungen gestimmt ist, wird in den edleren und gebildeteren Pietisten geradezu die Blüte der Religiosität erblicken. Wer aber auf das Volk im Ganzen sieht, hält den Pietisten für eine Art durchgeistigten Egoisten, mag er auch noch so entsagungsvoll auftreten, weil er eben keine Gesinnung für das Durchschnittsleben und den Volksgeist im Ganzen mitbringt. Diese Pietisten, sind die geistigen Vorväter der ästhetischen Menschen von heute, unsere weltlich gewordenen, „schönen Seelen", und man wird letztere umso besser begreifen, je besser man die ersteren verstanden hat.

Wie entsteht Pietismus? Er ist ein psychologisch sehr interessanter Schmelzungsprozeß: vor ihm steht der Kirchenglaube und hinter ihm steht ein blasser braver Rationalismus. Ich bezeichne keineswegs allen Rationalismus als blaß und brav, aber derjenige Zustand, der in einer Seele übrig bleibt, wenn in ihr der Pietismus alt geworden ist, gehört wirklich zu den mattesten Menschenerscheinungen. Im Pietismus zerschmilzt alles Feste, Organisatorische und Volkstümliche, und es bleibt nur ein erhöhtes Gefühl persönlicher Wärme und Wichtigkeit übrig. Indem der Einzelne sich isoliert, verliert er nicht nur den volkstümlichen Hintergrund aus den Augen, sondern auch alles geschichtliche Verständnis für sein eigenes Wesen. Er pflegt Gefühle, die aus dem Volksbewußtsein oder dem Kirchenbekenntnis stammen, die er aber nun ohne ihren Untergrund für sich allein weiterführen will, als seien sie Wesen für sich, und zwar höchst lebendige und wertvolle Wesen. Eine Zeitlang geht es ganz gut, denn die von ihm verachtete Vergangenheit wirkt helfend nach, dann aber tritt Abmattung ein: man kann nicht Glaubensgefühle festhalten ohne Glauben. Mit anderen Worten: Die Isolierung endigt in Verkümmerung und Dürftigkeit. Das ist das Erlebnis der merkwürdigen Epoche von 1700 bis 1780, ein Erlebnis, das sich im Kleinen stets wiederholt.

Ungefähr so wie der Pietismus über ein früheres Zeitalter unseres Volkes kam, legt sich heute eine ästhetische Lebensstimmung über viele Kreise. Auch sie besteht in einer Verflüchtigung aller festen Begriffe, und zwar sind es hier die Begriffe vom Staat und von der

Volkswirtschaft. Aus staatlichem und wirtschaftlichem Denken heraus, aus konstruktivem Denken ist die neue deutsche Entwicklung geboren, und indem sie wuchs, erzeugte sie begleitende Gefühle von der Schönheit einer gesteigerten Lebensführung. Nun aber erscheint ein Geschlecht, das diese Gefühle als Werte an sich pflegen will und den Hintergrund verwirft, auf dem sie erwuchsen, ein Geschlecht von Lebensindividualisten. Oft sind es sehr feine Menschen, und der einzelne von ihnen kann eine Erquickung sein, aber als Geschlecht im Ganzen sind sie zu unfruchtbar, und ihre Gefühle verflachen sich in dem Maße, als der konstruktive Hintergrund verschwindet.

Es soll zugegeben werden, daß es immer etwas Mißliches hat, zwei zeitlich und sachlich auseinander liegende Seelenzustände in der Weise zu vergleichen, wie wir es eben getan haben. Der vergleich paßt nicht in jeder Hinsicht, aber vielleicht hilft er doch dazu, das Wesentliche an der modernen Zeitstimmung herauszuarbeiten. Ein bloßer Ästhetiker ist eine organisationslose Seele gegenüber der Volkswirtschaft und dem Staat.

Es gibt einen pietistischen Hochmut, der sich beim ästhetischen Individualisten wiederfindet, ein Erhabenheitsbewußtsein über „die Welt". Zur Welt gehören dann alle Menschen, welche etwas herstellen, was nicht unmittelbar als schön empfunden wird, also beispielsweise die meisten Fabrikanten, Angestellten, Arbeiter, die Bauern, Polizeibeamten, Eisenbahnbeamten, und der ganze Regierungsapparat. Diese Art von Leuten ignoriert man einfach, denn sie schaffen ja keine „ästhetischen Werte". Ein Graveur, der etwas kann, ein Färber, der etwas versteht, ein Architekt, der einen guten Zeichenstift führt, ein Musiker, der die Anatomie der Töne bereichert, das sind Menschen von Wichtigkeit, aber Gesetzeswächter, Soldaten und Zeitungsschreiber — wozu läßt Gott diese Sorte überhaupt existieren?!

Von den ästhetischen Individualisten, die wir eben im Auge haben, gilt, daß sie sich reich und erhaben dünken und sind arm und eng. Sie verkleinern die Welt. Das ist unschädlich, so lange es nur Stimmung einer kleinen Gruppe von künstlerischen Konsumenten ist, aber leider handelt es sich heute um mehr. Der Geist der deutschen Bildung ist in Gefahr, sich ästhetisch zu verengen. Wie groß waren Kant oder Fichte oder Hegel gegenüber denen, die nichts erleben als Töne oder Formen! Wieviel stärker war das staatsschaffende Zeitalter von 1840 bis 1880 gegenüber dieser zarten Modernität!!

Die bloßen Ästhetiker kultivieren in erster Linie die Elementarbestandteile der Menschheitsseele. Sie tun das mit Fleiß, Geschick und oft mit Glück, aber jede Psychologie sagt uns, daß mit bloßer Verfeine-

191

rung der Sinneswahrnehmungen noch nicht die ganze Seele emporgehoben wird. Früher wurde der umgekehrte Fehler gemacht; es wurden die Sinneswahrnehmungen vernachlässigt und nur die soziale Tugend gelehrt (Religion, Moral, Politik). Das Ergebnis davon waren Menschen mit Ideen, aber ohne Geschmack und ohne praktisches Können. Jetzt aber verfallen wir in eine Verachtung der gesellschaftsbildenden Kräfte und Ideen, die beängstigend ist für jeden, der von Bau und Natur des Volkstums etwas versteht.

Auch die Politik ist eine Kunst, wie denn überhaupt jede starke und verantwortungsvolle Tätigkeit zur Kunst werden muß, wenn sie etwas leisten soll. Auch die Leitung eines wirtschaftlichen Syndikats oder die Begründung einer Hochofenanlage verlangt künstlerische Qualitäten, und es ist sehr zweifelhaft, ob sich die stärksten künstlerischen Begabungen heute in Deutschland in dem engeren Bereiche der „Kunst" finden. Die schöpferischen, gestaltenden Köpfe gehen vielfach in die Industrie. Der bloße Ästhetiker aber hat für den Rhythmus und die Kraft der betriebsschaffenden Könner keinerlei inneren Sinn, weil er nicht vom Leben selbst gelernt hat, sondern aus schöngeistigen Handbüchern. Ein Organisationsstatut ist aber künstlerisch betrachtet oft wertvoller als ein Bauplan, ja der Bauplan ist oft nur ein Teilgedanke eines Organisationsentwurfes, in dem die Gebäude Hilfsbestandteile sind. Der Schöpfer einer Bahnhofsanlage ist nicht der Mann, der die Empfangshalle entwirft, sondern der Mann, der die Geleise verteilt und den Platz bezeichnet, auf dem die Empfangshalle stehen soll. Für die Größe dieses Mannes hat der bloße Ästhetiker aber keinen Sinn. Das geht über seinen Horizont, denn das erfordert Organisationsbegriff.

Wenn der bloße Ästhetiker einen Staatsmann betrachtet, so besieht er sich fast nur seine Fassade. Bei Bismarck sieht er die Kraftnatur, den Wurf des Lebens, den Glanz der Routine, er hört seine Spracheigenart und unterwirft sich dem Eindruck, daß hier ein Mensch ist, von dem nebenbei auch noch ein Dutzend Künstler sich satt essen können, aber was nun eigentlich diesen Giganten hat wachsen lassen, davon hat er keine Ahnung, denn Politik sieht er ja als Technik an, von der man nichts zu verstehen braucht. Er verehrt Bismarck, es fällt ihm aber nicht ein, auch nur die Reichsverfassung zu lesen. Verfassung?! Ein Gedicht ist mehr wert als eine Verfassung!

Wenn es nicht so viele Menschen gäbe, die an der eben beschriebenen besonderen Sorte von Geistesverengung litten, so würden die Verfassungszustände Preußens der Gegenstand allseitigsten Interesses der gebildeten Deutschen sein. Sie sind heute interessanter als jemals. Der Zustand eines halben Jahrhunderts zerbröckelt und noch fehlt der

Baumeister für den Umbau oder Neubau. Hier liegt eine Aufgabe vor, die noch andere Kräfte fordert als die Frage der Erhaltung der Heidelberger Ruine, aber Altheidelberg beschäftigt die Menschen und das Problem Altpreußen wird kaum erkannt.

Alle großen Künstler waren mehr als nur ästhetische Menschen. Man wird getrost sagen können, daß bei jedem schaffenden Talent, das sich über die Mittelmäßigkeit emporhebt, eine Art Einsicht in das Getriebe der Natur oder der Geschichte vorhanden war. Der eine ist Techniker, der andere Politiker, der dritte gehört zu den Religiösen und der vierte zu den Philosophen. Ihnen allen ist der Begriff des Zweckes im tätigen Leben nicht fremd, sie haben Pläne, Absichten, Unternehmungen, sie streiten und erleiden Siege oder Riederlagen, kurz, sie kennen die wahre Dramatik des Daseins, und weil sie aktiv lebendige Menschen sind, hat auch ihre künstlerische Produktion einen großen Zug, einen Odem vom Willen zur Macht.

Die Größe eines Künstlers beruht nicht zum wenigsten darin, daß er mehr ist als ein Empfinder von Nuancen. Er gehört zu den schaffenden Naturen überhaupt, nicht zu den schönen Seelen, wer aber schaffende Natur ist, der hat von selbst etwas Gefühl für die Zentralarbeit menschlichen Schaffens, für die staatliche Organisation der Gesellschaft! Er fühlt Körper ohne Weiteres, daß der ganze Körper wendig sein muß, wenn er schöne Bewegungen ausführen soll. Ästhetik wird erkannt als ein Stück im Gesamtbereiche des aktiven Lebens, nicht ohne pietistische Welt für sich. Ästhetik ist in diesem bessern und höheren Sinne nichts anderes als die Musik der Armeekorps der Kultur. Mit Musik allein gewinnt man keine Schlachten, aber auch nicht ohne Musik, denn alle große Leistung braucht Rhythmus und Klang. Der Fehler unsrer ästhetischen Menschen ist, daß sie sich zu wenig in die wahrhaft schaffenden Seelen versenken und zu viel an der Außenseite der Künste hängen bleiben. Wer Sinn für schaffende Geister hat, der kann nicht fern sein von Politik.

Das Einzelne in der Politik ist aber „unästhetisch"! Verzeihen Sie, das gilt nicht bloß von der politischen Kunst, sondern von allen Künsten! Auch das Herstellen eines Porträts oder die Bearbeitung einer Partitur ist in demselben Sinne unästhetisch. Haben Sie einmal zugesehen, wie gemalt wurde? Ist das nicht eine Klexerei und Schmiererei, ein Handwerkskram und das Gegenteil der Abgeklärtheit, die man vom Kunstwerk verlangt? So ungefähr sieht die Politik aus, wie ein Ölbild, das erst werden soll. Auch in ihr gibt es verschwommene Stellen, verwischte Linien, verzeichnete Ecken, zu grelle Kontraste, unausgeglichene Beleuchtungen, nur tritt alles das viel aufdringlicher zutage, weil die Leinwand der Politik von Tilsit bis Basel reicht und weil sie nicht im stillen Atelier gearbeitet wird, sondern vor allem Volk im Reichstag und in den andern politischen Körpern.

Das Porträt freilich wird eines Tages fertig sein, und an diesem Tage wird die Palette gewaschen und man weiß nichts mehr vom Malerkittel und den Ölfingern, die Politik aber wird nie fertig, denn jede neue Satzung weckt neue Gegensätze. In diesem Nichtfertigwerden liegt der Eindruck des Unästhetischen der politischen Arbeit. Das ist gegeben, aber wann sind denn die andern Künste fertig? Und wenn man rückwärts schaut, so sieht man doch, wie Vieles und wie Großes durch politische Arbeit fertig geworden ist. Unser heutiges Deutschland ist kein einfaches Naturprodukt, das auch ohne Denker und Märtyrer von selbst gekommen sein würde. Was würden wir sein, wenn wir keine Leute mit politischer Triebkraft besessen hätten? Und wohin werden wir kommen, wenn uns solche Leute zu fehlen beginnen?

Indem ich dieses alles schreibe, arbeite ich nicht gegen die Ästhetik, sondern für sie. Mein Angriff gilt nicht dem Können und der Kunst, sondern den Verkleinern des Könnens und Wollens, den Empfindungsseligen, die genießen wollen, ohne sich für das Gemeinwohl zu opfern. Das große Können wird sogar durch die Ästhetisiererei herabgezogen, denn die Menschen als Charaktere werden durch sie zwar verfeinert, aber nicht gestärkt. Ein starker Wille wächst mit seinem Volk und Staat, und erst aus solchem Willen heraus entstehen Geister mit großen Linien und raumbeherrschender Phantasie, ernste konstruktive Künstler, denen die Kunst eine Pflicht und ein Dienst ist und keine Spielerei.

Es gibt einen unsichtbaren Bund aller wirklich Schaffenden gegenüber den bloßen Genießern und Beurteilern. Wer zu den Schaffenden gehört, hat ganz von selber Sinn für Politik, weil er in ihr das Gestaltende, Lebensformende empfindet. Es kann sein und ist oft der Fall, daß der künstlerisch Schaffende keine Zeit und Kraft hat, sich um die Einzelheiten der Staatskunst zu kümmern. Das wird ihm niemand übelnehmen, denn er hat genug zu tun auf seinem Gebiet, aber kein Schaffender wird grundsätzlich unpolitisch sein. Das sind immer nur die Nachahmer der Formen, die von anderen Leuten erfunden werden, die bloßen Anempfinder, Nachfühler, Nachklügler. Daß ihnen ein so großer Teil unserer Gebildeten jetzt verfällt, das ist wirklich ein Schaden.

Gerade die Gegenwart sollte den Zusammenhang von schaffender Kunst und schaffender Politik allen offenen Köpfen zur festen Wahrheit machen. Wir brauchen eine Kunst, die nicht nur in Deutschland bezahlt wird, denn so lange sie nur deutsch ist, wird sie selbst in Deutschland nicht fest und bodenständig. Wir brauchen eine auf deutschem Boden und aus deutscher Seele erwachsende Kunst, die Weltruf erwirbt. Mit kleinen Künsteleien und alten braven Stilformen ist das nicht zu machen. Dazu gehören Menschen, die mehr in sich haben als eine Vorlesung über Kunstgeschichte, Leute, die deutsch sind im Kern ihres Wesens, das aber will sagen: Leute, die keine Spezialisten sind in Kunst, so wie jemand anderes Spezialist in Konserven ist oder in Weinsurrogaten, Leute mit Geschichtsgefühl und Gegenwartsauge, praktische Menschen mit Wille und rücksichtsloser Herausarbeitung der in ihnen aufsteigenden neuen Gestaltungen. Und wir brauchen politische Menschen, die desselben Sinnes und Geistes sind.

Wie es kleine Ästhetiker gibt, so gibt es auch kleine Politiker. Der eine strebt in Ausstellungen und der andere in Ministerien oder Kammern und beide sind hohl, weil sie nicht überwältigt sind von der Größe ihrer Aufgabe, sondern nur sich selbst dienen mit allem Getue und Geplärre. Diese Sorte kann einem jede Politik und Kunst verderben, und ein Teil der Mißachtung der Politik in ästhetischen Kreisen kommt auf das Konto der Unterwertigen von den politischen Berufsvertretern. Aber würde es recht sein, die Künste nach ihren Heloten zu beurteilen? Ist es recht, die Politik mit solchem Maße zu messen? Jeder, der sie näher kennt, weiß, wieviel reale Arbeit in sie hineingesteckt wird. Achtung vor dieser volkserhaltenden, staatsbildenden Arbeit!

Die Partei der Nichtwähler

Nichts würde dem Charakter unserer Blätter ferner liegen, als wenn ich jetzt eine nachträgliche Wahlrede halten wollte. Wir sind hier in ruhiger und guter Gesellschaft beieinander. Unter den Lesern dieser Hefte sitzen Sozialdemokraten, Zentrumsleute, selbst wohl einige Konservative neben uns Liberalen, und vor allem, es sitzen viele unter uns, die keiner Partei angehören, Männer, die alles anhören, was ihnen in einer erträglich guten Form dargeboten wird, und die alles verachten, was formlos oder roh an sie herantritt. Diese letzteren aber sind es, zu denen ich jetzt reden möchte, denn sie gehören ja zu der im vergangenen Januar am meisten umschmeichelten Gruppe, zur Rettungsmannschaft des Reichskanzlers, zur vielgenannten großen „Partei der Nichtwähler". Zu euch möchte ich reden, die ihr erst dann in Betracht kommt, wenn die allgemeine Wahlbeteiligung über 75 Prozent hinaus steigt, zu euch, den letzten Triariern des Vaterlandes. Ihr habt in der Tat die Sozialdemokratie besiegt, denn wenn ihr nicht aus allen euren Kammern herbeigeströmt wäret, wenn ihr nicht dieses Mal euch soweit bezwungen hättet, bis zur Wahlurne zu gehen, dann würde der neue Reichstag kein neuer Tag geworden sein. Ihr habt ein Recht darauf, mit Blüten von Nizza und mit Oleander von Attika umkränzt zu werden, ihr verdient es, daß euch eine Festansprache gewidmet wird, denn dieser Sieg ist euer Sieg! Lasset ein Lied erklingen zu Ehren der Parteilosen, die dieses Mal in die Arena stiegen! Und wenn das Lied zu Ende ist, dann laßt es euch gefallen, daß ich euch eine Rede halte über das, was ihr getan habt, damit ihr wirklich wißt, was es ist, das ihr tatet. Ich stehe also zwischen euch, als ob ihr auf den Stufen des gewaltigen Römertheaters von Verona säßet bis oben hin an den Rand des blauen Himmels und sage zu euch, nachdem ihr still geworden seid:

Ihr unpolitischen Männer!

Oft habe ich euch, ihr unpolitischen Männer, für Frauen gehalten. Das ist keine Unehre, denn wir alle schätzen die Frauen, wir schätzen sie, aber wir rechnen noch nicht mit ihnen im politischen Spiel. Es kann wohl sein, daß später die Frau auch Männerrechte sich erwirbt, heute aber ist sie die Begleiterin der Politik, aber nicht die Trägerin des politischen Willens. Es hat nie eine Politik ohne Frauen gegeben, weder eine Politik der Höfe, noch der Priester, noch der Revolutionäre, aber die geordnete Schlachtreihe im politischen Kampfe besteht aus politisch gedrillten Männern, aus Agrariern, Zentrumsmännern, Demokraten und wie die Waffengattungen des parlamentarischen Heeres sonst noch heißen mögen. Diese politisch uniformierten Männer pflegen zu denken, daß sie allein den Staat regieren. Sie streiten unter sich, aber sie kennen sich, was wir aber nicht kennen, das seid ihr, der Hintergrund der Ununiformierten. Euch hielten wir bisher für Frauen, das heißt für Nichtwähler. Da mit einem Male verließet ihr eure Behaglichkeit und stelltet euch zu den Uniformen. Ihr benutztet euer Männerrecht im Staat, von diesem Tage an rechne ich euch nicht mehr unter die Frauen, denn die Frau kann, auch wenn sie will, das nicht tun, was ihr tatet. Ihr ergriffet eure schlafenden Staatsbürgerrechte, wie man Waffen ergreift, die unter alten Kannen und Kupferstichen an der Wand hängen. Ihr sagtet: heute will ich auch einmal auf die Jagd gehen! Da machtet ihr eine große Beute, denn die Steigerung der Wähler von 75 Prozent auf 84 Prozent war der entscheidende Vorgang dieses Wahlkampfes. Ohne euch, laßt es mich offen vor euren Ohren bekennen, ohne euch wäre alles beim Alten geblieben. Es hat zwar einige Kreise gegeben, in denen auch ohne euer Eingreifen die Sozialdemokratie zurückgedrängt worden wäre, aber in der Mehrzahl der Fälle seid ihr nötig gewesen. So unglaublich es euch selbst scheinen mag, ihr seid eine politische Kraft ersten Ranges, ihr, ihr! Seht euch untereinander an und sprechet einer zum anderen: wir sind eine große politische Kraft!

Indem ich dieses zu euch sage, zieht etwas wie Ironie über mein Gesicht, und da ihr alle von euren hohen steinernen Stufen aus auf den Platz herniederschaut, von dem aus ich zu euch emporspreche, so kann euch dieser Hauch von Ironie nicht verborgen bleiben. Es soll euch auch nicht wundern, wenn wir, die wir Tag und Nacht von Politik denken und reden, ein merkwürdiges Gefühl in unseren Gliedern haben, sobald wir der Wucht eines Sandsturmes gedenken. So ungefähr mußte es den Napoleonischen Truppen in Syrien zumute sein, wenn mit einem Male die Kinder der arabischen Wüste in der Ebene Jesreal auftauchten. Sind das auch Soldaten? Ja sie sind es! Da kommt ihr jetzt an den Wahltisch, jeder hat einen Stimmzettel in der Hand, ein Blatt Papier, das gerade soviel gilt, wie das des ältesten Korporals einer politischen Partei. Ob ihr uns zu Hilfe kommt oder unserem politischen Gegner, immer kommt ihr wie Geister aus dem Hintergrund, unerwartet, unberechenbar — die Truppen des Unbewußten in der Geschichte. Wenn ich den Fürsten Bülow für besonders fromm halten würde, so möchte ich sagen, daß seine heimlichen, aber mächtigen Gebete euch in eurer Verlorenheit erfaßt und an die Urne getragen haben. Da aber eine solche mystische Deutung eures massenhaften Erscheinens der Sachlage kaum entsprechen dürfte, bleibt mir nichts übrig, als nüchtern mit euch darüber zu reden, weshalb ihr eigentlich kamet und was ihr wolltet. O ihr unpolitischen Männer, was war es, das euch in Bewegung brachte? War es nur die stärkere Agitation der bürgerlichen Parteien? Es ist in der Tat eifrig agitiert worden. Ihr wurdet im Wagen zur Wahlstube gefahren, sobald ihr nur wolltet. Aber auch schon früher hat man euch den Kaffeetisch voll Flugblätter geworfen und ihr habt nicht gehört. Erinnert ihr euch an die Zollkämpfe von 1903? Auch damals hat man euch keinen Ruf des Agitators erspart und doch bliebet ihr schwerhörig. Dieses Mal aber fandet ihr, daß es eure Pflicht ist, zu erscheinen. Wenn ihr das nur in München oder nur in Leipzig getan hättet, dann könnte man denken, ihr seiet mehr geschleppt worden als von selber gegangen, aber ihr seid überall herangekommen, auch dort, wo man nicht viel Geld ausgeben konnte, euch willig zu machen. Es muß also doch etwas in euch selbst gewesen sein, was euch keine Ruhe ließ. Das aber ist es, was wir zusammen erkennen wollen.

Man sagt, daß ihr der nationalen Parole gefolgt seid. Das ist nicht ganz falsch, aber auch nicht ganz richtig. Die nationale Parole war im

Grunde 1898, als man über die Flottenvorlagen debattierte, stärker als jetzt. Was ist euch Südwestafrika? Liegen gerade dort eure stärksten Hoffnungen? Es ist ja sicher wahr, daß der harte Kampf im fernen Lande unsere Phantasie und unser Mitgefühl bewegt hat, und daß wir die Unwahrheiten nicht mehr ertragen mochten, mit denen von der Sozialdemokratie die deutsche Kolonialpolitik zu einem Blutstrom in der Sandwüste gemacht wurde. Wir alle hatten etwas auszusetzen an der dortigen Verwaltung, aber wir trauten doch der deutschen Tüchtigkeit etwas Besseres zu als den grausamen Wahnwitz, als den die Sozialdemokraten alle Arbeit in der heißen Ferne hinstellten. Auch half die Freude über Dernburgs tapfere Grobheit über manchen Schmerz und manches Bedenken hinweg. Es sind viele Stimmen aus ästhetischer Freude an diesem Bankdirektor abgegeben worden. Immerhin aber kann von einem Sturm des tieferregten Patriotismus kaum geredet werden. Wer sich des Jahres 1887 erinnert, der weiß, wie anders jener Bismarckische Sturm daherbrauste, und doch war damals die Wahlbeteiligung geringer als jetzt. Und seid denn ihr, die sonstigen Nichtwähler, seid gerade ihr so überaus patriotisch, ihr, die ihr sonst für Militärfragen oder Polenfragen oder auch nur neue Schiffe nur ein müdes, kurzes Aufmerken übrig hattet? Ich will euch nicht verletzen, aber ich will mit euch die Wahrheit suchen. Euer Nationalsinn ist nicht ein alles bewältigender Bergstrom, denn eure Seele ist viel zu voll von allerlei internationaler Kultur, von französischen Malereien und italienischen Melodien, von Ibsen und Tolstoi, von Nietzsche und Simplizissimus, um wegen der Truppenzahl zwischen Windhoek und Warmbad in Gärung zu geraten. Es gibt Leute, denen jeder deutsche Brunnen bei Grootfontein die Seele sprudeln läßt, aber ihr, verehrteste geschätzte Zuhörer, ihr seid es nicht, die den Mikrometer des Nationalempfindens in der Hand halten. Mag ich einigen von euch unrecht tun, aber die Masse der Nichtwähler sind nicht die eigentlichen Träger der Nationalitätsidee. Grabt in der Tiefe eurer Seelen, fragt euch selbst und sagt, was euch so merkwürdig aufgeregt hat!

Ihr waret zornig über die Anmaßung und die Rohheit des Tones in der Sozialdemokratie! Der Dresdener Parteitag hat euch angeekelt! Ihr wolltet die dreiste Hoffart der bildungslosen Dreimillionenpartei züchtigen. Ihr wurdet plötzlich politisch aus ästhetischem Unmut. So wenigstens habe ich es von euch gelesen, ihr Männer auf den Stufen der Arena.

   - Ihr merkt, daß ich warte und schweige.
   - Ihr schweigt auch.

Also, ihr Männer, es muß doch noch etwas anderes in euren Herzen vorgegangen sein. Gewiß wäret ihr angeekelt vom Sauherdenton der Leipziger Volkszeitung und von Bebels theatralischer Revolutionsmimik, aber die meisten von euch halten alle übrigen Parteiredner für nicht viel besser als Bebel. Ob ihr einen Fürsten und Grafen hörtet, der sich als den wärmsten Freund des bedrängten Mittelstandes ausgab, oder einen Priester, der im Namen der ewigen Liebe die scheußlichsten politischen Verdächtigungen losließ, oder einen Antisemiten, der die Juden als die Könige unseres Zeitalters geißelte, ob ihr sonst wen von den Männern mit den langen Programmen vor euch hattet, waren sie euch, gerade euch soviel wertvoller als die kleinen Korporale Bebels, die ihr vernichtet habt? Und ihr habt die schlechtesten Vertreter der bürgerlichen Parteien mit derselben Inbrunst gewählt wie die besten. Das ist es, was ich genötigt bin, vor euren Ohren zu enthüllen. Die Statistik ist eine böse Seelenkünderin. Sie sagt, daß ihr, die sonstigen Nichtwähler, keinen Unterschied zwischen gut und böse innerhalb der Nichtsozialdemokraten gemacht habt. Ihr habt, verzeiht mir das volkstümliche Wort, ihr habt alles gefressen, alles, ihr habt keinerlei Geschmack bewiesen. Ich könnte euch Kreise nennen, wo der Sozialdemokrat auch kein Engel ist, aber doch wenigstens ein brauchbarer Mensch, der für die Dresdner Rüpeleien nicht weiter verantwortlich gemacht werden kann, und wo sein Gegner das ist, was man — ihr versteht mich! Ja ich merke es, daß ihr mich versteht! Also solche Leute habt ihr auch gewählt. Ihr! Weshalb in aller Welt? Ihr habt teilweise Menschen gewählt, die ihr nicht achtet. Jetzt erst sind wir dort, wohin ich euch bringen wollte, vor der letzten Seelenfrage der Wahl.

Ich will behaupten, daß ihr aus Religion gewählt habt. Merket auf, wie das gemeint ist! Viele von euch sind gar nicht besonders fromm. Ihr seid Protestanten oder Katholiken, aber viele von euch überlassen es ihren Frauen, die Verpflichtungen gegenüber der unsichtbaren Welt zu regeln. Auch dieses soll kein Lob, aber auch kein Vorwurf sein. Ich wünsche nichts anderes, als die Mehrzahl von euch so zu beschreiben, wie ihr wirklich seid. Ihr gehört zu eurer Konfession macht aber von ihr nur einen vorsichtigen Gebrauch. Das gilt insbesondere von denjenigen Katholiken, die bisher überhaupt nicht gewählt haben. Sie sind sicher keine ganz „guten Katholiken", denn sonst hätten sie schon 1898 und 1903 gewählt. Es ist der fernste Umkreis der gläubigen Zentren, der dieses Mal mit in Rotation gesetzt wurde, weil dieses Mal die Religionsfrage auf der Tagesordnung stand.

Ja, das ist der Kern der Angelegenheit: die Religionsfrage stand auf der Tagesordnung, die alte Frage des Dreißigjährigen Krieges, ob der

Geist von Rom oder von Wittenberg im Deutschen Reiche herrschen soll. Alle Politiker waren bemüht, diese Frage mit Worten zu verdunkeln, weil man keinen neuen Kulturkampf will und weil fast alle protestantischen Parteien in irgendwelchem Winkel Deutschlands heimlich Zentrumsbrot essen, aber das dumpfe Gefühl der Menge, auch euer Gefühl, versammelte Männer, hat sich sofort richtig gesagt, daß es sich um einen Lebenskampf zwischen dem protestantischen und katholischen Staate handelt. In Dernburg und Roeren standen die zwei ältesten und tiefsten Gegensätze der deutschen Ration sich gegenüber. Es handelte sich nicht um diese zwei Männer, was ist euch im Grunde Dernburg oder was ist euch Roeren? Aber ihr begriffet, daß die Schlacht von Lützen noch nicht zu Ende sei, und deshalb kamet ihr von beiden Seiten, denn diese Schlacht ruft fast selbst die Toten aus den Gräbern. Wer der Katholik war, den ihr Katholiken wählen solltet, war euch gleichgültig, vielleicht hieltet ihr ihn für dumm, aber ihr wähltet ihn doch, denn ihr wähltet nach der Seele eurer Väter. 400000 Stimmen hat das Zentrum gewonnen, obwohl es da und dort etliche Tausend an brave Protestanten abgab! Das habt ihr gemacht, die Partei der Nichtwähler auf katholischem Boden. Und 36 Sozialdemokraten sind gefallen! Das habt in der Hauptsache ihr gemacht, die Partei der Nichtwähler auf protestantischem Boden. Ihr nahmet Partei für jeden, für jeden, der nur nicht für das Zentrum war. Und da die Sozialdemokratie für das Zentrum war, so trug sie die Kosten des Wahlkampfes.

Kommt, laßt uns denken, wir hätten eine Sozialdemokratie, der man zutraut, sie würde das Deutsche Reich vom Zentrum befreien! Ich fühle es an eurer Bewegung, wie euch, meine Hörer, dieser Gedanke beschäftigt. Die einen von euch werden durch ihn noch zentrumstreuer, als sie schon am 25. Januar geworden sind, die anderen aber sagen: wenn Bebel gegen das Zentrum gewesen wäre, wahrhaftig, wir hätten ihm viel Dresdener Sünden gerne vergeben, denn was ist uns Dresden, wenn nur Deutschland frei wird vom römischen Banne?! Die Sozialdemokratie stand Schulter an Schulter mit dem Zentrum. Das brachte ihr in dieser Lage keine katholischen Stimmen und nahm ihr ihre Kraft in protestantischen Gebieten. Und daß es keine zufällige Stellung war, in der sich die Sozialdemokratie befand, hat sich bei den Stichwahlen gezeigt. Sozialdemokratie und Zentrum standen vereint der übrigen politischen Gesellschaft gegenüber. Darin liegt, ihr unpolitischen Wähler, eine nachträgliche Rechtfertigung eurer aus dunklen Tiefen eurer Seele herausgeborenen Erregung. Es wäre anders gewesen, wenn die Sozialdemokratie nach dem 25. Januar anders gehandelt hätte. Laßt uns den Fall setzen, daß Bebel die Parole ausgegeben hätte: wählt, wen ihr wollt, nur keinen Konservativen und keinen Schwarzen! Sage ich zuviel, wenn ich behaupte, daß viele von euch im Stillen Abbitte geleistet haben würden? Dann würden zwar die Katholiken unter den bisherigen Nichtwählern desto sicherer beim Zentrum gewesen sein, aber die Zukunft der Sozialdemokratie in den nichtkatholischen Gebieten würde viel an Festigkeit gewonnen haben, denn ihr, verehrte und geschätzte Unpolitiker, würdet euch in diesem Falle wieder in alle Täler und Berge zerstreut haben und nie wieder in diese Arena und zur Wahl zu bringen sein, denn ihr würdet sicher wissen, daß die Zentrumszeit zu Ende ist. Jetzt wißt ihr das nicht, und deshalb, es tut mir leid, euren Frieden stören zu müssen, ihr werdet mindestens noch ein mal alle an die Urne müssen und — ihr werdet noch einmal kommen, ihr werdet, denn dieselbe unsichtbare Macht alter halbverschollener religiöser Kräfte wird euch noch einmal auf die Beine bringen. Das hängt weder von euch ab, noch von uns, noch vom Reichskanzler. Die Zusammensetzung des Reichstags ist so, daß die Zentrumsfrage nur scheinbar gelöst ist. Das einzige, was gewonnen ist, ist die Möglichkeit, Kolonien und Heeresfragen ohne Zentrum zu bewilligen, aber für alles andere wird entweder von rechts oder von links her das Zentrum nach wie vor gebraucht. Für alles andere! Darin liegt die zukünftige Wiederholung der Wahlfrage von 1907. Also, ihr Hörer, denen es schon Mühe und Last genug war, auch nur diese meine Ansprache zu hören, und die ihr mich zehnmal lieber gehört haben würdet, wenn ich mit euch über die Gräber der Skaliger hätte reden wollen oder über den Kontrast der Wolken und der Schneeberge, ihr seid jetzt froh, daß die Sache zu Ende ist, aber täuscht euch nicht und behaltet es im Sinn: ihr kommt von selber wieder, nicht weil ihr gerne wollt, sondern weil euch das mächtigste zwingt, was es im Menschengeschlechte gibt, der Geist eurer Väter. Wir hängen enger mit den vergangenen Jahrhunderten zusammen, als wir gewöhnlich glauben. Die Reichstagswahl hat es bewiesen. Und wenn ihr Söhne habt, unpolitisch wie ihr, auch sie werden das nächste Mal kommen. Deshalb euch allen, denen, die oben sitzen auf den höchsten Stufen, und denen, die hier unten vor mir auf Römersteinen lagern, euch allen sage ich Dank und Gruß, und die Rede des politischen Mannes an die Unpolitiker schließt mit einem festen und zuversichtlichen: Auf Wiedersehn, ihr Wähler, auf Wiedersehn!

Aufruf zur Arbeit

Die politische Winterarbeit beginnt, und unsere Freunde fangen wieder an, auf Agitation zu gehen. Fangen sie wirklich an? Ich möchte wohl wissen, wie viele von unseren Lesern agitatorisch tätig sind! Es gibt natürlich Leser, von denen wir Mitwirkung an der Agitation überhaupt nicht erwarten oder verlangen. Hierher gehören die Gegner, die unsere Literatur lesen, wie wir die ihrige, um zu wissen, was drüben geschieht. Von diesen wollen wir selbstverständlich gar nichts. Sodann gehört hierher die Jugend, die noch zu jung, und das Alter, das schon zu alt ist. Auch diese lassen wir ganz in Ruhe. Ferner verzichten wir auf alle, welche selbst krank sind oder in der Familie Krankheit oder andere schwere Sorgen haben. Diese sollen warten, bis die Wolken sich verzogen haben. Auch Neuverlobte und Jungverheiratete sollen ein wenig Nachsicht erfahren, bis sie wieder ihren Zusammenhang mit dem großen Leben finden. Aber die andern alle, die übrigen, die vielen, wo sind sie, wo trifft man diese, wo arbeiten sie?

Laßt mit euch offen und ohne Nachsicht reden! Ihr seid zu bequem oder zu kleinmütig oder beides zusammen! An Erkenntnis der Notwendigkeit fehlt es euch nicht; so klug ist jedes von euch, daß ihr wißt, daß der deutsche Liberalismus bei der nächsten Reichstagswahl rettungslos hereinfällt, wenn nicht jeder Mann und Frau, die innerlich zu ihm gehören, nun auch alles tun, um der guten Sache zum Siege zu verhelfen. So seid ihr alle, um das zu wissen, und ihr nehmt es vor lauter Gebildetheit fast übel, wenn man es euch nochmals sagt. Aber welcher weite Weg ist von eurem Verstande bis zu eurer Tatkraft! Ihr seid Politiker nur als Konsumenten, das heißt ihr wollt schöne politische Artikel lesen und verlangt, daß die Schriftsteller tapfer sind, und daß die Abgeordneten sich müde arbeiten, aber selber rührt ihr nicht den Finger, denn höher als der Staat und als die Partei steht euch eure eigene liebe Behaglichkeit. Ihr legt die Zeitung beiseite: ja, ja, es ist entsetzlich mit diesem schwarzblauen Block! Was aber tut ihr dann? Ihr lest noch ein wenig über die Kultur der Irokesen oder über die Volkstrachten in den Karpathen oder über das Melodische in Platens Gedichten, und dann verschwindet ihr im Hintergrund. So wollt ihr weitertrotten, bis ihr eines Tages zu Ende seid. Es wird aber über ein solches Leben geschrieben werden: Ruhe weiter! Das ist die Grabschrift derer, die nur für sich und ihren Kleinkram existiert haben.

Verzeihung! Ich höre schon, ich sei zu scharf gewesen! So schlimm sei es nicht, und ich müsse auch das Gute anerkennen! Ich soll anerkennen, daß ihr für politische Zwecke Geld zahlt, wollte Gott, daß ihr alle es wirklich tätet! Dann müßte die Parteikasse anders aussehen. Ich weiß aber, wie die liberalen Kassen aussehen. Natürlich werde ich vor den Ohren der Gegner keine Ziffern nennen, aber daß Mangel an allen Ecken ist, kann und darf nicht verschwiegen werden. Ich bin viel im Lande herumgekommen, habe in Nord und Süd mit den Gesinnungsgenossen gesprochen und finde den Kassenzustand unserer meisten Vereine erbärmlich. Es ist so; ich habe kein milderes Wort. Einmal muss es heraus: der Liberalismus krankt an der Knickrigkeit seiner Bekenner! Es gibt ein paar Leute, die wirklich große Opfer bringen, aber das ist nur eine Handvoll. Die andern reden, lesen, begeistern oder entrüsten sich, aber was sie für gemeinsame Zwecke aufbringen, ist minimal. Das sage ich nicht von jenen kleinen Beamten, die von geringem Gehalte 2 Mark zahlen, aber vom wohlhabenden Bürger, der sich mit 20 Mark abfindet und noch denkt, was er leistet und wie das deutsche Volk ihm danken müsse. Der Liberalismus könnte viel geben, wenn er dazu erzogen wäre. Daran aber fehlt es. Deshalb rede ich jetzt so derb und eindringlich zu euch, um eure Überlegung wachzurufen. Überlegt euch, ob eine Partei etwas leisten kann, wenn sie nicht von allen Gesinnungsgenossen materiell unterstützt wird? Von der Luft lebt keine Agitation. Überall habe ich gehört: der Parteivorstand sollte mehr tun! Er soll mehrere Sekretäre anstellen, Redner schicken, aufklärende Schriften verbreiten und was noch alles dem ähnlich ist. Die Partei soll Wahlkreise bearbeiten. Mindestens jede Woche schreibt uns ein guter Freund, daß in seiner Gegend noch fast alles darniederliege, die Partei solle kommen! Wer ist die Partei? Sind das die paar Männer in Berlin? Ihr seid es, ihr alle! Wenn ihr von morgen an die Hand nicht ganz anders aufmacht, so bleibt alles, wie es gestern gewesen ist. Das aber sollt ihr dann nicht dem Parteivorstande vorwerfen.

Der Liberalismus hat es nicht gelernt, für Politik zu opfern. Die Schuld an diesem Mangel ist vielfältig verteilt. Im Grunde leistet der Liberalismus deshalb so wenig, weil er überhaupt organisatorisch schwach ist. Er hat in seiner ersten Blütezeit im vorigen Jahrhundert eine direkte Abneigung gegen straffe Organisation und Disziplin. Alles wurde von einzelnen Männern gemacht, und dann, wenn diese Männer starben, waren kein Mitgliederverzeichnis da und keine eingearbeiteten Nachfolger. Und doch ist das Mitgliederverzeichnis das Grundelement des politischen Fortschritts. Sagt, meine Freunde, ob ihr euch schon für die Mitgliederverzeichnisse interessiert habt. Wenn nicht, so muß ich denken, daß euch überhaupt der politische Betrieb noch fern ist. Das Mitgliederverzeichnis ist erstens die Grundlage der Kasse, zweitens die Grundlage der Versammlungseinladungen, drittens die Grundlage der

Vorstandswahlen, viertens der Ausgangspunkt aller weiteren Werbearbeit. Man kann den politischen Eifer eines Ortes daran erkennen, ob die Gesinnungsfreunde wissen, wer in ihrer Mitgliederliste steht. Insbesondere jetzt, im letzten Jahre vor der Reichstagswahl, muß die Mitgliederliste im Vordergrunde der Erwägungen stehen, wer für sie keinen Sinn hat, ist ein politischer Dilettant und weiter nichts.

Bedenkt doch folgendes: Bei der Reichstagswahl im Januar 1907 wurden für unsere Partei etwa 1230000 stimmen abgegeben. Das ist sicher nicht zuviel; denn andere Parteien haben viel mehr; aber auch diese 1230000 Stimmen werden weniger, wenn man sich nicht ordentlich um sie kümmert. Eine Partei, die nicht agitiert, leidet an Auszehrung. Agitation ist die erste und natürlichste Lebensäußerung der Partei. Agitation heißt Lebendigkeit und Belebung. Der Ausgangspunkt aller Agitation aber ist die Mitgliedschaft. Hier muß jetzt eingesetzt werden.

Wie ist die Lage in den großen Städten? Hier haben wir viele Wähler, aber oft nur dünne Vereine. Es geht jeder seinen eigenen Weg. Dazu kommt, daß oft die Agitation ungeschickt unternommen wird, so daß man kaum erfährt, bei wem die Mitgliederliste ist. Wir verlangen von den Reichsämtern, daß sie „kaufmännisch" verwaltet werden, oft aber möchte man diese Mahnung an die Parteivereine richten. Diese sind oft Kleinbetriebe ohne Vergrößerungsabsicht. In solchen Vereinen muß auf die Tagesordnung gesetzt werden: wie können wir wachsen? Und selbst da, wo es tüchtige Vereine gibt, sind doch die Mitgliederlisten noch immer nur ein kleiner Auszug aus der liberalen Wählerschaft. Ergänzt sie! Und vergeßt dabei die Frauen nicht! Die Frauenbewegung kommt und wird ein politischer Faktor, und es würde sich später sehr schwer rächen, wenn wir jetzt die Mitgliedschaft der Frauen mißachten wollten. Und es gibt unter ihnen schon jetzt recht tüchtige Mitarbeiterinnen, die keine Mühe scheuen und ausdauernder sind als mancher Mann.

Und draußen auf dem Lande und in den kleineren Orten, wie ist es da? Da verlischt manche gute Glut, weil sie allein gelassen wird. Man kann natürlich nicht auf jedem Dorf einen Verein haben, aber heute fehlen noch Vereine an Tausenden von Orten, wo sie sein könnten. Immer ist es dieselbe Sache: das mutige und feste Vorgehen von wenigen Parteifreunden genügt, um einige Unentschlossene mit sich zu ziehen, und ist dann einmal ein Anfang gemacht, so muß mit den Nachbarorten gute Freundschaft gehalten werden. Der Geist der Parteifreudigkeit läuft dann von Ort zu Ort. Und welche Lebensbereicherung ist solche Arbeit für den Einzelnen! Ihr schädigt euch selbst, wenn ihr nicht mitmacht!

Darum also, lieber Leser, liebe Leserin, jetzt wollen wir einmal einfach und ohne alle Umschweife miteinander reden: bist du organisiert? wieviel zahlst du Beitrag? was tust du sonst für die Partei? bist du etwa nur passives Mitglied? Auf dich kommt es jetzt an. Es beginnt der Winter mit seinem Getriebe. Ehe du etwas anderes anfängst, so regle deine politischen Pflichten!

Möge dieser Aufruf in vielen Mitgliederlisten verspürt werden!

SEVERUS Verlag

Bisher im SEVERUS Verlag erschienen:

Achelis. Th. Die Entwicklung der Ehe * Die Religionen der Naturvölker im Umriß, Reihe ReligioSus Band V * **Andreas-Salomé, Lou** Rainer Maria Rilke * **Arenz, Karl** Die Entdeckungsreisen in Nord- und Mittelafrika von Richardson, Overweg, Barth und Vogel * **Aretz, Gertrude (Hrsg)** Napoleon I - Briefe an Frauen * **Ashburn, P.M** The ranks of death. A Medical History of the Conquest of America * **Avenarius, Richard** Kritik der reinen Erfahrung * Kritik der reinen Erfahrung, Zweiter Teil * **Beneke, Otto** Von unehrlichen Leuten: Kulturhistorische Studien und Geschichten aus vergangenen Tagen deutscher Gewerbe und Dienste * **Berneker, Erich** Graf Leo Tolstoi * **Bernstorff, Graf Johann Heinrich** Erinnerungen und Briefe * **Bie, Oscar** Franz Schubert - Sein Leben und sein Werk * **Binder, Julius** Grundlegung zur Rechtsphilosophie. Mit einem Extratext zur Rechtsphilosophie Hegels * **Bliedner, Arno** Schiller. Eine pädagogische Studie * **Birt, Theodor** Frauen der Antike * **Blümner, Hugo** Fahrendes Volk im Altertum * **Brahm, Otto** Das deutsche Ritterdrama des achtzehnten Jahrhunderts: Studien über Joseph August von Törring, seine Vorgänger und Nachfolger * **Braun, Lily** Lebenssucher * **Braun, Ferdinand** Drahtlose Telegraphie durch Wasser und Luft * **Brunnemann, Karl Maximilian** Robespierre - Ein Lebensbild nach zum Teil noch unbenutzten Quellen * **Büdinger, Max** Don Carlos Haft und Tod insbesondere nach den Auffassungen seiner Familie * **Burkamp, Wilhelm** Wirklichkeit und Sinn. Die objektive Gewordenheit des Sinns in der sinnfreien Wirklichkeit * **Caemmerer, Rudolf Karl Fritz** Die Entwicklung der strategischen Wissenschaft im 19. Jahrhundert * **Casper, Johann Ludwig** Handbuch der gerichtlich-medizinischen Leichen-Diagnostik: Thanatologischer Teil, Bd. 1 * Handbuch der gerichtlich-medizinischen Leichen-Diagnostik: Thanatologischer Teil, Bd. 2 **Cronau, Rudolf** Drei Jahrhunderte deutschen Lebens in Amerika. Eine Geschichte der Deutschen in den Vereinigten Staaten * **Cunow, Heinrich** Geschichte und Kultur des Inkareiches * **Cushing, Harvey** The life of Sir William Osler, Volume 1 * The life of Sir William Osler, Volume 2 * **Dahlke, Paul** Buddhismus als Religion und Moral, Reihe ReligioSus Band IV * **Eckstein, Friedrich** Alte, unnennbare Tage. Erinnerungen aus siebzig Lehr- und Wanderjahren * Erinnerungen an Anton Bruckner * **Eiselsberg, Anton Freiherr von** Lebensweg eines Chirurgen * **Eloesser, Arthur** Thomas Mann - sein Leben und Werk * **Elsenhans, Theodor** Fries und Kant. Ein Beitrag zur Geschichte und zur systematischen Grundlegung der Erkenntnistheorie. * **Engel, Eduard** Shakespeare * Lord Byron. Eine Autobiographie nach Tagebüchern und Briefen. * **Ewald, Oscar** Nietzsches Lehre in ihren Grundbegriffen * Die französische Aufklärungsphilosophie * **Ferenczi, Sandor** Hysterie und Pathoneurosen * **Fichte, Immanuel Hermann** Die Idee der Persönlichkeit und der individuellen Fortdauer * **Fourier, Jean Baptiste Joseph Baron** Die Auflösung der bestimmten Gleichungen * **Frimmel, Theodor von** Beethoven Studien I. Beethovens äußere Erscheinung * Beethoven Studien II. Bausteine zu einer Lebensgeschichte des Meisters * **Fülleborn, Friedrich** Über eine medizinische Studienreise nach Panama, Westindien und den Vereinigten Staaten * **Gmelin, Johann Georg** Quousque? Beiträge zur soziologischen Rechtfindung * **Goette, Alexander** Holbeins Totentanz und seine Vorbilder * **Goldstein, Eugen** Canalstrahlen * **Graebner, Fritz** Das Weltbild der Primitiven: Eine Untersuchung der Urformen weltanschaulichen Denkens bei Naturvölkern * **Griesinger, Wilhelm** Handbuch der speciellen Pathologie und Therapie: Infectionskrankheiten * **Griesser, Luitpold** Nietzsche und Wagner - neue Beiträge zur Geschichte und Psychologie ihrer Freundschaft * **Hanstein, Adalbert von** Die Frauen in der Geschichte des Deutschen Geisteslebens des 18. und 19. Jahrhunderts * **Hartmann, Franz** Die Medizin des Theophrastus Paracelsus von Hohenheim * **Heller, August** Geschichte der Physik von Aristoteles bis auf die neueste Zeit. Bd. 1: Von Aristoteles bis Galilei * **Helmholtz, Hermann von** Reden und Vorträge, Bd. 1 * Reden und Vorträge, Bd. 2 * **Henker, Otto** Einführung in die Brillenlehre * **Kalkoff, Paul** Ulrich von Hutten und die Reformation. Eine kritische Geschichte seiner wichtigsten Lebenszeit und der Entscheidungsjahre der Reformation (1517 - 1523), Reihe ReligioSus Band I * **Kautsky, Karl** Terrorismus und Kommunismus: Ein Beitrag zur Naturgeschichte der Revolution *

Kerschensteiner, Georg Theorie der Bildung * **Klein, Wilhelm** Geschichte der Griechischen Kunst - Erster Band: Die Griechische Kunst bis Myron * **Krömeke, Franz** Friedrich Wilhelm Sertürner - Entdecker des Morphiums * **Külz, Ludwig** Tropenarzt im afrikanischen Busch * **Leimbach, Karl Alexander** Untersuchungen über die verschiedenen Moralsysteme * **Liliencron, Rochus von / Müllenhoff, Karl** Zur Runenlehre. Zwei Abhandlungen * **Mach, Ernst** Die Principien der Wärmelehre * **Mausbach, Joseph** Die Ethik des heiligen Augustinus. Erster Band: Die sittliche Ordnung und ihre Grundlagen * **Mauthner, Fritz** Die drei Bilder der Welt - ein sprachkritischer Versuch * **Meissner, Franz Hermann** Arnold Böcklin * Meyer, Elard Hugo Indogermanische Mythen, Bd. 1: Gandharven-Kentauren * **Müller, Adam** Versuche einer neuen Theorie des Geldes * **Müller, Conrad** Alexander von Humboldt und das Preußische Königshaus. Briefe aus den Jahren 1835-1857 * **Oettingen, Arthur von** Die Schule der Physik * **Ostwald, Wilhelm** Erfinder und Entdecker * **Peters, Carl** Die deutsche Emin-Pascha-Expedition * **Poetter, Friedrich Christoph** Logik * **Popken, Minna** Im Kampf um die Welt des Lichts. Lebenserinnerungen und Bekenntnisse einer Ärztin * **Prutz, Hans** Neue Studien zur Geschichte der Jungfrau von Orléans * **Rank, Otto** Psychoanalytische Beiträge zur Mythenforschung. Gesammelte Studien aus den Jahren 1912 bis 1914. * **Ree, Paul Johannes** Peter Candid * **Rohr, Moritz von** Joseph Fraunhofers Leben, Leistungen und Wirksamkeit * **Rubinstein, Susanna** Ein individualistischer Pessimist: Beitrag zur Würdigung Philipp Mainländers * Eine Trias von Willensmetaphysikern: Populär-philosophische Essays * **Sachs, Eva** Die fünf platonischen Körper: Zur Geschichte der Mathematik und der Elementenlehre Platons und der Pythagoreer * **Scheidemann, Philipp** Memoiren eines Sozialdemokraten, Erster Band * Memoiren eines Sozialdemokraten, Zweiter Band * **Schleich, Carl Ludwig** Erinnerungen an Strindberg nebst Nachrufen für Ehrlich und von Bergmann * **Schlösser, Rudolf** Rameaus Neffe - Studien und Untersuchungen zur Einführung in Goethes Übersetzung des Diderotschen Dialogs * **Schweitzer, Christoph** Reise nach Java und Ceylon (1675-1682). Reisebeschreibungen von deutschen Beamten und Kriegsleuten im Dienst der niederländischen West- und Ostindischen Kompagnien 1602 - 1797. * **Sommerlad, Theo** Die soziale Wirksamkeit der Hohenzollern * **Stein, Heinrich von** Giordano Bruno. Gedanken über seine Lehre und sein Leben * **Strache, Hans** Der Eklektizismus des Antiochus von Askalon * **Sulger-Gebing, Emil** Goethe und Dante * **Thiersch, Hermann** Ludwig I von Bayern und die Georgia Augusta * Pro Samothrake * **Tyndall, John** Die Wärme betrachtet als eine Art der Bewegung, Bd. 1 * Die Wärme betrachtet als eine Art der Bewegung, Bd. 2 * **Virchow, Rudolf** Vier Reden über Leben und Kranksein * **Vollmann, Franz** Über das Verhältnis der späteren Stoa zur Sklaverei im römischen Reiche * **Wachsmuth, Curt** Das alte Griechenland im neuen * **Weber, Paul** Beiträge zu Dürers Weltanschauung * **Wecklein, Nikolaus** Textkritische Studien zu den griechischen Tragikern * **Weinhold, Karl** Die heidnische Totenbestattung in Deutschland * **Wellhausen, Julius** Israelitische und Jüdische Geschichte, Reihe ReligioSus Band VI *ceWellmann, Max** Die pneumatische Schule bis auf Archigenes - in ihrer Entwickelung dargestellt * **Wernher, Adolf** Die Bestattung der Toten in Bezug auf Hygiene, geschichtliche Entwicklung und gesetzliche Bestimmungen * **Weygandt, Wilhelm** Abnorme Charaktere in der dramatischen Literatur. Shakespeare - Goethe - Ibsen - Gerhart Hauptmann * **Wlassak, Moriz** Zum römischen Provinzialprozeß * **Wulffen, Erich** Kriminalpädagogik: Ein Erziehungsbuch * **Wundt, Wilhelm** Reden und Aufsätze * **Zallinger, Otto** Die Ringgaben bei der Heirat und das Zusammengeben im mittelalterlich-deutschem Recht * **Zoozmann, Richard** Hans Sachs und die Reformation - In Gedichten und Prosastücken, Reihe ReligioSus Band III